民国音韵学三论

乔秋颖　王任赵　史晶璐　胡林霞　著

上海古籍出版社

本书获得"江苏师范大学学术著作出版基金"资助出版

目　　录

总述 …………………………………………………………… 001

上篇　民国上古声纽研究考论

引言 …………………………………………………………… 007

第一章　民国学者上古声纽研究概况 ………………………… 012
　　第一节　研究材料 …………………………………………… 013
　　第二节　研究方法 …………………………………………… 015
　　第三节　研究条件 …………………………………………… 016

第二章　唇音声纽的研究 ……………………………………… 020
　　第一节　帮滂並明四组的研究 …………………………… 021
　　第二节　唇音声纽通转研究 ……………………………… 027

第三章　舌音声纽的研究 ……………………………………… 037
　　第一节　娘日泥三组的研究 ……………………………… 038
　　第二节　来纽的研究 ……………………………………… 040
　　第三节　照穿神审禅五组的研究 ………………………… 043

第四章　齿音声纽的研究 ……………………………………… 051
　　第一节　邪纽的研究 ……………………………………… 051
　　第二节　庄初床山四组的研究 …………………………… 056

第五章　牙喉音声纽的研究 …………………………………… 058
　　第一节　见溪群晓匣五组的研究 ………………………… 059

第二节　影喻二纽的研究 ·· 063

第三节　喻三匣群三纽关系研究 ·································· 066

小结 ·· 068

中篇　《广韵声系》谐声系统探析

引言 ·· 079

第一章　沈兼士生平及《广韵声系》的成书 ···················· 083

　　第一节　沈兼士先生生平 ·· 083

　　第二节　《广韵声系》的成书与版本 ························· 084

第二章　《广韵声系》的性质与体例 ································ 086

　　第一节　《广韵声系》的性质 ··································· 086

　　第二节　《广韵声系》的体例 ··································· 091

第三章　《广韵声系》谐声系统分析 ································ 103

　　第一节　谐声字在古音研究中的应用 ······················ 103

　　第二节　《广韵声系》对《广韵》收字谐声系统的归纳 ········ 109

　　第三节　"古"类谐声字的声韵关系分析 ··················· 119

第四章　《广韵声系》中体现出的学术观点 ···················· 126

　　第一节　《广韵声系》中所见之音韵学观点 ··············· 126

　　第二节　沈兼士对汉字音义关系的认识 ··················· 132

第五章　《广韵声系》的价值与不足 ································ 142

　　第一节　《广韵声系》的价值 ··································· 142

　　第二节　《广韵声系》中体现出的治学精神和方法 ········ 145

　　第三节　《广韵声系》的不足 ··································· 150

小结 ·· 154

下篇　日本汉字音在民国音韵学研究中的运用

引言 ·· 159

第一章　民国时期日本汉字音运用于音韵研究之概况 ········· 165

　　　第一节　民国时期日本汉字音用于音韵研究的学术背景 ……… 166

　　　第二节　利用日本汉字音进行音韵学研究的可行性 ………… 172

第二章　日本汉字音在国外学者音韵研究中的运用 ……………… 175

　　　第一节　日本汉字音在高本汉音韵研究中的运用 ………… 175

　　　第二节　日本汉字音在日本学者音韵研究中的运用 ………… 188

第三章　日本汉字音在国内学者音韵研究中的运用 ……………… 194

　　　第一节　日本汉字音在汪荣宝音韵研究中的运用 ………… 194

　　　第二节　日本汉字音在魏建功音韵研究中的运用 ………… 199

　　　第三节　日本汉字音在钱玄同音韵研究中的运用 ………… 209

第四章　日本汉字音用于音韵学研究的成就与不足 ……………… 213

　　　第一节　日本汉字音用于音韵学研究的成就 …………… 213

　　　第二节　日本汉字音用于音韵学研究的不足 …………… 216

小结 ……………………………………………………………… 218

参考文献 ……………………………………………………………… 220

附录一　古声纽、古韵部及拟音 …………………………………… 232

附录二　高本汉日本汉字音字表 …………………………………… 235

总　　述

　　民国时期的音韵学指的是 1912 年中华民国成立至 1949 年中华人民共和国成立期间学界对汉语音韵所作的研究。这一时期，无论是上古音、中古音还是近代音的研究，都取得了令人瞩目的成就。涌现了黄侃、曾运乾、钱玄同、汪荣宝、林语堂、陈独秀、王力、吴其昌、陆志韦、魏建功、罗常培、周祖谟、李方桂、张世禄、董同龢、高本汉、钢和泰、马伯乐、西门华德等中外学者。有些学者沿着清代学术的方向，采用传统的归纳、考证等方法，对古韵分部、古声调的确立、古声母考证等作更为精深的研究；也有些学者致力于对《广韵》声韵的系联和统计，使中古音的系统更为清晰；更有一些学者开始关注近代音系统，使音韵学的领域进一步拓宽。具有开创意义的是，民国学者开辟了现代音韵学研究的崭新道路，引进了西方语言学理论，尤其是历史比较法，并将书面语言与活的方言、语言相结合，利用方言、对音、亲属语言，尝试音值构拟和音系重建。更有学者能将传统小学与现代音韵学有机地结合起来，既完善了历史上各时期的语音分类体系，又向人们展示了古代可能有的读音，并用来解释语音史及现实语音中的种种现象。董同龢（1911—1963）先生说，"从西洋人把他们的语言学介绍到中国来，中国古音研究的进展，真是可观。我们可以说，近几十年间中外学人的收获，足足抵得上，甚或超过清代三百年间许多大师的成绩。……我们已经能从古音的'类'，进而谈古音的'值'。"（《汉语音韵学》序）可谓学者辈出，著述丰富，见解纷呈，尤其是在上古音的研究上取得了新的突破。

　　考察民国时期的音韵研究，对今天的音韵学研究有重要的借鉴意义。20世纪以来，学界对民国音韵学的成就、背景、特点、局限及其与中国现代语言学发展之关系等方面都有所研究,如魏建功《古音系研究》、罗常培《音韵学研究方法》、张世禄《中国音韵学史》、齐佩瑢《中国近三十年来之声韵学》、岑麒祥《语言学史概要》、周法高《二十世纪的中国语言学》、陈新雄《六十年来之声韵学》、周斌武《汉语音韵学史》、杨剑桥《汉语现代音韵学》、耿振生《20 世纪汉语音韵学方法论》、何九盈《中国现代语言学史》、林焘《中国语音学史》等著作,概括介绍了在西方语言学影响下民国音韵学取得的成果。李开先生的《汉语古音学史》用多个章节向学界呈现了民国时期古音研究的方方面面,是研究民国古音学的最新成果。有些专题性的论文,对民国时期音韵研究的新材料、新方法、新成果、新特点进行讨论;也有学者关注民国音韵学的学术背景,关注民国音韵学与现代语言学发展之间的关系。

本书对民国时期学者研究汉语上古音、中古音的成果进行专题考察。分为民国上古声组研究考论、沈兼士《广韵声系》谐声系统探析、日本汉字音在民国音韵学研究中的运用三篇。

上篇:民国上古声组研究考论,共五章。首先从研究材料、研究方法和研究条件几方面分析民国学者在上古声组研究上取得突破的原因,也能看出民国学术环境和学术成果的独特之处。主体部分,分别从民国学者对上古唇音、舌音、齿音、牙喉音声组研究的论著中,梳理出几种有代表性的观点,将一些学者拟定的音值作了分析和比较,对较为特殊的说法也客观地作了介绍和评析。最后,对民国学者运用的材料作了分析,并认为民国学者构拟的上古声组系统,或许不能代表一时一地之音;结合对潘重规"声母多音论"的评介,发表了个人关于一字最初形体之读音的看法。

中篇:沈兼士《广韵声系》谐声系统探析,研究对象是沈兼士先生的《广韵声系》。我们用了五章的篇幅论述了该书对谐声材料处理上的特点,并通过分析各级主谐字之间和各级谐声子系统中各字之间的音读联系,考察它对《广韵》收字谐声系统的归纳,以"古"字谐声系统为例,梳理"古"类谐声字的声韵关系。沈先生的整理对从声韵上认识汉字谐声系统、推进上古韵部和声组的研究有重要意义。《广韵声系》采用黄侃四十一声类和高本汉拟音音值,体现了沈兼士先生的音韵学观念。通过分析沈兼士的"右文"理论,比较《广韵声系》与段注在音义关系认识上的区别。最后,总结了《广韵声系》在音韵学、文字学、训诂学、语源学方面的价值。

下篇:日本汉字音在民国音韵学研究中的运用,共四章。民国时期运用日本汉字音进行音韵学研究的成果颇丰。我们尝试以日本汉字音为切入点,考察民国时期的上古音和中古音研究成果。首先从运用日本汉字音研究汉语音韵的学术背景及可行性两方面出发,介绍民国时期日本汉字音在音韵学研究中的运用情况。接下来,分别对民国时期外国学者和中国学者如何运用日本汉字音作音韵研究进行探讨。外国学者包括高本汉、钢和泰及日本学者等,重点关注高本汉的日本汉字音研究,从谐声系统、鼻韵尾及上古汉语的两个辅音[g]和[ɦ]三方面进行论述;国内学者则举如汪荣宝"歌戈鱼虞模"的研究,魏建功的音轨原则,钱玄同的二十八韵部等。最后谈到民国时期日本汉字音在音韵学研究中的贡献与不足,以期对日本汉字音在音韵学研究中的运用作整体观照,从一个侧面丰富了民国时期的音韵学史研究。

上　篇

民国上古声纽研究考论

引　言

一、研究对象

本篇所考察的是民国时期上古声纽研究的情况。凡上古声纽研究成果发表在民国时期的，都在本篇所讨论的范围之内。至于今台湾地区仍沿用民国纪年的成果，暂不予考虑。

民国时期的上古声纽研究成果不仅有国内学者的，也有国外学者的。本篇所讨论的重点是国内学者的研究成果，外国学者也会涉及，其中最重要的外国学者是瑞典学者高本汉，这是基于高氏在中国现代音韵学中的重要地位和影响，谈中国学者也不能离开高本汉的研究，同时也是为了更好地对高氏与受其影响的国内学者进行比较。

关于国内外学者的研究成果，我们不仅介绍了一些学者对上古声纽所作的系统研究，还介绍了另一些学者对上古声纽中个别问题的研究。前者主要有黄侃、高本汉和董同龢，成果分别见于黄氏《黄侃论学杂著》、高氏《汉语词类》、董氏《上古音韵表稿》，后者代表人物相对较多，有钱玄同、曾运乾、符定一、周祖谟、蔡凤圻、吴英华、林语堂、陈独秀、唐兰、郭晋稀等，这些人的成果多以论文的形式出现，散见于民国时期的各种期刊。① 除此之外，我们还重点介绍了傅东华的"变转定律"和潘重规的"声母多音论"。

本篇所说的"上古声纽"与"上古声母"是同一个概念，但为了区别于民国

---

① 后来也有结集成篇的，如林语堂《语言学论丛》、陈独秀《陈独秀音韵学论文集》、曾运乾《音韵学讲义》等。

有些学者用"声母"表示谐声字的主谐字,本篇称"某声母"一概用"某声纽"。

二、研究意义

民国时期的上古声纽研究是古音学史不容忽视的重要内容。这一阶段,在材料的选取上,系统地利用了谐声材料进行上古声纽研究;在继承传统方法(如文献考证法)的基础上,引进了历史语言学的新理论、新方法。因而与清代学者相比,在上古声纽研究上又向前迈进了一步,古音学的观念和方法有了重大变革,取得了不凡的成就,体现为著述丰富、见解纷呈、方法多样。

民国时期古音学者辈出,既有坚持清代考据学风的古音学家,又有吸收西方历史比较语言学理论的新派学者;既有本国学者又有国外学者的参与,形成了民国学者研究上古声纽的特有现象。本篇考察民国时期的上古声纽研究成果,不是停留在简单的评述上,而是通过横向与纵向的比较,看出其得与失。这对连接上古声纽研究的学术链具有一定的意义。

一代有一代之学术。古音学的研究,清代有清代的特色,民国也有民国的特点,呈现民国古音学的特点,确有研究之必要。本篇从民国古音学一个方面——上古声纽研究——进行探讨,希望能够让人们更多地了解民国时期上古声纽研究的面貌及当时的学术风气和特点。

学术是发展的,前期的发展为后期做铺垫。民国学者的古音研究继承了清代或以前的成果并有所创新,那么民国的古音学成果也会给后代留下可借鉴之处。民国时期的上古声纽研究,在研究材料、研究方法以及研究结论上,有我们需要继承的,也有需要改进的。正如李葆嘉先生所说:"熟悉学术史,了解某一专题的研究沿革,对继承创新有一定的意义。"[①]因此,考察民国上古声纽的成果在一定程度上有助于深化当代学者对上古声纽的研究。

三、研究现状

目前,专门讨论民国学者上古声纽研究成果的论著我们尚未看到,一般散

---

① 李葆嘉:《当代中国音韵学》,广东教育出版社,1998年,第166页。

见在各种语言学史和音韵学史方面的论著中。

语言学史方面,如董同龢的《近三十年的中国语言学》①(1950)、王立达编译的《汉语研究小史》(1959)、何九盈的《中国现代语言学史》(2000)、林焘的《20世纪中国语言学研究》(2002)。② 董氏的论文《近三十年的中国语言学》,论述的范围是1926年到1950年,未追溯到1926年之前的中国语言学研究。何九盈的《中国现代语言学史》里有专节讨论"上古音研究"的情况,但也只重点介绍了一般为学界所熟知的在上古声组研究方面作出一定贡献的人物及其成果。

音韵学史方面,涉及民国学者上古声组研究的,有马宗霍的《音韵学通论》(1931),姜亮夫的《中国声韵学》(1933),王力的《中国音韵学》(1936,后改名《汉语音韵学》),张世禄的《中国音韵学史》,齐佩瑢的《中国近三十年之声韵学》(1944),陈新雄的《六十年来之声韵学》(1973)、《古音学发微》(1983)、《古音研究》(1999),李葆嘉的《清代上古声组研究史论》(1996),唐作藩的《二十世纪的汉语音韵学》(1998),李开的《汉语古音学史》(2015)。

此外,曹述敬、徐通锵、杨剑桥、方环海等也对民国上古声组研究成果予以关注,③其中徐通锵和方环海等还对民国学者研究上古声组的方法进行了考察。

全面收集民国声母研究成果的材料也尚未看到。赵秉璇、竺家宁先生所编的《古汉语复声母论文集》(1998),收集了民国以来关于上古复辅音声母研究的重要成果,其中收有民国时期林语堂、陈独秀的论文。严学宭先生为该书作了序,他对20世纪上半期的复声母研究有简要评述。④

可以看出,无论是专著还是论文,对民国学者研究上古声组的成果考察还不够深入。这些论著虽然重点关注了长于考证上古声类的黄侃、钱玄同、曾运

---

① 此文见丁邦新编:《董同龢先生语言学论文选集》,(台北)食货出版社,1981年。
② 载《20世纪中国学术大典》(语言卷),福建教育出版社,2002年。
③ 如徐通锵《译音对勘与汉语的音韵研究——"五四"时期汉语音韵研究方法的转折》(1980),曹述敬《钱玄同的古声组说及其他》(1982),方环海《林语堂与中国音韵学研究的转型》(1997),杨剑桥《评高本汉的〈汉文典〉》(2001)等。
④ 赵秉璇、竺家宁:《古汉语复声母论文集》,北京语言文化大学出版社,1998年,第3—13页。

乾等人以及长于上古声类构拟音值的高本汉、董同龢等人的研究,但还不能概括民国时期上古声纽研究的所有成果。因为一方面对一般学者关注较少,另一方面对民国学者所运用方法的研究也不够深透。如潘重规的"声母多音论"、傅东华的"声纽变转定律"等,并未得到学界应有的重视。对另外一些考证上古声类的学者,如蔡凤圻、吴英华等,也未予关注。我们认为,虽然这些人的观点未必都正确,但也反映了民国古音学研究的某些侧面,可以给予后人一定的启示。

总之,以上提及的论著对民国期间上古声纽研究的论述多数是概括的,非专门的,而且往往只是对民国的现代古音学(主要是音值的构拟)作重点介绍。因此本篇将考察民国学者的研究成果以及方法,重点把民国时期上古声纽研究情况作纵向与横向的对比分析。

四、材料来源

民国学者研究上古声纽的成果不少,散见于各种期刊杂志和相关论著中,查找起来有一定的难度,但经过多方查阅,我们已得到了许多材料和线索,其中帮助最大的就是商务印书馆编辑的《中国语言学论文索引》一书,所以本篇所讨论的民国学者研究上古声纽的成果主要是参考《中国语言学论文索引》(甲编,1949 年以前)以及《民国时期总书目》(语言文字分册)。

本篇每章的标题,是按照黄侃上古十九声纽的五类分法命名的,即唇、舌、齿、牙、喉(为何以黄侃的分法安排,具体原因见下文第一章),而且每类中各声纽的数目也依黄侃所归纳的为准。

五、研究方法

本篇主要运用搜集归纳法和比较参照法:

1. 观点归纳

我们对民国学者上古声纽研究成果及其观点进行了一次较系统的搜集,从中归纳出具有代表性的观点。

2. 比较参照

本文所运用的比较法包括横向比较和纵向比较,并且将二者结合起来。

横向上,我们把民国时期看成一断面进行横向的比较,以黄侃的上古声纽系统为参照点,按照唇舌齿牙喉五音之序,选取在各类声纽研究方面的代表人物,重点比较他们的研究材料、研究方法以及研究结论。从音变规律及音理的角度,从我们对文献资料、亲属语言和方言的调查结果中,辨别分析哪个学者的观点更让人信服。然后把民国这一断面与其后期成果进行纵向之比较,侧重音值的比较,以凸显民国学者得失之处。

纵向上,主要以语言学家王力和李方桂他们在民国以后的上古声纽系统为参照标准。选取王力、李方桂和民国时期其他学者比较,是考虑到两个方面:一是王、李的上古声纽系统可以说是民国声母研究成果的集中体现,完整且系统性强,也得到大部分人的认可;二是多数民国学者所考定的那些单音素的(非复声母)上古声纽与王、李所考定的是十分相近的,[①]所以我们主要以二人为参照。他们的成果分见《汉语史稿》和《上古音研究》中。

---

　　①　陈新雄:《梅祖麟〈有中国特色的汉语历史语言学〉讲辞质疑》,《音韵学方法论讨论集》,商务印书馆,2009 年,第 78 页。

第一章　民国学者上古
声纽研究概况

　　姜亮夫先生指出："从顾亭林开始已知声纽在古音学中的重要性，到钱大昕发明舌头舌上、重唇轻唇的关系，章太炎先生又有《古音娘日二纽归泥说》《古双声说》，于是古声纽的问题，也成为古音学研究中一个重要的课题。"[1]至民国时期，已有很多人开始致力于这个课题的研究，相比清代学者，最突出的是"对声母进行全面构拟"，[2]这是历史的必然。对西方现代语言学知识的吸收和运用，比较传统音韵学而言，"能够从生理的、物理的角度把语音现象解释清楚，从发音部位和发音方法说明语音单位的形成与组合，以及说明不同音素的性质，这就把从前音韵学中说不清楚的东西、玄虚含混的东西都给解释清楚了"。[3]

　　顾炎武开创有清一代古音学研究，章炳麟、黄侃成为殿军人物。但陈新雄指出："向来称黄先生为清代古音学的殿后人，我们则称他为民国古音学研究的开创人。因为……审音派自戴震以后，即未再发展，直到黄先生出，始受到肯定，故在古音学的研究上，黄先生应该是民国审音派的开创人。"[4]黄侃的上古声纽系统的提出是在民国初年(1913)，[5]随后很多人就他的十九声纽进行修正和补充。综观民国学者上古声纽的研究，几乎都是在中古声纽的基础上推而求出上古声纽的，不管是黄侃等人的"归并"，还是高本汉等人的"分离"，都

---

　　① 姜亮夫：《说文形声字声类交变表》，载浙江语言学会编：《语言学年刊》，1982年，第13页。
　　② 何九盈：《中国现代语言学史》，广东教育出版社，1995年，第236页。
　　③ 北京市语言学会编：《中国语言学百年丛论》，北京语言大学出版社，2003年，第37页。
　　④ 载台湾《师大学报》第31期，1986年，第371页。
　　⑤ 据司马朝军等：《黄侃年谱》，湖北人民出版社，2005年。

离不开中古声纽。因而,把黄侃作为民国上古声纽研究的开山之人也是应该的。正因为黄侃是民国古音学的开创人物,又在民国初年就提出了系统的上古十九声纽说,"可以作为讨论的出发点",①我们考察民国其他学者的上古声纽研究,将以十九纽为参照,进行比较分析。

陈寅恪先生指出:"一时代之学术,必有其新材料与新问题。取用此材料,以研求问题,则为此时代学术之新潮流。治学之士得预于此潮流者,谓之预流,其未得预者,谓之未入流。此古今学术之通义,非彼闭门造车之徒所能同喻者也。"②自然,民国学者的学术研究本有它的特点。本篇以声纽为纲,拟从民国学者研究的材料、方法和条件三个方面分析他们在上古声纽研究上的情况。

第 一 节　研 究 材 料

清代学者对上古声纽的研究,已经取得了杰出的成就。他们对古籍中涉及古音的原始资料,包括通假异文、读若、声训、异读、谐声等,加以分析、综合、推理、概括,形成了关于上古声纽的一些学说,其中有些被后代视作定论,如"古无轻唇音""古无舌头舌上之分"等。20世纪以来,中外学者继续重视这些历史文献材料的同时,又开始探索新的材料以进一步考求上古声纽,他们继承了清代学者所运用的研究材料,又收集甲骨文、金石文(唐兰等人)、简牍文、少数民族的语音(李方桂等人)、现代活的方音(高本汉等人)等,把民国时期上古声纽的研究发扬光大,取得了更丰富、更可靠的研究成果。

一、谐声材料与上古声纽音值构拟关系的探索

瑞典学者高本汉在 *Analytic dictionary of Chinese and Sino-Japanese* ③

---

① 李方桂:《声韵结合的问题》,《中国语文》1984年第1期,第38页。
② 陈寅恪:《敦煌劫余录序》,《中研院历史语言研究所集刊》第1本第2分,1930年。
③ 以下简称《分析字典》,该书"叙论"*The principles of the phonetic compounds* 一节,赵元任译作《高本汉的谐声说》,见《国学论丛》第1卷第2期,又见《赵元任语言学论文集》,商务印书馆,2002年。

(1923)一书中提出了谐声原则,①开始了谐声材料和上古声纽音值构拟之间关系的研究和讨论。同一时期,朱芳圃指出:"其(高氏)序论中,讨论谐声原则,共分三类,根据发音学之原理,推阐古代声母之变迁,取材精当,方法绵密,为研究古代声母者开一新纪元。其结论虽与中国学者互有出入,然大体尚能相合,至谓古音中有已遗失之声母,则为中国学者所未道及,不可谓非音韵学史上一大发现矣。"②所谓"古音中已遗失的声母",乃是指上古音有而中古音没有的声纽。

对此进行研究的学者还有王力《谐声说》(1927),周兆沅《形声与声类》(1931)等。他们都强调了谐声材料对研究上古声纽的重要性。

后来高本汉又在 *Problems in Archaic Chinese* (1928)③中总结出考订"上古的中国语"音系有四种材料可用:一是中国以外的各种中国系语言的比较研究;二是古音系统里的空档;三是谐声字;四是《诗经》里的韵。

不难看出,用于上古声纽研究的只能是前三种材料。而第一种材料现在还不算成熟,或者说至少在民国时期还不算成熟。至于第二种材料,更恰当地说应该是一种方法,林语堂的《古音中已遗失的声母》就是典型的代表,他利用的是"古音系统里的空档"之方法(具体讨论见第五章)。而第三种材料,主要是利用《说文》谐声系统来研究上古声纽,不管是区分声类还是构拟音值,都是最关键的材料。说它关键,因为谐声材料具有系统性,而确定谐声原则则是民国古音学者在古音学上的重大进步。

二、对音、译音材料与上古声纽音值构拟关系的探索

今天看来,对音、译音是现代学者构拟古音常用的材料,而在民国时期,学者能用到这样的材料构拟音值是难能可贵的。

俄国学者钢和泰在《音译梵书与中国古音》④一文中强调梵文密咒的汉字

---

① 清代学者虽有利用谐声材料的,但用这种原则构拟上古声纽音值则是不可能的,只能确定某个声类和某个声类相同或相近。

② 见朱芳圃:《珂罗倔伦谐声原则与中国学者研究古声母之结论》,《东方杂志》第 26 卷第 21 号,1929 年。

③ 赵元任译为《上古中国音当中的几个问题》,见《中研院历史语言研究所集刊》第 1 本第 3 分。

④ 胡适译,载《国学季刊》第 1 卷第 1 号,1923 年。

译音的价值。作者说道:"研究各时代的汉字如何读法,有三个重要的材料来源。第一,中国各种方言里与日本安南朝鲜文里汉字读音的比较研究。第二,古字典里用反切表示汉字的读法,古韵表可以考见韵母的分类。第三,中国字在外国文里的译音,与外国字在中国文里的译音。"由此开始了对译音材料与上古声纽音值构拟之间关系的研究。在运用对音研究声纽方面做出贡献的有罗常培的《知彻澄娘音值考》,不过此文是用来考证中古声纽的音值的(其构拟的音值存在可商榷之处)。利用它来研究上古声纽的,在民国时期还很难找到国内学者相应的成果。但不管怎样,这种材料的提出,给后来研究上古声纽的学者提供了启迪,使学者们的眼光开始关注到文献以外的其他材料,后来也因此有了译音对勘法。

其他方面的材料,如地下文物材料(甲骨文、金文等)、汉藏语系语言以及方言材料等,由于它们在民国时期刚刚被发现或关注,其材料本身还未得到系统整理,存在着不确定性,利用这些材料研究上古声纽的成果在民国时期自然就很少。但民国学者对这些材料本身的研究,给后来学者提供了借鉴。如李方桂在侗台语族语言方面做了开创性的工作,他于 1930 年至 1942 年调查研究了中国和泰国境内属侗台语族的约 20 种语言以及方言,[①]给后来学者研究上古声纽提供了丰富的材料依据,更重要的是开辟了一条新的研究思路。

第二节　研究方法

研究上古声纽,在方法上,清代学者更多地采用的是归纳法。其理论根据是,如果两个中古声母在上古有大量的相通之迹,那么就可以推断这两类声母在上古属于同一声纽。如清代学者钱大昕的"古无轻唇音说",其中引用经籍声训一条说:"《广韵》,菢,薄报切,鸟抱卵。伏,扶富切,鸟菢子。伏菢互相训,

---

①　参考曹述敬编:《音韵学辞典》,"李方桂"条。

而声亦相转。"①这种研究,大体而言,是"重合不重分"。②

民国学者虽然也从上古书面文献材料(更多的是《说文》谐声材料)出发,运用归纳法,如曾运乾、黄焯、戴君仁、吴英华等人的研究,但是西方普通语言学和历史比较语言学在这个时期对中国语言学已形成深刻而广泛的影响,运用历史比较法研究上古声纽渐成主流。当然,由于条件上的限制,这时更多的是运用汉语方言的比较,至于用汉语的亲属语言来研究上古声纽成果还很少,即使有,也往往只是作为旁证,如董同龢构拟清唇鼻音m时用了亲属语言作比较(《上古音韵表稿》,《史语所集刊》第 18 本)。按照历史语言学的原则,同一音位在同样的条件下只能产生同一种音变,这就势必导致在古音构拟的过程中一味地对中古声纽求"分","重分不重合"。

在历史比较法之外,民国学者还利用内部拟测法,"从语言结构的系统性着眼,利用异常的分布、空格、不规则的形态变化等去探索语音的发展及其所从出的始原结构"。③ 比如林语堂等学者构拟的"古音已遗失的声母"就是利用这种方法。

民国学者继承清代学者对文献材料所用的简单归纳法,同时又运用了数学统计法,如陆志韦以《说文》谐声系统为材料统计了中古五十一声纽通转的情况,再从这些通转中去发现上古声纽系统的特征。

1935 年魏建功著《古音系研究》,从前人的研究中总结经验,梳理研究方法,提出自己的设想,可谓广博,为后来研究上古声纽的工作提供了有益的借鉴。

第三节　研　究　条　件

一、学术交流的平台

1921 年春,胡适在与梁启超的通信中提到清代学者与时人的区别,即治学

---

① 钱大昕:《十驾斋养新录》,上海书店出版社,1983 年,第 102 页。
② 李葆嘉:《清代上古声纽研究史论》,台湾五南图书出版社,1996 年,第 397 页。
③ 徐通锵:《历史语言学》,商务印书馆,1991 年,第 222 页。

取向的不同："近年颇中清代学者的毒,每得一题,不敢轻易下笔。将来当力改之。"①"五四后的中国,一个非常引人注目的现象是杂志的兴起","学术及学术的社会评估正由个人长期积累的著述方式转向相对频繁快捷的杂志文字的发表"。② 正因为现代出版业和杂志的兴起,国内或国外的新事物、新学说也会及时刊登和报导,让更多的人了解,可能会形成共鸣或辩论。

我们对《中国语言学论文索引》(甲编)进行统计,民国时期的杂志,涉及语言学方面内容的,有 620 种以上(不包括报纸之类),这从一个侧面反映了当时学术繁荣的气氛。而刊载上古声纽研究的学报或其他学术期刊也有不少,经过梳理可以看到,民国上古声纽研究的成果可分为两个阶段:20 世纪 20 年代以前,在"西学影响与旧学交融"下,基本上是就黄侃的十九声纽的修正和补充,是"草创期",研究成果相对较少;之后"经过消化和吸收,历史语言学的思想深入人心,现代音韵学已经形成,是成型期",③数量上明显比前期要多。

作为"开拓音韵学现代化的主要阵地",④北京大学中文系、清华大学中文系和前中研院历史语言研究所创办的学术期刊《国学季刊》、《清华学报》、《历史语言研究所集刊》,对学术的交流和发展起到了很好的推动作用,上古声纽的研究成果大都率先刊登在这些刊物上。

二、构拟音值的载体

杂志给民国学者学术研究带来了便利,另外标音工具——国际音标的运用也给民国学者研究音韵学带来更多好处。19 世纪末(1888)伦敦国际语音协会拟定了国际音标,后又经过修订和补充,从它公布到现在,一直被各国所公认。民国时期,语音学知识的介绍和引进,以音标作为载体的研究成果的传入,使人们认识到音标作为古音学研究工具的便利之处。钱玄同等人喊出了文字改革的呼声,提倡改汉字为拼音文字,虽然至今未果,但 1913 年为拼音化

---

①　季羡林主编:《胡适全集》第 2 卷,安徽教育出版社,2003 年,第 167 页。
②　罗志田:《国家与学术:清季民初关于国学的思想论争》,三联书店,2003 年,第 308 页。
③　张玉来:《点检廿世纪汉语音韵学通论性著作》,《音韵论丛》,齐鲁书社,2004 年,第 96 页。
④　北京市语言学会编:《中国语言学百年丛论》,北京语言大学出版社,2003 年,第 42 页。

做的预备程序即注音符号的实施,建国后拼音方案的实行,都与这种载体的传入不无关系。由此,被称为"绝学"的音韵学就不再神秘了,因"注音符号之普及,而前代之声韵学得以暗而复明,滞而复行",[①]从而使古音研究向新的方向即音值的构拟前进。

此时,因为有了音标这个载体,出现了很多音韵学通论性著作。如徐敬修的《音韵常识》(1925),张世禄的《中国声韵学概要》(1929)、《音韵学》(1932),姜亮夫的《中国声韵学》(1933),魏建功的《中国声韵学史纲》(1935),王力的《中国音韵学》(1936),叶光球的《声韵学大纲》(1936),林尹的《中国声韵学通论》(1937)等。如此多的通论性音韵学著作的出现,应与人们想了解语音学知识的需要不无关系,这些音韵学著作最大的特点就是都带有对包括音标在内的语音学知识的介绍。

正因有了现代语音学的知识,民国学者才有可能开始系统地拟测音值,讨论诸如浊声母的送气与否、复辅音声母等问题。在此之前,一般是用反切法注音,而反切法既看不到明确的音值,也体现不出复辅音声母。

三、学术成长和传承的途径

民国时期国内的学者大多从清末走来,"他们幼承庭训,童蒙习经,从小受过系统的国学教育","及至稍长成人,他们的多数又放洋留学,接受西方现代知识,科学方法,民主观念的教育和熏陶","成为既专又通的大家"。[②] 在学术研究上,他们既有清代学者严谨求实的考据作风,又有开放灵活的创新精神。

民国时期,中西方文化交流密切,越来越多的中国学人留学欧美、日本,他们学会了外国的语言和学术理论,接受了外国的学术思维的训练。不少学术译作出现,推动了西方学术的普及,这其中就包括外国学者的古音学成果的译介,使中国学者了解并运用现代语言学的方法进行古音研究,如方言学、实验语音学的方法进入古音研究领域。

---

① 钱玄同:《林尹中国声韵学通论序》,《制言》第 39 期,1937 年。
② 张军:《民国那些大师》,湖北人民出版社,2008 年,第 2 页。

　　在上古声纽及其相关的研究领域,我们所熟知的代表人物有:王力、姜亮夫留学法国,胡适、赵元任、李方桂、陆志韦留学美国,黄侃、钱玄同、杨树达、陈独秀留学日本,林语堂留学美国和德国。国学功底和留学经历使他们融贯东西、学养深厚,在学术领域取得了令人瞩目的成就。

　　高等学校的开办及语言学专业的设置,是传播现代古音学的重要推手,而历史语言研究所这样的专门研究机构更是研究古音学的重要阵地。上面提到的那些学者就在高校或研究所里培养了众多高足,如潘重规、林尹、刘赜(以上师从黄侃)、戴君仁、魏建功(以上师从钱玄同)、董同龢(师从王力)、朱芳圃(毕业于清华国学研究院,师从赵元任)、郭晋稀(师从曾运乾和杨树达)等,都曾在当时的名校中接受学术训练,他们在民国期间就著书立说,阐发己见,既继承了师业,又有所发明。如潘重规的“声母多音论”与其师黄侃的“无声字多音说”在观点上具有继承性,戴君仁对其师钱玄同的“古音无邪纽证”又作了进一步的补充。他们在继承的基础之上又有所创新,以刻苦钻研的精神、深厚笃实的文风,薪火传递,推动民国时期上古声纽研究步步深入。

第二章 唇音声纽的研究

民国古音学者对上古唇音、舌音、齿音、牙音、喉音等声纽的研究,各有继承和创新,为便于讨论,我们应选择一个学界较普遍认同的上古声纽系统为参照系。前文说过,黄侃是民国古音学的开创人物,并且又在民国初年就提出了系统的上古十九声纽说,"可以作为讨论的出发点",[①]因而,我们考察民国其他学者的上古声纽研究,将以十九纽为基础,进行比较分析。

黄侃以自己考订的《广韵》四十一声类中的十九声纽为古本纽,其余二十二声纽为古变纽。现列于下(见《黄侃论学杂著》"音略"部分,大字代表古本纽,小字代表古变纽):

喉音	影喻于	晓	匣		
牙音	见群	溪	疑		
舌音	端知照	透彻穿审	定澄神禅	泥娘日	来
齿音	精庄	清初	从床	心山邪	
唇音	帮非	滂敷	並奉	明微	

按照发音部位,十九纽被分成五类,即喉牙舌齿唇。后来,黄侃对某些古变纽的隶属有所修正,比如喉音于母(喻三)的古读问题:"今日(1929 年 10 月 27

---

① 李方桂:《声韵结合的问题》,《中国语文》1984 年第 1 期。

日)证明古音为纽皆归匣。"①但原作并未公开发表过。"黄先生初以喻母为影母之变音,然考之《切韵指掌图》有'辨匣喻二字母切字歌',以为喻母古音与匣母相近","以喻为匣之变声,先生从子焯有《古音为纽归匣说》(1937),即本先生之意而立言者也"。②

关于黄侃的上古声纽研究的具体过程,我们这里不多说,有乔永的博士论文《黄侃古音学考论》(2003)可资参考。黄侃之所以通过中古的四十一声类来考订上古声纽,正如他自己所说,是因为"(四十一声类)兼备古今,不可增减",③其"兼备古今"应该是可信的。

下面分别从民国学者对上古唇音、舌音、齿音、牙音和喉音研究的情况进行阐述,本章讨论民国学者对上古唇音的研究情况。

第一节 帮滂並明四纽的研究

黄侃的上古唇音包括古本纽帮滂並明和古变纽非敷奉微,即上古只有一组唇音声纽:帮滂並明。王力指出:"关于古无轻唇音,自从钱大昕提出来以后,已经成为定论。直到《切韵》时代,帮滂並明和非敷奉微在反切中还是混用的。"④民国时期的学者对上古唇音的认识有较大的一致性,他们认为无需再多作讨论。从我们所搜集到的学者研究成果可以看得出来,这一时期很少有专门讨论唇音声母类别的论著。

只有个别人提出了相反的观点,如符定一的"古有轻唇音说",虽然绝大多数人并不赞同这种学说,但毕竟是这一时期客观存在的一种说法,可以看出当时的学术特点:学术气氛具有民主性,学术观点呈现多样性。因而,在此我们也作简要的介绍和分析。

---

① 司马朝军等:《黄侃年谱》,湖北人民出版社,2005年,第291页。
② 潘重规等:《中国声韵学》,台湾东大图书公司,1981年,第239页。
③ 见《黄侃论学杂著》"与人论治小学书"部分,上海古籍出版社,1980年。
④ 王力:《汉语语音史》,中国社会科学出版社,1985年,第19页。

至于唇音声纽音值的构拟，分歧就更多一些，尤其是全浊声母送气与否的问题，并没有哪一家的学说占绝对优势。对此，本节也将作分析。

一、符定一的古有轻唇音说

符定一《古有轻唇音说》一文发表于 20 世纪 30 年代，该内容又见于其《联绵字典》[①]中，运用的材料与钱大昕考证"古无轻唇音"时所用的材料在性质上是相同的。

符氏曾将两篇论文（另一篇为《古有舌上音说》）拿去请教过钱玄同。钱玄同于 1933 年 1 月写了一封信，请黎锦熙转交给符氏，信中的意见是针对符定一的古声纽学说而提的。

这封信里，钱氏鼓励符氏尽管发表自己的"古有舌上、轻唇说"，至于符氏错误的地方，钱氏用"似可斟酌"的措辞提出了两点意见：[②]

> (1) 所举之字，有几个恐非声音的通转：如"道"与"终"，"厘"与"饬"，"乱"与"治"，"立"与"待"，"东"与"朱"，"姪"与"叔"，"州"与"陵"等，或为义转，或为形讹，似与音无关。
>
> (2) 符公谓古有舌上轻唇，谓古有卅九、四十或四十一纽，可也。谓古者舌头舌上等可通，唐宋以后不可通，此说弟总觉得大可斟酌。古既分舌头舌上，则必不可通矣。至书本上有通用之迹者，当在更古之时。鄙意舌头舌上通用者，非通用也，实一音也。若考得某时确已有舌上，则其时便不能通用矣。

关于第一点，在符氏的这两篇论文中未见，也许是符氏接受了钱氏的意见修改后才发表的。

在符氏的《联绵字典》里还有一篇论文《古声备四十一纽可并为十九纽

---

① 符定一：《联绵字典》，中华书局，1954 年。
② 钱玄同：《与黎锦熙论"古无舌上、轻唇声纽"问题书》(1933)，又载《钱玄同文集》第 4 卷，中国人民大学出版社，1999 年，第 78 页。

说》,该文提道:"古声与今声同乎? 曰非也。今声四十一纽,大都各自为用,古声四十一纽,则可合用者多。其合用之标准,一如前表所揭橥,都为十九纽。"①符氏从"今声四十一纽"到"古可并为十九纽",认为"舌头音可读舌上,重唇音可读轻唇",这显然是赞同黄侃古十九纽之说的。其实,我们仔细考察一下符定一的"古有轻唇音"与"古声可并为十九纽"的观点便知,就其实质上而言,与"古无轻唇音"是一致的。

20 世纪 80 年代,也有人提出"古有轻唇音"之说。如王健庵《"古无轻唇音"之说不可信》,②文中从"唯物辩证法"的角度,阐述了他的六条理由,总之考虑的是古音的时地之别,这与钱大昕把整个古音看作是一个系统比要进步,或许上古时期某个方言里就已经有了从重唇音演化为轻唇音的现象,这有待进一步的研究。

但我们仍然支持钱大昕之说而反对"古有轻唇"之说,因为这有大量语言事实作为支撑,如保留古音的方言、对音、亲属语言以及地名的存古现象中,仍有轻唇读为重唇的实例。

民国学者继承清代学者唇音研究的成果,他们讨论的着眼点主要是唇音音值和唇音的通转问题。

二、上古唇音音值构拟

在民国时期,系统构拟声类音值并用国际音标标注的学者,主要是钱玄同、高本汉、董同龢、陆志韦四位。本书附录一列有钱氏、高氏和董氏的上古声纽系统及其拟音,以便参照。

1. 钱玄同的构拟

钱玄同在北大国语讲习所的讲义《国音沿革六讲》(1920)曾把黄侃的十九声纽用"国音字母"和"发音学字母"标注出来。③ 虽然《国音沿革六讲》未曾发

---

① "前表"指作者所做的"声纽表",该表的四十一声纽与黄侃所归纳的相同,至于具体的"合用"两人略有差别,符氏认为喻三归匣,邪纽归定,喻四归定,其余与黄氏同。
② 载《安徽大学学报》(哲社版)1983 年第 1 期。
③ 见《钱玄同文集》第 5 卷,中国人民大学出版社,1999 年,第 194—195 页。"发音学字母"即指国际音标。

表过,但如此早地用国际音标对上古声纽音值作标注,可见他不愧是一位新文化运动的倡导者——制定国语罗马字的开创人物之一。

钱玄同构拟帮滂并明的国际音标①分别为 p(帮),p'(滂),b、b'(并),m(明)。后来钱氏有了自己的上古声纽系统,在《古音无"邪"纽证》②(1932)文中提出上古十四声纽,分别是影、溪、群、疑、透、定、泥、来、清、从、心、滂、并、明。这十四纽当中除影纽和心纽外都不是全清声纽。唇音声纽中帮纽归于并纽,即全清声纽归并于全浊声纽(这在后文还将谈到),其唇音声纽的音值分别为:p'(滂),b、b'(并),m(明)。

这样的归并法是不是受了黄侃的"凡古音同类互相变"③的影响呢? 毕竟两人师出同门,影响可能是有的。"同类"是指发音部位相同,所谓"凡古音同类互相变"就是说古音凡是发音部位相同的,可以互相谐声或通假。钱氏也许就因为这一点而把全清声纽归于全浊声纽。可就音位学而言,"一味把古纽合并,恐怕并不符合真实情况"。④ 帮滂并明四个声纽在上古时期应该是各自独立的音位。

2. 高本汉的构拟

高本汉关于上古声纽的讨论最早出现在《分析字典》(1923)里,后来在《汉语词类》(1934,张世禄译)中构拟出了系统的上古声纽。高氏在这两部著作之后,1940 年出版了《汉文典》,⑤1954 年又出版了《中上古汉语音韵纲要》(聂鸿音译)。作者在《中上古汉语音韵纲要》引言中说道"从一九一五年我最初开始考察汉语早期语音系统时起,到一九三四年完成了上古拟音体系时为止,我有理由多次地修改","其中有些改换是受了其他著名音韵学家马伯乐、李方桂、赵元任和罗常培等人的著作的启发"。⑥ 因此说《中上古汉语音韵纲要》所说的上古声纽音值应该最能代表作者的心得,但是既然讨论的是民国时期,我们主要

---

① 除特别说明外,为考虑简略,本文国际音标标音时省略[ ]号。
② 见《钱玄同文集》第 4 卷,中国人民大学出版社,1999 年。
③ 黄侃:《声韵通例》,《黄侃论学杂著》,上海古籍出版社,1980 年。
④ 王力:《中国语言学史》,山西人民出版社,1981 年,第 154 页。
⑤ 此书 1957 年又出版了修订本,此修订本有潘悟云等人的中译本。
⑥ 高本汉著,聂鸿音译:《中上古汉语音韵纲要》,齐鲁书社,1987 年,第 1 页。

利用作者的《汉语词类》的构拟系统,个别地方也参照了《中上古汉语音韵纲要》。

高本汉《汉语词类》分别把上古唇音帮滂并明声纽的音值标注为:p、p'、b'、m,与他所构拟的中古重唇音之音值是一样的,也就是说,重唇音从上古到中古一直是存在的,读音也没有变化,正与黄侃所说的"古本音"相合。在帮滂并明四组之外,高氏还为上古唇音构拟了一个不送气的浊唇音 b(论述见下文)。

3. 董同龢的构拟

董同龢对上古声纽的讨论集中反映在他的《上古音韵表稿》(1944)中,全书分两个部分:第一部分是叙论——上古音韵系统拟测的检讨;第二部分是音韵表。从中不难发现,他构拟的上古声纽音值,主要是针对高本汉的拟音而作的修订。因此在方法上与高本汉相同,谨遵同一音位在相同条件下一定要发生同样音变的原则。这样处理材料,似乎"分"得越细就越科学、越精密,而完全不考虑如此庞大而复杂的音系在实际口语中是否有存在的可能性。对于谐声材料,高本汉用的是《康熙字典》里的谐声字,董同龢用的是《说文》里的,他们都没有考虑到上古方言和时间的区别问题。

《上古音韵表稿》中,董同龢对上古帮滂并明的音值构拟同高本汉,也是 p、p'、b'、m。

4. 陆志韦的构拟

除以上三人外,我们还有必要介绍一下陆志韦,他的古音学成果反映在《古音说略》[①](1947)中,可以从中窥见他对上古声纽的看法。他认为上古原本存在的声纽有 p、p'、b、m(唇音)、t、t'、d、n、l(舌音)、ts、ts'、dz、s、z(齿音)、k、k'、g、ŋ、x、ɣ、ɡ́(牙喉音),另外在方法上他要比高氏和董氏进一步,他利用《说文》谐声字时,"根据了统计上的几遇关系,将所搜得的材料加以研究分析,兼参国内方言,异域语音,而予以数理的证明,表明论断绝不是由孤证片面胡猜的"。[②]对于形声字的复杂情形,陆氏考虑到了"其中有方言的假借,又有在得声的时候根本就是杂乱的","一个字的上古声母究竟是清是浊,是送气的还是不送气的,

---

① 该著作后来又结集出版,收入《陆志韦语言学著作集(一)》,中华书局,1985 年。
② 参阅简弼:《〈古音说略〉书评》,《燕京学报》第 33 期,1947 年。

是纯擦音还是破擦音,甚至于是唇音还是喉牙音,简直无从规定。所以有好些地方只可以盲从《切韵》"。① 这也就从另一个方面说明了构拟上古声纽的音值要以中古声纽的音值为基础,黄侃依据自己考定的中古四十一声类研究上古声纽,钱玄同给黄侃的上古十九声纽标注音值,自然钱玄同也是从《切韵》音推到上古声纽的,高本汉、董同龢亦是如此。陆氏的上古二十一声纽,跟黄侃的十九声纽相似,只是不像黄侃那样只把出现于中古一四等韵前的声纽作为古本纽,因而他多出了群和邪二纽。

可以看出,以上四位学者对上古帮滂并明的音值构拟是相近的。只是钱玄同把并纽构拟了两个浊音,一个送气,一个不送气。高氏与董氏相同,陆氏与高氏的不同之处是改送气的浊唇音为不送气的浊唇音。

三、上古并纽送气与否的讨论

民国期间关于浊音的讨论,有赵元任的《用 b/d/g 当不吐气清破裂音》(英文,1931),敖士英的《古代浊声考》(1930)等,主要关注的是浊音是否送气与否的问题。这在今天看来似无争论的必要,因为"从音位观点看,浊音送气不送气在汉语里是互换音位"。②

至于有的现代方言里有送气与不送气两套对立的全浊声母,可能是方言接触的原因。如四川永兴话中就有送气和不送气两套对立的浊声母。何大安先生认为:"假定我们同意永兴方言的前身,是个带不送气的浊母的湘方言,那么它的送气浊母,便有可能是后来受西南官话(四川官话)的影响所产生的。"③这种后来的特例并不影响上古只有一套送气或者不送气全浊声纽的结论。

我们简单分析一下上文钱玄同、高本汉、董同龢和陆志韦四人对全浊唇音的构拟。钱氏把全浊唇音并纽构拟为两个音值,是不是他考虑到语言内部的平衡规律呢,有送气的浊音也应该还有一套不送气的浊音与之相对应;抑或是继承了其师章太炎的观点,章氏说"自来言字母者,皆以群为溪之浊,定为透之

---

① 陆志韦:《陆志韦语言学著作集(一)》,中华书局,1985年,第244页。
② 王力:《汉语语音史》,中国社会科学出版社,1985年,第19页。
③ 何大安:《规律与方向:变迁中的音韵结构》,北京大学出版社,2004年,第80页。

浊,而见端无浊音","盖群定等字,扬气呼之为溪透之浊,抑气呼之为见端之
浊,今北音多扬,南音多抑","则知曩日作字母者本以群承见溪,定承端透,非
谓群专为溪之浊,定专为透之浊"。① 若钱氏按章氏之说,则并纽音值可兼 b、
bʻ。由于文中未作说明,我们不得而知,但这两个全浊唇音又是因什么条件演
变到中古音的一个全浊唇音的呢? 似有可商之处。

　　高本汉所构拟的上古并纽的音值只有一个,即送气的全浊唇音,这个送气
的全浊唇音直接演变为中古的并纽。上文说到高本汉后来还构拟了一个不送
气的浊唇音,这与钱玄同一个声类对应两个音值有所不同。高氏的这个不送
气的浊唇音是黄侃十九纽之外的,应该是上古"丢失的声母",它只出现于中古
三等韵前。高氏认为这种例子很少,所以他把这一声母加了括号表示存疑。②

　　陆志韦对上古并纽的构拟与高氏和董氏相同的是上古并纽只对应一个音
值。陆氏构拟为不送气的浊唇音,认为:"上古方言混合起来所产生的谐声字明
明显出浊音近乎不送气的清音,最不近乎送气的清音。"③

　　从音位角度来说,无论是高氏的送气浊音还是陆氏的不送气浊音,都是有
道理的,最终上古的并纽只有一个音值。

　　后来,王力在《汉语史稿》(1957)里提出上古有三十二声纽,他也把上古并
纽拟成送气的浊音,可能是受了高本汉的影响。在《汉语语音史》中王力又对
上古的浊音作出了调整,认为无所谓送气与不送气,他最终选择了以不送气的
为代表,这与高氏认为并母一定是送气的或陆氏认为一定是不送气的观点是
有所区别的。

第二节　唇音声纽通转研究

　　通转,即"通转说",古音学上指某类音与另外的音类相通,或者某类音转

---

①　庞俊等:《国故论衡疏证》,中华书局,2008 年,第 87 页。
②　高本汉著,聂鸿音译:《中上古汉语音韵纲要》,齐鲁书社,1987 年,第 93—103 页。
③　陆志韦:《陆志韦语言学著作集(一)》,中华书局,1985 年,第 249 页。

入另外的音类。① 而我们说的通转,是就声组通转而言,主要是指各谐声字之间的声组(已知的中古音)通转现象。关于唇音声组的通转问题,民国学者各有不同的研究,有的罗列和归纳通转现象,有的则进一步寻找通转的规律。其代表人物,前者如傅东华(《汉语声组变转之定律》)、潘重规(《声母多音论》)、张为纲(《晓匣滂並古音变转例证》《明组古音变转例证》1936)、徐昂(《声组通转》1923)等,后者主要提出上古有复辅音说或提出上古唇音有"已遗失之声母",如高本汉、董同龢、陆志韦、林语堂(《古有复辅音说》)、吴其昌(《来组明组古复辅音通转考》)、陈独秀等。

本节只讨论傅东华的"声组变转说",至于潘重规的"声母多音论",我们把它放在本篇小结中论述。

一、傅东华的声组变转说

傅东华(1893—1971)在语言方面很有才华,民国时期和新中国时期相继有成果问世,两个阶段的不同时代背景导致了他在论著内容上的差异性。如新中国文字改革时期,作者撰写了与现实呼应的《关于北京音异读字的初步探讨》《汉字的读音和注音》等文章,写于民国时期的"声组变转"定律,也是在当时的语言研究实践中产生的。

傅东华的《汉语声组变转之定律》一文见《学林》第十辑(1941),傅氏的"声组变转"说并非自己首创,清代学者戴震已经在《转语二十章序》创"古声流转模式"。② 傅氏依据《说文》谐声,作《〈说文〉谐声转组图》(下图)。

然后,傅氏按照此图说明五种变转法:

1) 旁转,分左右,如自晓至见为左旁转,自晓至明为右旁转。
2) 次旁转,亦分左右,如自晓至疑为左次旁转,自晓至帮为右次旁转。
3) 对转,如自晓至端,或自端至晓。
4) 次对转,分左右,如自晓至精为左次对转,自晓至泥为右次对转。

---

① 见《王力语言学词典》"通转"条,山东教育出版社,1995 年。
② 参李葆嘉:《清代上古声组研究史论》,台湾五南图书出版社,1996 年,第 59 页。

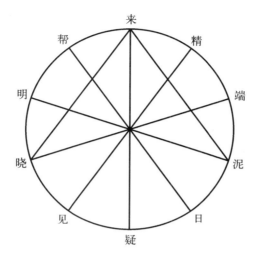

《说文》谐声转纽图

5）直转，惟来晓、来泥二直转。

他按照传统三十六字母分为十摄，即晓摄（晓匣影喻）、见摄（见溪群）、疑摄（疑）、日摄（日）、泥摄（泥娘）、端摄（端透定知徹澄）、精摄（精清从心邪照穿床审禅）、来摄（来）、帮摄（帮滂並非敷奉）和明摄（明微）。然后由转纽图提出了十条定律：

1）凡在晓摄之各纽，与见明疑帮端精泥来八摄之各纽皆可互通，惟与日摄不通。

2）凡在见摄之各纽，与疑晓日明精来端七摄之各纽皆可互通，惟与泥帮二摄之各纽不通。

3）凡在疑摄之一纽，与日见泥晓来帮精七摄之各纽皆可互通，惟与端明二摄之各纽不通。

4）凡在日摄之一纽，以其晚出，其初或本在疑摄，或本在泥摄，或本在精摄，当各归其本摄以定例。

5）凡在泥摄之各纽，与端日精疑明晓帮来八摄之各纽皆可互通，惟与见摄之各纽不通。

6）凡在端摄之各纽,与精泥来日晓见明七摄之各纽皆可互通,惟与帮疑
二摄之各纽不通。

7）凡在精摄之各纽,与来端帮泥见疑晓七摄之各纽皆可互通,惟与明日
二摄之各纽不通。

8）凡在来摄之一纽,与其他九摄之各纽无不可通。

9）凡在帮摄之各纽,与明来晓精日泥疑七摄之各纽皆可互通,惟与见端
二摄之各纽不通。

10）凡在明摄之各纽,与晓帮见来泥端日七摄之各纽皆可互通,惟与疑精
二摄之各纽不通。

看到这十条定律,让人觉得各声纽之间无不可通。其实,在这十条定律
后,傅氏又对十摄通转现象各加以音理上的说明,下面就唇音的通转简单作一
说明(通转例少的不举)。

1. 明摄与晓摄的关系:"晓右旁转入明,例如'黑'>'墨','虇'>'蘷',其
理不易解,盖以部位而论,晓在极内,明在极外,正所谓风马牛不相及,其声何
能互转? 此当经过纡迴之径路而后达者,盖以今方音考之,晓摄之送气音晓匣
与帮摄之送气音滂(敷)並(奉)具有亲属性。湖南长沙人读'湖'如'扶',上海
浦东人读'风'如'烘'即其显例也。晓匣既可转入滂(敷)並(奉)即不难再转入
明(微)。其变式当为 h>pʻ(fʻ)>m(ŋ)。"傅氏把中古晓匣的音值分别拟为喉
擦音 h 和 ɦ,与高本汉把中古晓匣拟为舌根擦音 x 和 ɣ[1] 有区别,要明白一点,
傅氏的这种语音变式不一定是时间的先后,应理解为空间的变化,是方言的差
异,因为傅氏是承认上古方言的存在的,正所谓"方言之语音演变有缓急之
殊也"。[2]

2. 帮摄与来摄的关系:"来左旁转入帮(或帮右旁转入来),例如'录'>
'剥','䜌'>'變',其理不易解,或系走纡迴之路,先转入精之审禅而后入帮

---

① 高本汉对中古音的拟音参考其《中国音韵学研究》(缩印本,赵元任等译),商务印书馆,1994 年。

② 陈新雄:《古音学发微》,台湾文史哲出版社,1983 年,第 1176 页。

钦?"傅氏认为,禅纽与来纽相近,所以有"转入审禅而后入帮"一说。

3. 明摄与来摄的关系:"来左次旁转入明(或明右次旁转入来),例如
'奎'>'睦','貍'>'霾',其理尚不难解,盖先直转入泥,然后由泥对转入
明也。"

4. 帮摄与明摄的关系:"帮左旁转入明,例如'必'>'宓','辰'>'脈',其
理易解,以帮明本属同列,帮转鼻音即成明矣。"

傅氏在说明音理以后,又根据《说文》中的谐声字加以证明。

至于明摄与见摄、帮摄与疑摄、明摄与端摄、帮摄与精摄之通转关系,作者
认为其音理不易解,只好阙疑。

从以上"十条定律"可以看出,傅氏依据《说文》谐声所作的《〈说文〉谐声
转纽图》,似让人感觉到各种声纽之间无所不通,但都作了音理上的说明,不
能说明的暂时阙疑。在性质上与陆志韦作《〈广韵〉五十一声母在〈说文〉谐
声通转的次数》①一表是相似的,而且傅氏认为主谐字与被谐字之所以异音
"必皆由时间或空间所造成之音变而起",看法也与陆氏相同(见上文)。所
不同的是,一个以《广韵》五十一声类为基础,一个是以传统三十六字母为基
础。至于上古声纽到底是什么样子,我们从表面上看不出,但是傅氏说道:
"吾人即已可见汉语音变之一横断面,然后溯而上之,则可据此以拟测
古音。"

下面,来看看傅氏是如何拟测古音的:

由"㬎"派生之字凡四:"顯"呼典切,晓摄;"濕"他合切,"堨"敕立切,
并端摄;"㬎"似入切,精摄;皆唐音也。至"㬎"本字,《唐韵》音五合切,疑
摄,而徐铉云"古文以为顯字",则亦当呼典切,在晓摄矣。今据疑端不通
之律考之,知五合切之音或误,又自字义观之,亦当以徐说为是,故遂可定
由晓摄派声,则"顯"为同摄,"濕""堨"皆对转入端,"㬎"为左次旁转入精
也,然此所知者皆犹是唐音而非古音,今欲据此已知之谐声事实以拟测此

①　见陆志韦:《陆志韦语言学著作集(一)》,中华书局,1985 年,第 228—230 页。

五字之古音,则有两种可能可备抉择,非"顯、濕、壏、隰"四字本皆读为呼
典切,即"羆"之本音读若"顯、濕、壏、隰"。先试证明"顯、濕、壏、隰"本皆
读为呼典切,或至少证明其皆在晓摄,结果当无证据可寻,于是之余后一
可能矣。然"顯、濕、壏、隰"四字不同音,即声纽亦分属三摄,则"羆"之古
音当读若何字,仍无由知也。及见《释名》"天,豫、司、兖、冀以舌腹言之,
天,显也"一语,方知"顯"之古音如"天",本在端摄,"濕、壏"乃古声纽之未
变者,"隰"乃由端转入精者,而"顯、羆"本是一字,则知"羆"古音亦必在端
摄无疑矣。

从傅氏构拟古音的途径看来,不管他的结论是否正确,最终认为谐声字的
主谐字古音只对应一个声纽,这与潘重规的"声母多音"的观点是不同的。被
谐字与主谐字声纽不相同,是由于主谐字的声纽经过时间和空间上的转化进
而形成多音。

傅氏既"不信中国古有复辅音说",认为"谐声字中有若干问题仍非复辅音
说所能解决是也",又没有考证出高本汉所说的上古有"已遗失的声母",可能
他认为传统三十六字母是上古声纽本就有的。

二、声纽通转与复声母 pl-(bl-、ml-)、xm-的构拟

所谓复声母是指复辅音声母,即"在一个音节中结合起来并处在同一个紧
张增强或减弱的两个或两个以上的辅音组合"。[①]

民国学者对复辅音声母问题,有怀疑的也有支持的,认为上古有复辅音声
母的代表人物有林语堂(《古有复辅音说》1924)、吴其昌(《来纽明纽古复辅音
通转考》1932)、陈独秀(《中国古代语音有复声母说》1937)等。不承认上古有
复辅音声母的代表人物有傅东华、唐兰等。

对于不同发音部位声纽的通转,长于上古声纽音值构拟的学者更多地倾
向于用复声母来解释。

---

① 朱川编著:《实验语音学基础》,华东师范大学出版社,1986 年,第 22 页。

1. 复声母 pl-(bl-、ml-)的构拟(附复声母 tl-、kl-、ŋl-等)

高本汉在《分析字典》叙论中,把谐声现象分成四类: A 类、B 类、C 类和 D 类,其中 B 类提出十条谐声通转的条例,以便推求上古声纽的音值。这种人为规定的谐声原则后来遭到多人批评和指正,如陆志韦《〈说文〉〈广韵〉中间声母转变的大势》中对高氏的谐声原则作介绍和简单评析,针对高氏第五条原则"端透定跟精清从心邪不自由交替。例外比较的很少",评道"定跟邪的通转是大路,不是例外"等,认为高氏的谐声条例"不很周到,所拟的上古音当然也不能完全合适"。①

谐声字的复杂现象,能不能将其规律化? 如果不能规律化,那么构拟上古声纽音值就很困难。李方桂曾说"我觉得有两条原则应当谨慎的",这两条原则是:②

　　1) 上古发音部位相同的塞音可以互谐。
　　2) 上古的舌尖塞擦音或擦音互谐,不跟舌尖塞音相谐。

这个原则比高氏的更让人信服一些,"此一原则确定之后,对研究上古音声母,谐声字所发生之功效,已经无可替代矣"。③ 所以我们也赞同并运用这种原则。

对于不符合这种谐声原则的该如何构拟上古声纽呢?

高本汉《分析字典》叙论中关于谐声现象的 D 类列出了"几类极有趣的谐声字",其中对舌根音跟舌尖边音常常交换的现象,高氏认为:"这地方无疑的是一个复辅音声母的痕迹,早年一定是有 kl-一类的声母,到后来变成单音了。"高本汉自己也说这种构拟只是尝试,因为"谐声在某些情况下准确无误地指明了他们,但构拟的细节还不能确定"。④

---

①　关于高本汉的十条谐声原则以及陆志韦对他的批评,见《陆志韦语言学著作集(一)》,中华书局,1985 年,第 240—243 页。
②　李方桂:《上古音研究》,商务印书馆,1980 年,第 10 页。
③　陈新雄:《古音研究》,台湾五南图书出版社,1999 年,第 32 页。
④　高本汉著,聂鸿音译:《中上古汉语音韵纲要》,齐鲁书社,1987 年,第 107 页。

　　林语堂在高本汉拟测出上古复辅音后的第二年,发表了《古有复辅音说》^①(1924),他被称为国内学者构拟复辅音的第一人。除了利用谐声材料以外,林氏还利用了"古今俗语""读音及异文"材料,并跟"印度支那系中的语言做比较",其证据更加充分,讨论的复声母集中在 pl-(bl-)、tl-(dl-)、kl-(gl-)上,确定这类音在上古已存在,不得不让人信服。

　　高本汉和陆志韦利用谐声材料还构拟出了 ml-(ŋl-),但这类音是否复辅音,值得商榷。傅东华认为"其理尚不难解"。民国以后,王力在《同源字论》中认为鼻音与边音的通转是邻纽的关系,^②则这种相通是可解释的,不一定要用复辅音来解释。

　　认为存在复辅音 ml-的,还有吴其昌的《来纽明纽古复辅音通转考》(1932),吴氏在作此文之前还写有《古辅音通转举例》(1929)一文,专门讨论了m、n、l 三纽之间的通转问题,只是还未提出复辅音这一概念。这里就不赘述了。

　　2. 复声母 xm-的构拟

　　《说文》谐声中明纽与晓纽通转的现象,在民国时期也颇受关注。高本汉在《汉语词类》拟出 xm-后,董同龢和陆志韦继有相关论述。董氏构拟出了清唇鼻音m̥,而陆氏构拟出了一个双唇的擦音 ɸ(陆氏按,简称 f),董氏和陆氏都不认为是复辅音,他俩的拟音就明纽与晓纽的通转现象而言还可以接受,总之比陆氏批评高本汉所构拟的复辅音"显然是枝枝节节,不顾全局的拟音"^③的要好。

　　可是我们要问,为何陆氏把来纽的通转认为是古复辅音的痕迹(见《古音说略》),却不把明纽与晓纽的通转拟成复辅音呢? 也许来纽的通转"顾及了全局",来纽的这种特殊性,正像傅东华所说的"凡在来摄之一纽,与其他九摄之各纽无不可通"。

　　再看董氏和陆氏对上古有通转关系的明纽与晓纽所拟定的音值,比较之

---

　　①　载《林语堂名著全集》第 19 卷,东北师范大学出版社,1994 年。
　　②　见王力:《同源字典》,山西教育出版社,1982 年。
　　③　陆志韦:《陆志韦语言学著作集(一)》,中华书局,1985 年,第 272 页。

下,我们赞成董氏的拟音。董氏在其《上古音韵表稿》中对自己为什么不设一个唇擦音分析得很透彻。他说"如果那个声母是个唇擦音,他就不免要跟 p、p'、b 谐声","但是我们知道,那也是事实上没有的。谐声中还有一件值得注意的事,就是擦音总很少单独跟同部位的鼻音相谐的","由这一点看,'悔昏'等字在上古也不会读 ф 或 f"。①陆氏《古音说略》出版晚于董氏《上古音韵表稿》,而董氏却很早就排斥了所谓陆氏的拟音,也许当时陆氏没有读过董氏的意见。

其实在董氏之前,李方桂(1935)已就这个问题设想出了一套音值,即 mx-或 m̥-。②我们认为李氏的 mx-不同于高本汉的 xm-,mx-实质上是 mh-,其中 h-只起到送气的作用,那么 mx-就不作为复辅音看待。对于 m̥-这个声纽,它是"一种送气兼清化的流音,清化是送气作用造成的结果",③因此 m̥-和 mh-音值是等同的。董氏对此做了进一步的论证,但也遭到其他人的质疑,最早的当数林焘:"现在董先生给上古音拟出了一个清的鼻音 m̥,可是并没有 n̥、l̥、ṇ 这类音跟 m̥ 相配,按一般的语言习惯来说,似乎过于特殊。"④

后来,李方桂在《上古音研究》中又构拟出了系统的清鼻音,如 n̥(nh)、l̥(lh)、ŋ̊(ŋh),至此才符合了"一般的语言习惯"。

将这种"送气流音"认为是单辅音,应该是可信的。但是陈独秀认为"单纯送气音尤其浊音送气音颇难置信,塞声之所以送气,乃因其后与 ɦ、h、ɣ、x 等梵文所谓吹气音结合而受其影响之故,此等声母即群(gh)並(bh)定(dh)三系送气音,亦一母含有二声,其演化亦拟为复声母也","不独群定並之为送气音,余且疑明(m)泥(n)二母字中抑或有送气音者"。⑤ 照这样的说法,两个或两个以上辅音音素的结合就认为是复辅音,那么现代汉语普通话里的塞擦音 ts 类当然也是复辅音了,这在音位分析法上⑥是说不通的。陈独秀借助的材料有联绵字、谐声字、"中国邻族语音"和现代方言,在材料上和高本汉等只利用谐声材

---

①　董同龢:《上古音韵表稿》,《中研院历史语言研究所集刊》第 18 本,1945 年,第 14 页。
②　李方桂:*Archaic Chinese* ＊-jwəng、＊-jwək and ＊-jwəg,见《中研院历史语言研究所集刊》第 5 本第 1 分,1935 年。
③　张永言:《关于上古汉语的送气流音声母》,《音韵学研究》第一辑,1984 年。
④　林焘:《〈上古音韵表稿〉书评》,见《燕京学报》第 36 期,1949 年。
⑤　见《陈独秀音韵学论文集》,中华书局,2001 年,第 110—115 页。
⑥　参看王理嘉编著:《音系学基础》,语文出版社,1991 年,第 155—156 页。

料相比是进步的,但将送气塞音等都认为是复辅音则未必正确。

王力是如何看待清的唇鼻音m̥的呢? 在清的唇鼻音的构拟上似乎逊于他的学生董同龢,王力严格按照中古的声类给上古声纽拟音,只是采取或分或合的办法,就上古声类而言,与黄侃的十九声纽在本质上不无一致。所以他在《同源字典》(1982)说到"黑 xək"和"墨 mək"的同源关系时,也遇到了棘手的问题,"黑的古音可能是 mxək,故与墨 mək 同源"。当然对于这个音到底是单辅音还是复辅音,王力并没有明确的说法。

综观以上民国学者对上古唇音的研究,在声类的考证上几乎没有分歧,都赞同黄侃上古十九声纽中唇音只有四组帮滂并明的说法。在对这四组音值构拟时,出现了浊音并纽送气与不送气之分,这一点并不特别紧要。因为他们把浊音构拟为送气或不送气,是以他们自己对中古声类音值构拟的标准为参照的。如高本汉把中古四十七声类中的并纽构拟成送气的,陆志韦把中古五十一声类中的并纽构拟成不送气的。既然上古和中古的并纽只有一套浊音,所以可以拟成相同的音值。

对于《说文》谐声中唇音声纽通转的问题,学者们或认为是"皆由时间或空间所造成"的通转,或认为是上古就有不同于中古的声纽(有复声母),他们所采取的研究方法不同,前者用归纳法,后者用历史比较法,结果自然可能不同,但似乎彼此都驳倒不了对方。

第三章　舌音声纽的研究

　　黄侃的上古舌音,包括古本纽端透定泥来五纽,以及古变纽知彻澄娘照穿神审禅日十纽。

　　清代钱大昕有"舌音类隔之说不可信"(见《十驾斋养新录》卷五),提出"知彻澄三母,求之古音,则与端透定无异"。我们在前文已论及符定一持有不同意见,这里就不再赘述了。但符氏的这种反对意见也让我们看到了,利用异文假借、音训或谐声材料考证上古声类,采取"归并"还是"分离","古无舌上音"或"古有舌上音"两种结论都有可能成立,谁也反驳不了谁。

　　"古无舌上音",即中古的知彻澄古归端透定,端透定在上古是本就存在的声纽,知彻澄与端透定之间的通转,是因发音部位相同或相近。而民国学者王瀛波的《古舌音端透定三母混用说》,[1]利用异音和异文两种材料证明端透定三纽合为一纽。显然只借助这种材料来考证上古声类有很大的问题,考证结果与语音系统不相符。

　　与王瀛波提出上古端透定合一说几乎同时,张为纲从音值上考证"透定二纽古多读入晓匣",该观点见于《透定晓匣古今音变迁考》[2]一文,作者原计划写两篇论文,包括《透定古读晓匣考》和《透定今读晓匣考》,后一篇未发表。前一篇考订透定古读晓匣时,利用的材料有《说文》的读若、群雅音训、经传假借,以及《广韵》音切。借助这些材料加以论证,系统性不强,结论就难免令人怀疑。

---

① 载《河南大学文学院季刊》第 2 期,1930 年。
② 载《中山大学文史学研究所月刊》第 3 卷第 2 期,1934 年。

再说如果透定古与晓匣同音值,后代又是因什么条件演变为音值相差很大的两类声纽? 在音理上又如何去解释? 即使说透定与晓匣古音相近,可我们认为读音相近不代表两个或两个以上声纽是同一个音位。若以傅东华的《〈说文〉谐声转纽图》来解释也未尝不可,端摄与晓摄是对转关系,傅氏认为"此亦当由纡回之径路而达,盖晓之三四等音易转入精摄之审,然后由审入同列之照,由照旁转入端摄之知,再由知入端也。其变式为:h>ɕ>tɕ>ȶ>t"。如"嗅",中古音许救切,在晓母,今广州方言文读音是[tʃʰɐu˧],[1]与中古舌上音知组声母字的今读相同。

民国学者对上古舌音的研究,不管是考证声类包括"上古已遗失的声母",还是构拟音值,成果均不少,尤其是关于来纽和照穿神审禅几纽的研究成果更多。下面分类阐述。

第一节 娘日泥三纽的研究

钱大昕的"古无舌上音",说的是知彻澄古归端透定,而未提及娘母和日母。最早关注娘母和日母关系的,是清代学者邹汉勋。杨树达提到:"娘日归泥之说,发自吾乡邹氏叔绩,而章君证成之。"[2]"邹氏"即邹汉勋,著《五均论》,言"泥娘日一声";"章君"就是章太炎,著《国故论衡》,言"娘日二纽归泥说"。

民国时期,黄侃总结前人观点,提出泥为古本纽,娘日为古变纽。那么是不是说娘日泥三纽上古的音值是一样的呢? 对于运用历史比较法的民国学者而言,他们会认真考虑语音的演变条件,如果这三组在上古是同一个音值,后来又何以演化为三纽? 于是高本汉和董同龢就把上古泥(娘)日两组分别拟为 n 和 ń(对应国际音标[ȵ]),因为日组在中古三等韵里与娘纽冲突,日组只出现于中古三等韵前,而娘纽出现于中古二三等韵前。

---

① 据北京大学中国语言学系编:《汉语方音字汇》(第二版),文字改革出版社,1989 年。
② 见杨树达编录:《古声韵讨论集》自序,台湾学生书局,1969 年。

民国以后,王力也认为泥纽 n 和日纽 ȵ 的上古音值是不同的(见《汉语史稿》),他同样是考虑到语音的演变条件。而李方桂却认为上古泥娘日三纽音值相同,只是因介音的不同而有不同的演变。其演变方式是(见《上古音研究》):

上古 nr>中古娘ṇ   上古 nj>中古日ńź j

我们赞同李方桂的说法,并认为黄侃继承其师章太炎"娘日二纽归泥说"而创古本纽泥和古变纽娘日是能够让人信服的。

一、日组的两个来源

董同龢虽然把上古日组构拟为一个 ȵ,但他又发现中古日组不仅跟泥娘二纽互通,还跟疑纽互通。董氏在《上古音韵表稿》中认为:"(中古)ńź在上古除一部分是ń外,还有一部分当作 gn 的。"[①]这个[ɲ]音是董氏对上古"已遗失的声母"的发现,也是他发现清唇鼻音同时的又一成果。

不管董氏的构拟是否符合上古语言面貌,但他的构拟为我们提供了一种值得学习的方法,即离析声纽,就像清代顾炎武"离析《唐韵》"一样。这在下文还将谈到,此从略。

二、泥组与心组的通转

1. 傅东华的解释

傅氏的"变转定律"中说道:"泥左次旁转入精(或精右次旁转入泥),例如'聂'>'摄','念'>'稔',其理不难解,盖经端之知而入精之照,然后转入其他各纽也。其变式为 n>ṱ>ʨ>ɕ>s。"比如成都方言读"挠"(阻挠,中古音奴巧切)为[⊂zau],[②]因此 n 与 s(z)相通还是可以在现代汉语方言中找到佐证的。

---

① ńź、ń、gn 分别对应国际音标［nʑ］、［ɲ］、［n］。见董同龢:《上古音韵表稿》,《中研院历史语言研究所集刊》第 18 本,1945 年,第 17 页。
② 据北京大学中国语言学系编:《汉语方音字汇》(第二版),文字改革出版社,1989 年。

2. sn-(ns-)的构拟

陆志韦注意到《说文》谐声字中泥 n 跟心 s 的通转情况,他本想也用类似于傅东华的音变方式解释这种现象,但他又发现破裂音 t 等转破裂摩擦音 ts 等不是常例。所以陆氏在这种情况下最终构拟了一个 ns。陆氏自己也说,他构拟的 ns 与高本汉《分析字典》叙论中构拟的 sn 是有区别的,"因为(高氏的构拟)跟汉语的辅音系统或是整个谐声系统都不相合"。①

实际上就其本质而言,是 ns 还是 sn 都是复辅音。陆氏的确构拟出了较为系统的以鼻音作为声首的复辅音,如 mp、mb、nt、nd、ŋk、ŋg 等,照陆氏的意思,构拟 ns 是符合辅音系统的。可是换个角度,难道以 s 为声首的复辅音就不存在于汉语的"整个谐声系统"中吗?

民国以后,一些学者给了我们这个问题的答案。如李方桂认为:"中古心母 s 及审母(二等)ʂ 常有跟别的声母谐声的例子。"有和来纽、鼻音声纽、舌尖塞音,以及舌根音谐声的情况。"高本汉等已经拟有 sl,sn 等复声母,我觉得也该有 st、sk 等复声母,这个 s 可以算是一个词头 prefix"。② 依据李方桂的说法,以 s 作为声首的复辅音在汉语的整个谐声系统里也是相当丰富的。

在民国学者中,对 sn-复辅音声母加以讨论的还有陈达味,他的《古代汉语中的 sn-复辅音》载于《(天津)益世报》人文周刊第 14 期(1937 年 4 月 9 日)。

sn-(ns-)复声母的研究发端于民国时期,后来,不少论著仍在不断地讨论这个问题。学者们或用不同的方法,或用不同的材料,等等,论述鼻冠音(以鼻音为词头的复辅音)或以 s-为词头的复辅音声母,可参考赵秉璇、竺家宁编的《古汉语复声母论文集》(1998)。

第二节　来　纽　的　研　究

对于中古的来纽,黄侃认为它在上古仍然是来纽。民国学者在讨论来纽

---

① 陆志韦:《陆志韦语言学著作集(一)》,中华书局,1985 年,第 255 页。
② 李方桂:《上古音研究》,商务印书馆,1980 年,第 24—25 页。

在上古的具体音值时，观点上也出现了分歧。但影响较大的拟音是以边音（又称边通音）l-为代表，如钱玄同、高本汉、董同龢、陆志韦等。至于民国学者对来纽与其他声纽的通转问题的研究，上文已说过，这里讨论关于来纽上古音读的两种代表观点。

一、来纽古读如端透二纽

考证"来纽古读端透"观点的民国代表人物有吴英华和遗音。吴英华首先发表《半舌音古与舌头音相通考》，①谓来纽之字古读如端透二纽。

后来，遗音也就来纽问题发表自己的看法，作了《古声纽之研究》②一文。遗音是何人，未知。该文先叙述前人研究古声纽的成绩："此外曾（运乾）氏，及吴英华氏，证明喻纽古宜读入舌头，而吴氏又谓来纽之字古宜读入端透二纽；章氏之门人黄侃，著有《音略》，则分古音为十九纽；林语堂氏，又谓古有复辅音。"该文未完成，续篇我们也未见到。遗音评述前人成果未涉及高本汉，是他不屑用现代语音学来构拟上古声纽呢，抑或未见识这方面的论著？从他考证"来纽古读如端透"的材料看来，也没有从音理等方面加以论述。他用的材料是《说文》谐声和经籍异文，举证甚多。现举一例：

> 《说文》，襱，从衣龍声。重文作襩（遗音按：襩从賣声，古读舌头音）。
> 龍，半舌音；襩，舌头音。

作者得出："半舌音既与舌头音通矣，则来纽之字，古音必读入端透二纽，为舌头音，黄（侃）氏以来纽为古之本音，恐未尝也。"

遗音虽只说"端透二纽"，实际还包括定纽，他在文中说道："古音无清浊之分，故定纽之字读入端纽或透纽。"古音是否无清浊之分，通过六朝以前古籍中的清浊通假及《说文》同声符字的异读情况看来，"都显示出上古声纽的清浊并不截然划分，某个字读清音浊音对其意义影响不大"。③ 当然这有待继续研究。

---

① 关于吴英华个人的相关情况未知，此文发表于 1937 年《国学月刊》（天津）第 1 卷第 2 期。
② 载《鲁东月刊》第 1 卷第 3 期，1938 年。
③ 周玉秀：《古声不分清浊说》，见《西北师范大学报》（社科版）1993 年第 6 期。

但遗音用这样的材料就考证出"来纽古读如端透",实在让人怀疑,因为照这种逻辑,我们若说"端透古读如来"也未尝不可。遗音考证中古来纽与端透的密切关系,举证较多,我们承认他对材料的发掘能力,但这种归纳是不完全的。其实"凡在来摄之一纽,与其他九摄之各纽无不可通"。①

二、来纽古读如泥纽

自黄侃提出泥纽和来纽为古本纽以后,民国时期的学者都认可这两个声类在上古的存在。就目前所见,只有唐兰提出来纽不是古本纽,而是古本纽泥的变纽,认为在音值上"上古来纽古读如泥纽",一改章太炎"娘日归泥"为"娘日来归泥"。唐氏的文章《论古无复辅音凡来纽字古读如泥母》②反驳高本汉和林语堂的上古复辅音一说,进而提出上面的观点。该文首先对林语堂考证上古复声母的四条证据一一进行驳论。接着唐氏还说"古有复辅音不成立说"概括起来有三点理由,即以"中国语言与文字之关系""现代尚保存之较古语音""同一主谐字中所谐之字往往并见杂出"三方面论证古无复辅音。于是唐氏说道:

> 余谓谐声字中有此现象,不当求诸汉语所本无之复辅音以构成空中楼阁,而当求之于字声流变之历史。盖谐声文字之起,远在商周以前,《诗》《易》之音,已多舛讹,后世又数变易,往往同一群中,一部声母,变化极少,而另一部则与本音悬隔。后世学者就汉魏六朝以后之声类以求之,自多扞格矣。k,t,p,与l之互换,今所认为不能解释者,其实l母乃n母之变,古无l母也。k,t,p,与n可相通转,n变为l,相隔遂远耳。

最后唐氏从六个方面证明来纽古读如泥 n,这六个方面分别是:"近世方言""以谐声字考之""以古文字考之""以古今语考之""以疑母与来母之关系考

---

① 傅东华:《汉语声组变转之定律》,《学林》第十辑,1941年。
② 载《清华学报》第12卷第2期,1937年。

之""以 k、t、p 等母与 l 之关系考之",从而得出"由此六证,知古无来母,只有泥母,来母之字,均非本音也"的结论。

我们看到,唐氏是就带 l 的复声母讨论的,而且是针对林语堂研究的复辅音(见上文第二章)。l 母若真是古读为泥母 n,在音理上能够解释与 k、t、p 等母相通的问题吗? l 与 n 发音部位相同,唐氏认为"k、t、p 与 n 可相通转",那么 l 就不能与 k、t、p 通转了? 因此对唐氏这种说法还得再考虑。

后来唐氏也怀疑自己的这种说法。他在 1949 年《中国文字学》中写道:"我在民国二十六年曾写过一篇古无复辅音的短文(在那里面所说来母古读如泥母的一点是错误的)……"①这个"重申"只是一笔带过,且以加注的方式表达,未作任何的论述。自然我们也就不知道他为何改变初衷。

第三节　照穿神审禅五纽的研究

清代钱大昕《舌音类隔之说不可信》中说:"古人多舌音,后代多变为齿音,不独知彻澄三母为然也。"②至民国时期黄侃更明确提"照三归端说",在他的上古十九声纽中以照纽为古本纽端的变纽,穿审二纽为古本纽透的变纽,神禅二纽为古本纽定的变纽。

关于中古照穿神审禅五纽的拟音,我们参照王力的拟音,分别是 tɕ(照)、tɕʻ(穿)、dʑʻ(神)、ɕ(审)、ʑ(禅)③。从中古这五纽的音值可以看出,照穿神三纽是舌面前塞擦音,审禅二纽是舌面前擦音,黄侃的照三归端能否在音理和音变上说得通呢? 咱们先看看民国其他学者是如何看这五纽的,然后再回头说这个问题。

研究这五纽的民国学者除黄侃外,还有朱芳圃、周祖谟、马汉麟、董同龢等人。

① 唐兰:《中国文字学》,上海古籍出版社,2001 年,第 35 页,该书最初于 1949 年出版。
② 钱大昕:《十驾斋养新录》卷五,江苏古籍出版社,2000 年,第 112 页。
③ 按照王力《汉语史稿》书中之拟音。

一、继黄侃照三归端说的再研究

1. 朱芳圃的再证

朱芳圃著《照穿神审禅古读考》,该文是补钱大昕之说。朱氏说:"钱氏又谓知照古无齿舌之分,今人以照属齿音,知属舌音,强分为二,非古音之正。其说甚是,惜仅举照类数例,未能全部考订。"[①]

所以朱氏从经籍异文和《广韵》音读两方面再次考证中古照组五纽古归舌头音,例证可谓丰富(朱氏自己说共 142 条)。该文未提及黄侃,在考证上只言"照穿神审禅古读端透定",至于照纽古归什么纽或穿纽古归什么纽等并没有细分,显得甚是笼统:

> 古读升如登。《书·文侯之命》"昭升于上",《史记·晋世家》作"昭登于天"。《书序》"有飞雉升鼎耳而雊",《汉书·五行志》引作"有蜚雉登鼎耳而雊"。《广韵》升,识蒸切,照类;登,都滕切,端类。

朱氏通过这样的考证后,表现得相当自信,认为:"右例证一百四十二条,钱氏之说,经余证明,可成定论矣。"不过我们认为,其例证虽多,材料只限于经籍异文和《广韵》音读两种,是否"可成定论",值得商榷。

2. 周祖谟的再证

周祖谟对于上古声纽的研究,有两篇文章,即《审母古音考》(1941)和《禅母古音考》(1941)。[②]

(1) 审三的上古音读

周氏的《审母古音考》一文,按中古审纽二等和三等分别论述,这里我们先看审纽三等的情况。周氏首先回顾了前人对中古审纽三等在上古读音的研究,叙述了钱大昕、黄侃和高本汉三人的结论。通过经籍异文及书传音训考证

---

① 载《武汉大学文哲季刊》第 6 卷第 4 期,1937 年。
② 两文皆编于周祖谟:《问学集》,中华书局,1966 年。

了中古审纽三等字"古代均曾与舌音塞音一类字相通。其音虽不易确定,但若从高氏之拟音,古读为ś,则与以上诸母之音相去过远矣"。[1]

周氏认为中古审三古读舌音塞音,跟黄侃将审三古归透纽的结论差不了多少,但周氏批评高氏对审三的上古拟音,我们不敢苟同。据陆志韦的统计,"摩擦音'式'[ɕ]跟'之昌时食以'[tɕ][tɕ'][dʑ][ʑ][j],'陟丑直'[ʈ][ʈ'][ɖ],'都他徒'[t][t'][d],全相通转。"[2]另外从高本汉对中古审三声纽字在现代方言中读音的调查,发现中古审三在现代方言里读s、f、ʂ、ɕ、t'音的都有,[3]不能确定一定读舌塞音。

再者,中古审三与舌尖塞音的通转可以从音理上解释。傅东华"变转定律"认为:"由知转照,亦与其他各纽皆可通,变式为:t>ʈ>tɕ>ɕ。"

虽然李方桂的两条谐声原则中说塞音与擦音不互谐,但是也不可否认其中会存在例外。高本汉构拟的ś音也不一定说不通。

高本汉《分析字典》叙论说道,中古清擦音ś不跟同部位的塞擦音tś-、tś'-、dź'-以及浊擦音ź-谐声,因此把上古审三的读音拟成舌面前擦音ś(对应国际音标[ɕ]),与中古审三音值相同。董同龢构拟的音值同高本汉,只是对高本汉的谐声相通情况给予批评,即董氏根据自己统计的结果,认为:"ś-在事实上非但是常跟tś-、tś'-、dź'-、ź-谐,并且也常跟t-、î-两系谐。"但他又认为:"无论这一部分的ś-是否跟塞音或塞擦音谐声,都无妨于假定他在上古仍是ś-。"[4]从中古审三通转研究的情况看,民国学者对审三的上古音读意见还是很不一致的,恐怕其主要原因是通转现象复杂。

那么民国以后对这一问题的研究成果又是如何呢? 咱们看看王力和李方桂的研究,王力《汉语史稿》对中古审三的上古音值拟定同高本汉。李方桂的拟音却迥异于以上学者,李氏严格按照他所规定的谐声原则,认为"无论如何,擦音不该跟塞音互谐,我们以为审母三等应当是从上古塞音来的,不过这要牵

① 周祖谟:《问学集》,中华书局,1966 年,第 128 页。
② 陆志韦:《陆志韦语言学著作集(一)》,中华书局,1985 年,第 236 页。
③ 见高本汉著、赵元任等译:《中国音韵学研究》(缩印本),商务印书馆,1994 年,第 298—302 页。
④ 董同龢:《上古音韵表稿》,《中研院历史语言研究所集刊》第 18 本,1945 年,第 18 页。

扯到复辅音问题。"①1983 年,李方桂回国讲学,他又讲到了审三的上古音问题:"审母(笔者按:审三)的问题比较麻烦,在今天许多方言里,审母字不读 ʂ-而读 tʂʻ-。比方说'深'字,有些方言不读 ʂən˧ 而读 tʂʻ ən˧,'输了'说成'tʂʻuɤ了',②都读成吐气的塞擦音。因此我想审母的一部分字很可能是从透母变来的。这个也符合黄季刚先生的理论,透母是古本纽,审母是变音。"③也许审三的上古音值有待进一步研究。

(2) 禅纽的上古音读

再看周氏《禅母古音考》一文,周氏虽认可黄侃的禅纽古归定以及高本汉的拟音 â,但指出"然皆未能与古籍之音训及文字之通假相参证",于是从"文字谐声"和"经籍异文"两方面考证禅母古音。通过文字谐声的考证,得到"其同一声母所谐之字,读为舌音及正齿音照母穿母者甚多";由经籍异文考证得出,"禅母与定母之关系最密,足证前人所谓禅母古音近于定母之说确凿有据。然其中亦必有少数字读如端母者,则当分别观之"。

高本汉也利用谐声材料考证出中古禅纽古音近于定母,音值为不送气的舌面前塞音 â,我们看高本汉中古擦音审三禅两组在上古音的构拟,一个为擦音,一个为塞音,似乎感觉在中古照组的上古音系统上不对称,难道只是为了填补对应于中古床三上古音值的不送气浊音吗? 那么中古禅纽的位置在上古音系统里岂不又成了"空档"?④ 所以罗常培见高本汉将中古喻三的上古音拟成 g,批评说:"照高本汉的拟测,匣纽的上古音是 g̒-,⑤于纽的上古音是 g-,两音极相近,只是送气与不送气的区别。这样固然可以填补群纽洪音的空档儿,可是于纽的洪音仍然空着。"⑥道理是一样的。

周氏在《禅母古音考》中还说到了床三与禅纽的关系:"至于汉以前古音是否为一母,尚不易确定,但床禅均为浊音塞音似可断言。"

---

① 李方桂:《上古音研究》,商务印书馆,1980 年,第 14 页。
② 笔者所在的徐州方言就有人这样发音,"深、输、伸、束"等字在口语中发成送气音。
③ 北大中文系编:《语言学论丛》第十四辑,商务印书馆,1984 年,第 18 页。
④ 关于"空档"概念,见何大安:《声韵学中的观念和方法》,台湾大安出版社,2003 年,第 139 页。
⑤ 高本汉把中古匣群纽的上古音同拟为 g̒-。
⑥ 罗常培:《经典释文和原本玉篇反切中的匣于两纽》,《中研院历史语言研究所集刊》第 8 本第 1 分,1939 年。

民国其他学者对禅纽的上古音读持何看法呢？傅东华在"变转定律"中认为禅纽与来纽相近,他把禅纽归在精摄当中。

对床三禅两纽的研究,民国以后继有成果。如裴学海[①]和李方桂。李氏在其《上古音研究》中说:

> 　　我以为床禅两母有同一的来源。中古时代《切韵》系的韵书虽有床禅之分,但是从他分配的情形看来,除去少数例外,大都有床母字的韵就没有禅母字,有禅母字的韵就没有床母字。从近代方言的演变看起来,床禅也不易分辨。《守温韵学残卷》也只有禅母而无床母,也可以说是禅床不分。其他字书如《经典释文》、《原本玉篇》也不分床禅。依次《切韵》系统的分床禅两母似乎有收集方音材料而定为雅言的嫌疑。

李氏对床三禅两纽来源的公式表述见下文"照三组与见组通转研究"一节。高本汉把床三和禅的上古音拟成 d̑' 和 d̑,与李方桂认为床三禅上古同为一组,在本质上应该是相似的,这表明了床三禅两组关系的密切性。虽然董同龢批评高本汉对禅纽的上古拟音,但高氏的拟音相比于董氏把床三禅分别拟成塞音与擦音而言,应该更合理些。可见黄侃归床三禅两组于定组也有合理之处。

二、照三组与见组通转研究

1. 董同龢构拟的 c-、c'-、ɟ-、ç-、j-

董同龢把中古的照三组的上古音值构拟成两套。一套音值同高本汉的拟音,即舌面前音:t̑、t̑'、d̑、ś、ź(对应国际音标分别为[ȶ][ȶ'][ȡ][ɕ][ʑ]),这类音常跟中古端透定谐声。黄侃将照穿神古归端透定,但高本汉和董同龢从等韵的角度看到,在三等韵上中古照三组与知组冲突,所以虽然语音上相似,却不归并声类。

另外一套音值,董同龢认为:"(中古)一部分 t̑ś 系(笔者按:即中古照三组)

---

① 　裴学海:《古声纽船禅为一、从邪非二考》,《河北大学学报》(哲社版)1961 年第 2 期。

字是常跟舌根音字谐声而不跟任何舌尖音字(或本为舌尖音的ȶ-系字)发生关系的。高本汉只看到极少数的几个例,因此他只以为是几个三等韵中颚化舌根音偶尔在跟 tś 系字谐声就算了。"[1]最后董氏将这一套音拟作k̂、k̂ʻ、ĝ、gn、x̂、j̑(对应国际音标的舌面中音[c][cʻ][ɟ][ɲ][ç][j])。

这六个音值的构拟可谓是董同龢构拟"上古已遗失之声母"的创举(也包括上文他所构拟的上古日组以及清的唇鼻音),董氏似乎严格按照"同谐声必同发音部位"的原则来构拟上古声纽的音值,可是董氏构拟这两套音值是否就绝对符合这个原则呢?他的上古见组音值是 k 类,这里构拟的照三组是 c 类,前者为舌根音,后者为舌面中音,在发音部位上还是不同的,只是比与端透定谐声的照三组所构拟的上古音值——舌面前音 ȶ 类更接近点罢了,把与舌根音字谐声的照三组拟成 c 类,是否符合语言事实,还有待进一步推敲。

显然董氏是按照高本汉的理论来构拟音值的,所以陈新雄评价董同龢道:"其缺点则过于迁就高氏之系统,致有许多音韵之拟构,令人怀疑。凭董氏之功力,若能另起炉灶,重构系统,其成就或将更大。"[2]

但我们不得不佩服董同龢"离析声组"的研究方法。他将中古的照三组分为两类(笔者按:将中古的喻四也分为了两类),不管离析得是否科学,这种方法是值得我们思考的。当代学者麦耘说:"清人主要搞上古韵部,对上古声母研究得少。其实研究上古声母也应该运用同一种方法,要'离析唐声'。现代有的学者搞上古声母,只知把中古声母合并组成上古声母(也有些地方该合并而没合并),而不懂得离析唐声。"[3]

2. 陆志韦的看法——"唇化喉牙音"

在讨论陆氏研究中古照三组与见组通转关系之前,先来看看他对照三组在上古的读音是如何认定的。

(1)陆氏的"照三组来源于端类"

陆志韦在《古音说略》里是不承认上古有颚音的,即使有颚化音的存在,也

---

① 董同龢:《上古音韵表稿》,《中研院历史语言研究所集刊》第 18 本,1945 年,第 15 页。

② 陈新雄:《六十年来之声韵学》,台湾文史哲出版社,1973 年,第 87 页。

③ 见东方语言学网论坛,"汉语南方方言的来源的讨论"之"麦耘答陈保亚"。

是在更古的时候从牙音 k 类变来的,k 类的颚化是方言的颚化。陆氏对照三在上古读ȶ类音是不赞成的,他认为中古照三直接来源于上古 t 类,然后说:"何以知道上古早已有ȶ类的音呢?有什么理由可以说照三出于上古的ȶ而不直接出于 t 呢?我们但知道《切韵》的知出于端,谐声端知照随便通转。最简单的解释当然是端>照三。"①

那么从音理的角度来看,陆氏是如何处理中古照三组与知彻澄在三等韵上的冲突呢?陆氏构拟了两套介音,即 i、ɹ,不同的介音就有不同的演化。他对中古端知照组的来源用公式表示为:

$$ta>t\alpha(中古端) \qquad ti>t\varphi i(中古照_三) \qquad t\textrm{I}>t\textrm{I}(中古知)$$

从陆氏的观点来看,黄侃的"照三归端"说是可以成立的。陈新雄说:"陆氏以 i 与 ɹ 介音之不同作为分化之条件,虽尚有待商榷,然以照系上古与知系(笔者按:一般称照三组和知组)同读,则其不满于高氏说而所作之改进也。"②

民国以后的研究成果中,李方桂认为上古音有介音,其中构拟的两套介音 j、r 在本质上与陆氏是一致的,只是作了具体的阐述,j 介音出现于中古三等韵前,起颚化作用,r 可以在任何别的声纽后面出现,起卷舌或央化的作用。李方桂也认为中古照三组(与舌尖音互谐的)上古来自 t 类,中古的知组和照三组演变方式为:

上古 tr-,thr-,dr-,nr->中古知ȶ-,彻ȶh-,澄ȡ-,娘ɳ-
上古 tj-,thj-,dj->中古照三 tś-,穿三 tśh-,床三(或禅)dź-(或ź-)③

(2)陆氏对照三组与见组通转关系的看法

中古照三组与见组的通转关系,陆氏也注意到了:"没有介音的(中古)喉

---

① 陆志韦:《陆志韦语言学著作集(一)》,中华书局,1985 年,第 256 页。
② 陈新雄:《古音学发微》,台湾五南图书出版,1983 年,第 1171 页。
③ 见李方桂:《上古音研究》,本文未转换成国际音标,李氏认为中古床三禅上古有同一来源。

牙音也跟古齿音通转。不但转照三等，也转知等，也转端等。喉牙转齿的各'声'里，有些又同时转唇，那断乎不是颚化。后来跟王静如共同研究《切韵》的三四等合韵，发现《切韵》的喉牙音本有两种，其中一种是唇化喉牙音（labio-velar）。唇化喉牙音正可以转 t、t'、d。"他认为中古时期存在唇化的舌根音，所以见组与照三、知、端等互相通转。

可我们要问，非唇化的舌根音就不能与照三组相通转吗？傅东华认为它们可以直接通转，正如其"变转定律"所说"见右次对转入端，例如'贵'＞'陨'，'庚'＞'唐'，其理易解，盖精之照类与端之知类极近，见既经照而入知，即可入端矣，其变式为：k＞tɕ＞ȶ＞t"。我们认为傅氏的这种说法更有道理些。

在幼儿学话时，也有这方面的例子作为旁证。"幼儿一般对 ts、ts'、s、tʂ、tʂ'、ʂ、g、h、l 等发音感到困难……把'哥哥'说成'多多'"，[1]又如把"姑姑"说成"都都"，这些都是值得我们思考的地方。

民国以后，李方桂为上古构拟了一套圆唇的舌根音，可能受了陆志韦认为中古存在"唇化喉牙音"的影响，从而进一步阐发上古也存在圆唇舌根音。李氏认为《切韵》系统里有许多合口的韵母，只见于唇音及舌根音声纽，"唇音的开合口字在《切韵》时期已不能分辨清楚，在上古时期也没有分开合的必要，只有舌根音的开合口应当区别"。[2] 如果结合傅东华的观点以及幼儿学话的特点，李氏的观点还是跟陆志韦的一样，实质上并没有进展。

综上所述，民国学者对于上古舌音的探讨更多地集中于照穿神审禅五纽，并且认同黄侃的"照三归端"说的人比较多。对中古照三组的来源问题，有的只从经籍文献材料上论证，有的再结合音理进行考证，各有得失。但是照三组的来源问题还是很复杂的，民国学者只注意到中古照三组与舌音、舌根音上的纠葛，但照三组还有跟精组等有通转关系的，对于这些问题的研究可参看杨剑桥《论端、知、照三系声母的上古来源》（1986）。

---

① 向佛音：《幼儿言语的发展》，《贵州师范大学学报》（社科版）1980 年第 4 期。
② 李方桂：《上古音研究》，商务印书馆，1980 年，第 17 页。

第四章　齿音声纽的研究

　　黄侃的上古齿音,包括古本纽精清从心四纽和古变纽庄初床山邪五纽,民国学者的成果多集中于对邪纽的研究上。

第一节　邪纽的研究

　　黄侃认为邪纽是心纽的古变纽,上古心邪二纽是否在音值上就相同或相似呢? 王力《汉语史稿》中把中古心邪二纽分别拟为 s、z,同为擦音,一清一浊。从这一点看,心纽与邪纽在上古的读音可能相近,但古籍文献是否能证明这种说法呢? 咱们先看看民国学者的考证。

一、钱玄同的古音无邪纽说

　　钱玄同作《古音无"邪"纽证》①一文,考证邪纽古归定,利用的材料是《说文》谐声字:

　　　　考《说文》九千三百余字中,徐鼎臣所附《唐韵》的反切证"邪"组的有一百零五字,连重文共一百三十四字。就其形声字的"声母"(钱氏按:今亦称"音符")考察,应归"定"组者几及十分之八,其他有应归"群"组者则

---

① 载《师大国学丛刊》第 3 期,1932 年;又见《钱玄同文集》第四卷,中国人民大学出版社,1999 年。

不足十分之二,有应归"从"组者则不足十分之一。从大多数言,可以说:"邪"组古归"定"组。

钱氏按照古韵三十三部(黄侃的二十八部加上五个上声韵部,即尾、语、厚、黝、止五部)中有邪组声首的字依次证明。

我们可以把钱氏的中古邪组通转结果与陆志韦通过统计得出的结果相比较。陆氏说:

> "徐"[z]不通"作仓昨苏",也不通"侧初士所"。跟"疾"[dz]的关系也不像所应当希望的那么大(只相逢 4 次)。他跟颚音相通远过于"息"跟颚音,并且又通"徒"[d],又通"于"。他在谐声系统里不只是相当于 s 的一个浊音,也不是相当于 dz 的一个纯摩擦音,更不能说《切韵》的 z 全都是古 dz>z。我猜想他的摩擦性一定是很微弱的,所以既可以通喻四,又可以通喻三。"徐"的通"徒"也许是古音 dz 通 d。[①]

从中可发现,陆氏和钱氏对中古邪组的通转结果统计是差不多的,与定纽、群纽(钱氏认为匣于二纽古在群纽)及从纽都有纠葛,与定纽的关系最密切。但陆氏未采取钱氏的归并法,不认可邪纽与定纽在上古是同一个音位。

钱氏的古声纽研究成果可参看曹述敬的《钱玄同的古声纽说及其他》。[②]后来民国学者继有支持或补正钱氏之说的,如他的学生戴君仁,有《古音无邪纽补正》,[③]其研究方法和结论与钱氏相同,只是运用了更多的材料,这里就不赘述了。

我们还要提到另一位学者,那就是郭晋稀(1916—1998),著有《邪母古读考》,该文最初写于 1945 年,刊在桂林师范学院所编的《声韵学讲义》里,后发表于《西北师范学院学报》1964 年第 1 期。1990 年郭氏又将原稿加以整理,附

---

① 陆志韦:《陆志韦语言学著作集(一)》,中华书局,1985 年,第 237 页。
② 又见曹述敬编:《钱玄同音韵学论著选辑》,山西人民出版社,1988 年。
③ 载《辅仁学志》第 12 卷第 1、2 期合刊,1943 年。

在其所著《声类疏证》后。郭氏在完成该文时，还不知道钱玄同的《古音无"邪"纽证》，直到 1960 年郭氏看到钱氏之作，发现两人的结论"不谋而合"。郭氏在整理后的文中说道："但是钱氏原著未臻完密，而且有些讹错，所以邪母读定，没有得到世人公认。"

可以说上古邪纽的研究在 20 世纪 30 年代之前，除钱氏外，并没有多少进展。郭晋稀在为曾运乾《音韵学讲义》所作前言时说道："曾氏未能进而考订邪母古读，仍以邪母属于齿音，古声之学在当时学术界是尚未臻于完密的。"①

郭氏除与钱玄同一样用谐声材料以外，还运用了经传异文异读，并旁参了"联词变化"，即连绵词的多种形体变化，较钱玄同增多了几百条例证。当然郭氏在论证之前，他自己对钱大昕"古无轻唇""古无舌上"说、章太炎"娘日归泥"说以及曾运乾"喻三归匣""喻四归定"说是完全赞同的。可见民国学风如此，已成定论的东西就无需再去研究。如郭氏对"驯"字异读的看法：

> 驯字经传多音，《周礼·地官》土训注："郑司农云，训读为驯。"《释文》："训，司农音驯，驯，似遵反，刘音顺，徐余伦反。"《庄子·马蹄》郭注："故物驯也。"《释文》："驯，似遵切，或音纯。"似遵切，邪母；顺，食闰切，床三；纯，常伦切，禅母；余伦切，喻四；床三喻四禅皆古读定。是不独说明驯而且说明训今音皆可读邪，古音皆可读定，是邪母古读定。

郭氏通过举证中古邪纽的异读，有读床三音，喻四音，还有禅音，接着他采纳黄侃的"照三归端"说以及曾运乾的"喻四归定"说，进而证明"邪母归定"。

我们看到，以上三人（钱氏，陆氏和郭氏）的论证，似乎一致发现了邪纽与定纽的密切关系，证据可谓确凿。那么黄侃的"邪纽归心"应该是值得怀疑的，从前文王力对中古邪纽与心纽的拟音看来，两组虽然中古音相近，但上古音并不如此。

---

① 见曾运乾《音韵学讲义》"前言"部分，中华书局，1996 年。

民国以后,黄侃弟子刘赜继续研究邪纽在上古的音读问题,[①]但更深入,认为喻四与邪纽上古音同读为定纽。利用的材料有《说文》形声及音训、读若,《经典释文》及《玉篇》《广韵》又音,古籍通用者等。喻邪关系密切,而且都与舌头音关系至密,随后李方桂在他的上古声纽拟音系统里也得出了这样的结论(见下文"邪纽上古音值的讨论"一节)。

二、邪纽上古音值的讨论

邪纽与舌头音的密切关系,对于民国时期长于拟音的学者而言,他们又是怎样看待的呢?

高本汉把邪纽的上古音拟成 dz,与他所构拟的 dzʻ(上古从纽)音相对,即送气与不送气的对立,他看到从纽与邪纽的关系在上古音中是很密切的,但高氏明显未考虑国内学者关于邪纽与舌头音关系问题的研究成果,跟他对禅纽的上古拟音有相似之处,都是为了填补不送气浊音的空档。董同龢评价高氏说:"在上古的 d̂、ts 两个声母系统中倒确是有 d̂ 与 dz 两个空位置,而且 d̂→ź 与 dz→z 也是很自然的。但是我们拟测古音,并不须要把所有的空当都去填满。一个空当能不能填,事实上还要看另外是不是有可靠的证据。"[②]

正因如此,董氏把邪纽的上古音拟成 z。既然邪纽与舌头塞音关系密切,为何董氏还构拟成擦音呢? 这是因为他利用的材料即译音材料与以上学者迥异,他说:

> 我最近读到李方桂先生一篇讨论台语方言中若干汉语借字的文章。那里面恰好有 ź(中古禅)母的"辰"与 z(中古邪)母"巳"字。值得注意的就是那几种方言都一致的用清擦音来代这两个字的声母。除此之外,李先生又举了几个汉语中的 ź 母字跟那几种台语里面相当的字比较。结果,那些字的声母在那几种台语方言里也全是跟"辰"字一样的清擦音。由此看

① 刘赜:《喻邪两纽古读试探》,载《武汉大学人文科学学报》第2期,1957年,又见《刘赜小学著作二种》。

② 董同龢:《上古音韵表稿》,《中研院历史语言研究所集刊》第18本,1945年,第19页。

来，ź、z 两母在古代总还应当是擦音。(《上古音韵表稿》)

我们不否认这种译音材料的价值，但是董氏举的例子太少，似不能让人信服，况且他把邪纽的上古音拟成 z 音，在邪纽与舌头塞音间具有密切关系的可能性之下，z 音如何与 t 类音相通呢？他引用的"借字"的语音，是方言中的一种例外，还是所反映的并非上古时代的语音现象呢，董氏也没有说清楚。

民国学者把邪纽的上古音值具体拟成什么形式，最终没有统一。民国以后，李方桂吸收前人成果，认为中古喻四和邪纽之间常常互谐，而且两纽还常跟舌尖塞音谐声，认定喻四邪两纽上古同来源于 r。其演变方式是：

$$上古 r > 中古 ji(喻四)　上古 r+j > 中古 zj(邪)[①]$$

李氏为何不构拟成 d 或送气的 dʻ呢，这与他构拟的上古声纽系统有关，李氏的系统只有一套浊音，而这其中一套浊舌尖塞音已分配给定纽。因此只能寻找与 d 发音部位相同的音，剩下的只能是 r 了，r 与舌尖前塞音发音部位相同，语音上通转是不成问题的。

这样说来，钱玄同的"邪纽归定"一说有可能作为定论。曹述敬《音韵学辞典》对钱氏的这一观点评价道："有关的音韵学著作讲到上古声纽的研究时，往往只提钱大昕、章炳麟、曾运乾、黄侃，而不言及钱玄同古音邪纽归定说，实应补述。"[②]

20 世纪 60 年代也有学者提出"从邪二纽上古同源"说，如裴学海的《古声纽"船""禅"为一、"从""邪"非二考》，利用的材料是《广韵》互见音、徐邈音等，其具体音值如何，未加拟测，纯粹是历史文献的考证。裴氏的观点如果按照高本汉的上古从邪二组的拟音，从邪两纽也许是有同一来源的。但通过陆志韦的谐声统计，中古照二组的庄初床与精组的精清从(没有邪纽)互相通转，"大概的说，本组的通转胜过隔组'类隔'的通转。"[③]"隔组类隔"主要指邪纽与庄

①　李方桂：《上古音研究》，商务印书馆，1980 年，第 14 页。
②　曹述敬：《音韵学辞典》，湖南出版社，1991 年，第 63 页。
③　陆志韦：《陆志韦语言学著作集(一)》，中华书局，1985 年，第 236 页。

初床和精清从两组声纽不常通转。可以看出,中古从纽和邪纽的通转情况不同,从邪同源一说有待探讨。

第二节　庄初床山四组的研究

那些侧重于考证上古声类的民国学者,对黄侃的"照₂归精"说,似乎没有反驳的声音,因此讨论这四纽的学者是很少的,主要在构拟上古声纽音值方面出现了一点分歧。

一、审₂古读考

对于中古审₂的上古音读,民国时期还有两篇考证性的文章,即马汉麟《古音审并于晓考证》(1947)和周祖谟的《审母古音考》。

马氏一文之资料我们迄今未能搜集到,但从题目也可看出,马氏认为中古审纽与晓纽有同一来源。

周氏《审母古音考》,分类论述了审纽三等和审纽二等,上文我们分析过周氏对中古审₃的古音考证。而周氏对中古审₂的古音考证结论与黄侃相同,审₂与心纽在上古语音上相近。周氏在考证之前介绍了黄侃与高本汉的研究结论,认为:"此由文字谐声及经籍异文极易证明,盖本纽与齿音(笔者按:齿音这里指中古精组)之关系最为密切。"然而周氏又说:"然本纽之谐声除上述两类外,尚有少数字从牙喉音字及来审二母字转来者。"既然审₂与牙喉音有通转关系,那马氏的论文是不是因此就说"古音审并于晓",且审纽是专就二等而言的呢? 我们说虽然审纽与晓纽语音上有通转关系,但是不是归并为一个音位还要视情况而定。对于来纽和审₂相转,高本汉拟有 sl-复辅音。

虽然周氏通过经籍异文和文字谐声考证出"审母二等字古音当读近心母无疑",但是审₂与心纽古音值是否和黄侃所言的是同一个音位,周氏并未下结论。他说:"其正确音值是否即与心母相同,尚待研究。"

二、庄初床上古音值的研究

对庄初床山的上古音值作讨论的民国学者有高本汉、董同龢以及陆志韦。高本汉对庄组的上古来源出现了前后不同的看法,在《汉语词类》中认为庄组与精组有同一来源,音值是 ts-系。可在《汉文典》中认为庄组有两个来源,一部分与精组合一,一部分上古本已有之,对后一种来源高氏考虑到庄组与精组在三等韵上有冲突,所以为中古的庄组与精组各构拟了一套上古音值(见附录一)。

可董同龢不采纳高本汉的说法,在解决庄组、精组在三等韵的冲突时另辟蹊径。这里我们引用林焘的《上古音韵表稿》书评(1949)中的一段话:

> 董先生所说由上古变来的二等字到中古因为元音、韵尾、声调等等性质的不同有一部分加上了介音变成了三等字,在理论上没有反驳的余地,可是就事实来说,这种语音变化未免过于复杂,要是把董先生的结论做成一个表就可看出来了(表略)。这种极不一致的变化,在语音变迁上来看,似乎过于杂乱了。

我们同意林氏的评价,但对董氏所认为的庄精上古有同一来源,是赞同的,董氏认可黄侃等人的看法,处理了高本汉庄组和精组在上古界限不清的问题。陆志韦也认为庄精归一,并且说两者实因介音的区别而有不同的演变(上文已涉及),中古庄组的来源可用公式表示为:tsɪ(精)>tʃɪ(庄)。陆氏的这种结论,到民国以后,李方桂继承了下来,即上古 tsr-,tshr-,dzr-,sr->中古照二 tʂ,穿二 tʂh,床二 dʐ,审二 ʂ。

综上所述,民国学者对齿音的研究,集中于擦音的讨论,如审纽、邪纽。也许擦音与同部位的其他声纽有着不同的性质。如中古"精清从心邪"都是齿头音,而其中"精清从心"四组出现在一四等韵(包括假四等韵)之前,而"邪"组只出现于三等韵前,这五纽在中古发音部位相同却出现了不同的通转现象,自然确定邪纽的具体上古音读是很困难的。

第五章　牙喉音声纽的研究

前文所述黄侃的上古声纽五类分法,是有牙音和喉音之别的。这里把牙喉音合为一章叙述,并不是说将牙喉音合二为一,混而不分,而是为了叙述的方便。当然另一方面也考虑到了历史上的沿承,很多人将牙音和喉音统称为牙喉音或喉音。如清邹汉勋《五均论》把见溪群影称为浅喉音,匣喻称为深喉音;[①]钱玄同《文字学音篇》(见《钱玄同文集》第5卷)中把见溪群疑晓匣称为浅喉,而将影喻称为深喉;黄焯《古今声类通转表》(1983)中将牙喉音统称为喉音。

牙喉音关系的确很密切,"喉音与牙音,舌音与齿音,在发音部位上很相近,古音里或者同属一音,或者可以相通转的"。[②] 王力《同源字典》也将喉音与牙音,舌音与齿音的关系称为邻纽的关系。[③] 因而牙喉音可以归为一类,现代语音学在对分析发音部位时,将牙喉音都看作舌根音。

民国时期的学者讨论喉音与牙音的时候,偶尔也会把两类音交叉在一起论述(见下文),本文把喉牙音作为一章阐述也是考虑到了以上的原因。下面我们将讨论民国时期学者们普遍关注的上古牙喉音研究中的问题。

黄侃的上古牙喉音包括古本纽见溪疑影晓匣六纽和古变纽群喻于三纽。

---

① 邹氏将晓纽并审纽归在舌音,疑纽归在唇音。

② 张世禄:《音韵学》,商务印书馆,1930年,第114页。

③ 王力划分喉牙舌齿唇与黄侃有点区别,王力的喉音只包括影,晓匣归在牙音,喻四归在舌音,喻三归匣,其余一样。

第一节　见溪群晓匣五纽的研究

一、晓匣归见溪群

民国时期,有些学者提出了牙音晓匣二纽上古归喉音见溪群三纽,持这种声纽观点的学者有王静如、钱玄同、吴英华以及蔡凤圻。

钱玄同著《古音无"邪"纽证》,虽然是专说"邪"纽字的古读问题,但钱氏在阐述之前,还讲了钱大昕、章太炎、曾运乾和黄侃四位学者的古声纽观,认为钱、章、曾三人的古声纽观"应该作为定论",认为黄侃的观点"大体也是对的",只是改黄氏十九纽为十四纽。钱氏的论述中有两点值得我们注意:一是"见端精帮四纽古归群定从并四纽";二是"晓匣二纽古归溪群二纽"。

作者只是提出了观点,并未作论证。对于第一点,我们有必要在这里说一下。钱氏将全清声纽归到全浊声纽,致使古声纽只剩下一套清声纽,即次清声纽。钱氏既然认为只有一套清声纽,即没有全清与次清的对立,根据他的这一提法,是否也可认定上古不存在同一发音部位的清声纽送气与不送气之别呢?看看下面的声训材料(以《释名》为例):

　　挈,结也,结,束也,束,持之也。(挈,溪纽;结,见纽,此声纽代表中古音,下同)

　　洁,确也,确然不群貌也。(洁,见纽;确,溪纽)

　　膊,迫也,薄椓肉,迫,着物使燥也。(膊,滂纽;迫,帮纽)

　　宫,穹也,屋见于垣上,穹,隆然也。(宫,见纽;穹,溪纽)

《释名》声训中出现的这种送气与不送气间的交替现象,起码可以解释为,声训中两字间的声纽"完全相同的固然很多,但也不是说凡是用来作为音训的字声母一定相同"。[1] 更何况《释名》中还有清与浊的交替,如:

---

① 陈新雄:《古音研究》,台湾五南图书出版社,1999 年,第 615 页。

仓,藏也,藏谷物也。(仓,清组;藏,从组)

符,付也,书所勒命于上,付,使傅行之也。(符,奉组;付,非组)

我们不能只依据历史文献材料中的这种现象就接受钱氏的归并法,还要考虑音理等方面是否可能。如果将送气与不送气在上古归并为同一个音位,那么后世又如何演变为两类清声纽呢? 正如林语堂在《古音中已遗失的声母》所说:"如果承认'通用'即是'同音',就韵母的通用(合韵)正又不少,结果只须把古韵分成苗夔的七部完事,何必分为二十几部呢?"其道理是一样的。

1. 钱玄同的"晓匣归溪群"说

钱玄同《古音无"邪"纽证》一文中说"晓匣二纽古归溪群二纽",并且加注说"这一点,王静如氏已先称言之"。王静如的文章,我们未见到。据曹述敬《音韵学辞典》"古音晓匣归溪群说"条:"王静如根据古音匣纽多与群纽相通,以及韵图中群纽居三等而匣纽居一二四等的事实,推测古音匣纽当归群纽。"从互补的角度看,王静如的观点在音理上是可能成立的。

至于钱玄同的"晓匣归溪群"观呢? 如果把钱氏上古十四纽的见纽独立出来,那么钱氏的观点又可表达为"晓匣归见溪群",对此钱氏没作出任何论证。若按历史比较法的音变原则,似乎还不能解释具备一二三四等的中古晓纽是如何能归到见溪群里去的。

2. 吴英华的"晓匣古读入见纽"说

民国学者吴英华的《古音喉牙相通考》,[①]从经籍异文角度论证"古代牙音见溪二纽之字,多与喉音晓匣二纽之字相通"。如:

《书·微子篇》伪孔本"我旧云刻子",《论衡》作"我旧云孩子"。"刻"为牙音,"孩"喉音。《诗》"有蒲与荷",樊光注:"《尔雅》引作'有蒲与茄'。""荷"喉音,"茄"牙音。⋯⋯

---

① 载《制言》第 35 期,1937 年。

最后作者得出结论:"由此以观,晓匣二纽之字,古代多与牙音相通,此治声韵训诂学者,所以有古音喉牙不分之说也。惟其相通之字,则以见纽与晓匣二纽相通为尤多,或恐古音晓匣二纽之字,即读入见纽焉。"

与吴氏观点相同的民国学者还有敖士英,其《关于研究古音的一个商榷》[①]一文,利用的是反切异文以及经师音注,说"匣纽字合于牙声,这是更明了的事实,不过这纽的字既然相同于牙声,就可以并入牙声相同的纽,不必在牙声另立一目","匣纽字和见溪二纽字古音实同,即可将匣并入该纽"。

此外,蔡凤圻也提出"见溪变晓匣说",[②]观点与吴氏相近。民国学者中,不止一人讨论了中古的两个擦音晓匣与三个塞音见溪群的关系,这个问题同样也引起了后来学者的再思考。

民国以后,继续研究这一问题的学者有李新魁,其《上古音"晓匣"归"见溪群"说》[③]一文分两步来论证,首先证明上古音晓匣两组(该文称"晓系")与见溪群三组(该文称"见系")原是合而不分,然后证明上古音"晓系"也跟"见系"一样读为 k、kʻ、g,至魏晋以后才由塞音变为擦音的 x、ɣ。

认为"晓系"与"见系"本是合而不分,又如何得出这"两系"在上古读塞音,而不是擦音呢? 李氏的一条证据说到"从世界上各种语言语音的演变规律来看,一般的趋向塞音变为擦音",这话能不能作为通则,还有待探讨。但我们看到上文提及的一些民国学者的结论,如喻四邪归定、禅纽归定等,似乎可以印证此原则,但黄侃的十九纽以及高本汉、董同龢等人的上古拟音中都有擦音,所以"晓系"与"见系"上古是否一定合而为一还需进一步研究。

二、群纽归见纽或溪纽

提出群纽归见纽说的民国学者,主要有黄侃、敖士英和符定一。黄侃《音略》上古十九声纽中把群纽归到溪纽,"群,此溪之变声。今音读群者,求古音

---

① 载《国学季刊》第 2 卷第 3 期,1930 年。
② 载《说文月刊》第 1 卷,1939 年。
③ 载《学术研究》1963 年第 2 期。

皆当改入溪类",①钱玄同《古音无"邪"纽证》一文中也提到黄侃有"群纽古归溪纽"一说。②

敖士英在《关于研究古音的一个商榷》一文中认为:"牙声各纽——见溪群疑——群纽应并入见。溪见相近,古声亦多相杂,但二纽有发声送气的分别,是否古人有没有这种区别,不敢断定,因为傍纽相杂,各类都同,不是显无别异的,暂不相并。"我们先不说群并入见纽是否可行,单说敖氏的见溪二纽送气与不送气"暂不归并",应该比钱玄同上古十四纽没有不送气清音的说法要好。

除黄侃和敖士英,符定一也讨论了群纽与见纽在上古音中的关系,作《群纽古读同见证》(载《联绵字典》),该文题名虽然为"群纽古读见纽",但文中并没有说群纽的上古音读,只说了两纽上古相通,并从五个方面、84 条例证进行阐述。这五个方面分别是:"经典互用""《说文》互读""一字具有见群二纽""见纽字孳乳为群纽者",以及"群纽字孳乳为见纽者",因而"足以确定见群二纽古通"。

群纽是否能归并于见溪(或见溪归并于群),值得讨论。群纽和见溪,一为浊音,一为清音,若清浊在上古历史文献中真的可以不区别意义的话,归并为一个音位也未尝不可。陈新雄的《古音研究》已从一字两读(韵母声调全同,只声纽不同)能区别意义的角度论证群纽(还有匣纽)不可合并于见纽,③此处略。

观察以上各观点,可知见溪群晓匣五纽之间复杂的通转现象。其实这种复杂的通转是由于发音部位的相同或相近引起的,我们或许不能因为这一点而采取上古同归一纽的办法来解决。正如傅东华的"变转定律"所言:"其理甚易明,盖喉与舌根相去分毫之间耳,等韵家言尚且有喉牙不分之例,则此二摄(晓摄与见摄)互转,本极寻常现象也。"④但不能因此就采取简单归并中古声母的办法,而应该既承认彼此之间的关联性,又承认其差异性。

---

① 黄侃:《黄侃论学杂著》,中华书局,1964 年,第 71 页。
② 钱玄同:《钱玄同文集》第 4 卷,中国人民大学出版社,1999 年,第 58 页。
③ 陈新雄:《古音研究》,台湾五南图书出版社,1999 年,第 619 页。
④ 傅东华:《汉语声纽变转之定律》,《学林》第十辑,1941 年。

第二节　影喻二纽的研究

一、影纽的研究

民国学者的共识是中古影纽在上古仍然是个影纽,只是在音值的认识上不同罢了。或作零声母. -(即ȸ-),或作不送气的清喉塞音 ʔ-。高本汉在《汉语词类》中拟作. -,在《汉文典》和《中上古汉语音韵纲要》又拟作喉塞音 ʔ-。钱玄同在《古音无邪纽证》中注:"影纽之音颇难定,或根本无此音,或是喉门阻清塞声之'ʔ',今始认为'ʔ'。"[①]

在现代语音学上:"零声母从音位上说是一个空位,但是实际发音并非一无所有,它有具体的音值:[ʔ、ɦ、j、w、ɥ]。什么时候发哪个音,是跟后面韵母的结构相关联的。"[②]我们认为,既然古人已经认为影纽是喉音类,今人给它构拟出相当的音值来,即拟成喉塞音应该是合理的。

二、曾运乾对喻纽的研究

曾运乾著有《喻母古读考》,[③]据《黄侃年谱》记载,1927 年 10 月,黄侃去东北大学任教,12 月,与东北大学教授曾运乾讨论古音学。1929 年,黄侃证明古音为纽皆归匣(笔者按:未发表过),黄氏修订自己的观点或许跟这次与曾氏讨论古音学有关。

曾氏在文中分别讨论中古喻三、喻四两纽的上古音读:"于母古隶牙声匣母,喻母古隶舌声定母,部件秩然,不相陵犯。"用《广韵》切语、经籍异文、经师音注等材料加以考证,一反黄侃所说的喻纽乃影纽之浊音的看法,可谓引证详博。从历史文献材料的通转情况来看,这是事实——喻纽与影纽在上古音读是有区别的。比较周祖谟的"审禅二纽古读考"以及曾氏的"喻母古读考",似

---

① 钱玄同:《钱玄同文集》第 4 卷,中国人民大学出版社,1999 年,第 59 页。
② 石锋:《汉语语音教学笔记》,《南开语言学刊》2007 年第 1 期。
③ 《东北大学季刊》1927 年第 2 期;又见杨树达:《声韵学讨论集》,台湾学生书局,1969 年。

乎曾氏的语气更自信,不像周氏的"尚待研究"语气之舒缓,或许有"我辈数人,定则定矣"之气概吧。

民国时期有多位学者对喻三的上古来源进行过论证,如黄焯《古音为纽归匣说》(1937,载《制言》第 37—38 期合刊),吴英华《评黄季刚氏古音十九纽谓喻纽为影纽之变声说》(1936,载《工商学志》第 8 卷第 2 期),似乎喻三古读匣纽可算定论。当然民国学者对喻三古读也有提出不同意见的,方景略作《喻母古读考》(载《安徽大学月刊》第 1 卷第 1 期,1933),该文未查阅到,据罗常培《〈经典释文〉和〈原本玉篇〉反切中的匣于两纽》中的注脚言:"方景略《喻母古读考》一篇,举于纽与影纽相通例十五条,与晓纽相通例七条,谓:'于母乃自古音数母所变,未可专定为某一母变音。'"由此可以了解到,方氏认为喻三和影晓关系也很密切,甚至可以和若干声母相通。

至于中古的喻四,与其他声母间通转的现象更为复杂。陆志韦《〈广韵〉五十一声母在〈说文〉谐声通转的次数》一文中,通过统计和几遇数的计算,得出:"(中古)以类(喻四)的关系,据总表,可说是五花八门的。通转的大路是齿颚的摩擦音跟舌头的破裂音。大体上,他的来源可以分为两支。第一是从舌音跟摩擦的齿音来的,那是较为重要的一支。第二是从后面的喉牙音来的,这一支在谐声系统里很微弱。"[1]由此可见,喻四与舌尖音、舌根音都有通转关系。

高本汉就把喻四的上古音读拟成三种音,即三个浊音 d、z 和 g。从《说文》谐声字去观察,喻四的确与 t 系字、k 系字相谐。对于 z 音,董同龢在他的《上古音韵表稿》中批评"至于喻母与 ts(精)系,他们虽也不乏互相接触的例,但如果仔细看下去,就会发现其中有百分之九十以上的都还同时有 t(端),î(知),tś(章)系字夹杂在内的","由此可见喻母跟 ts 系的关系实在是不能脱离 t、î、tś 系而独立存在的。假使在 d 之外又拟一个 z,就一般的情况而言,我们竟没有法子去分辨哪一个是 d 或哪一个是 z"。董氏就此问题用了较大的篇幅考证,可谓真知灼见。

让我们来看看民国以后对喻四上古音读的研究,王力在《汉语史稿》中拟

---

① 陆志韦:《陆志韦语言学著作集(一)》,中华书局,1985 年,第 236 页。

成舌尖前不送气浊音,同董氏,没有高本汉所拟的不送气的舌根浊音。后来王力在《汉语语音史》又改喻四组上古音读为舌面边音 ʎ,因为他后来的上古声纽系统没有送气与不送气的浊音之别,当然要改喻四的上古音读,另外这样的拟音可能与舌根、舌尖音发音部位靠近,喻四就没必要一分为二。

李方桂对喻四的上古来源上文已经说到一部分,即喻四与舌尖音通转问题,李氏拟成 r,但他把喻四与舌根音的通转现象拟成了复辅音 grj- 的形式。

不管喻四上古拟成什么音值,从董、王、李的拟音来看,他们都照顾到自己所构拟的一套上古声纽系统,都可以说得通,但要确定一个具体音值,似乎还是比较难的。

三、林语堂对喻纽的研究

林语堂[①]在上古声纽研究方面有两篇文章,上文我们已经谈到了他的《古有复辅音说》,本节主要谈他的另一篇文章《古音中已遗失的声母》(1933),讨论中古喻四的上古音值问题,指出喻四的上古音读是 j,林氏说"j 音即英文 June、July 之首音。此音在隋唐之间变为 y 音,与'于'母合并"。按照林氏的说明,他说的 j 音对应国际音标是舌叶音[ʤ],y 音对应国际音标[j]。

就林氏的这个拟音 ʤ 来看,ʤ>ʒ>j 的演变是很自然的。林氏认为喻四上古有另外的来源——"已遗失的声母"——同民国其他学者有一致的看法。但我们还要看看林氏考证的方法与民国其他学者有无区别,他是利用了语音系统的空档,其语音系统是按照高本汉的系统,高本汉认为中古的齿头音精清从心邪与正齿音照穿神审禅和庄初床山这十四组各有不同的来源。林氏采纳了这种观点,但他又发现与禅纽和邪纽对应的位置上,庄组没有声纽,这样林氏就认为这个空缺"实在就是已分出的喻母"。

在考证喻四的古读之后,林氏又进一步从谐声字和文字假借两方面论证喻四与"审禅邪心"等纽的密切关系,并认为"喻的读音与审邪禅等母极近,应

---

① 关于林语堂的语言学介绍可参看李申:《林语堂语言研究及其成就述评》,陈煜斓编:《走进幽默大师》,中国社会科学出版社,2008 年。

归入审邪禅的正齿、齿头类,不应列入所谓喉音类"。

如果林氏不是按照高本汉的上古语音系统,而是黄侃或是董同龢的,黄氏或董氏系统中没有庄初床山四组,那么林氏又该如何填补这个空缺呢?

我们承认喻四与"审禅邪心"等组的密切关系,但应看到,林氏没有考虑到读"审禅邪心"等组的字与其他声组又有什么关系,民国其他学者已指出禅邪等组与舌尖前音的密切性,而林氏却未予关注。如果林氏进一步循此路径考证,那么喻四与舌尖音的密切关系自然不言而喻了。林氏所构拟的 ʥ 音就值得推敲,在发音部位上 ʥ 与 d 还是有差异的,况且喻四与舌根音还有密切的联系。

林氏的上古庄初床山四组的拟音 chy、chyʻ、jyʻ、shy(对应国际音标为[ʧ]、[ʧʻ]、[ʤ]、[ʃ]),似乎比高本汉把这四组拟成舌尖后音要高明,董同龢对高本汉这套拟音有所批评,这里就不详述了,可参见《上古音韵表稿》。

第三节　喻三匣群三组关系研究

陆志韦《〈广韵〉五十一声母在〈说文〉谐声通转的次数》统计喻三匣群三组通转关系,并总结说:"摩擦音(笔者按:中古晓匣喻三)大致转破裂音(笔者按:中古见溪群),然而'于'不转'古苦去',只有一点转'居渠'而已。这 ɣi(笔者按:中古喻三)好像从古就是一个微弱的浊摩擦音,不是从破裂音 gi 变来的。因此反而可以推想'胡'原先是 g,又是 ɣ。"[①]

陆氏的这番话,有三层意思:第一,喻三很少转见溪群,与匣纽的关系密切;第二,匣纽与见溪群关系密切;第三,匣纽上古一分为二。第三点是从第一点和第二点推出来的。陆氏对匣纽上古一分为二的"推想",尤其值得我们思考。

其实在此之前,罗常培《经典释文和原本玉篇反切中的匣于两纽》中有这

---

① 陆志韦:《陆志韦语言学著作集(一)》,中华书局,1985 年,第 233 页。

样一段话："李方桂先生曾经怀疑匣类有两个上古的来源：（a）和 k、k·谐声成互读的是 g·；（b）和 x 谐声的是 ɣ。"罗先生也是认可的，并用来说明匣于（喻三）群三纽的演变。[1]

　　当代学者邵荣芬继承此观点，并进一步阐述，先后写了《匣母字上古一分为二试析》(1991) 和《匣母字上古一分为二再证》(1995)。[2] 邵氏对以前的研究作了总体回顾，对这三纽上古音关系问题的研究，涉及民国时期的有曾运乾、高本汉、董同龢等人。其中曾氏提出"喻三归匣"，董氏继承之；高本汉匣纽并于群，上古读为 g·，喻三也拟为不送气的塞音 g；李方桂早年提及、罗常培表述的匣纽上古有两个来源。但邵氏对前两种看法都不赞同，其依据是"群母或云母跟韵母的配合关系受到很大限制，造成结构上的不均衡"或"跟谐声的情况不合"。而李罗二氏的说法未见充分的论证，邵先生便在《匣母字上古一分为二试析》中用大量的谐声字、方言、对音材料来论证，又在《匣母字上古一分为二再证》中用丰富的通假字、异文、《说文》读若补证，将匣母一分为二：一部分为浊塞音，与群母合；一部分为浊擦音，与喻三合。邵氏的这种说法的确比民国学者的结论进步很多，但是，在谐声字中，喻三匣群三纽之间存在着复杂的交叉现象，邵氏的说法也不能完全解释，他以例外处理，"（中古匣）凡与 k 类及云类都有谐声关系的，其归类以造成较少例外为准则"。这种例外使我们看到邵氏的说法也不能概括全部的语音现象。我们推想，如果这种例外用"声母多音"来解释，或许例外也就不成为例外了。因而这仍是个有待继续研究的课题。

---

①　罗常培：《经典释文和原本玉篇反切中的匣于两纽》，《中研院历史语言研究所集刊》第 8 本第 1 分，1939 年，第 89 页。

②　此两文又载《邵荣芬音韵学论集》，首都师范大学出版社，1997 年。

小　　结

综观上文的考察,我们发现,民国时期对上古声纽进行研究的学者大致可分为两部分:

一是侧重于考证上古声类的学者,他们在发表自己观点之前,往往回顾了前人的研究成果,哪些可成为定论,哪些还值得商榷,对此都一一加以叙述。例如钱玄同对前人研究可成定论的,就不再重复探讨。"因弟(对符定一的谦称)自二十年前读钱竹汀之两文(古无舌上及轻唇)及太炎师之'娘日归泥说',觉其证据充分,即未更事探索"。[①] 侧重于考证上古声类的学者,有的未从音理的角度去看待语音的发展演变,甚至一味地采取归并。如果我们认为黄侃的上古十九声纽是最低限度的归并,那么其他民国学者在黄氏的基础上再进行归并,似乎就有点危险了。即使想再归并,也要想到音理上是否合理,从音位学的角度看看是否有归并的必要。就像周祖谟考证审纽古读时说,"音值不易确定","音值是否与心母相同,尚待研究",并非只通过历史文献考证就断言二纽归并为一纽,可见周氏的态度是审慎的。

二是重视构拟上古声纽音值的学者,在民国时期系统构拟上古声纽音值的人并不太多,而且大都以高本汉的拟音系统为基础进行修订,有时根本忽略了黄侃等人的研究成果。如果将两方面的成果加以综合,也许成果会更大吧。我们很佩服董同龢,他在构拟时采纳了黄侃的照二归精说和曾运乾的喻三归匣说,于是就不采用高本汉为照二组、喻三另构拟的一套上古音值。

---

① 见钱玄同《与黎锦熙论"古无舌上、轻唇声纽"问题书》。

　　侧重构拟上古声纽音值的民国学者多利用了历史比较法,认为语音的演变是连续的,一味遵循同一音位在同样的条件下有相同的演变原则,若结合傅东华的"变转"①说,或分时分地研究,也许成绩更突出,有些结论也就不那么笼统了。

　　民国学者大都具备现代语音知识,但有的对音素与音位的区别还不甚明了。这是因为音位学是 20 世纪 30 年代才发展起来并走向成熟的一门学科,处在民国时期的多数学者还不能熟练掌握。我们知道音位学与传统语音学还是有区别的。"传统语音学主要是从听音、记音入手的,也就是凭耳朵听辨声音,用一定的符号记录下来,加以分析,然后说明这种语言或方言一共有多少语音单位。这些语音单位是在发音器官的什么部位、用什么方法发出来的,等等,最后归纳出这种语言或方言的语音系统",而音位是"从语言的社会功能出发,我们可以把许多在生理、物理上不同的声音归纳成数目有限的辨义作用的语音单位"。②

　　既然有这样的区别,我们对陈独秀所认为的上古汉语的"群(gh)並(bh)定(dh)三系送气音,亦一母含有二声,其演化亦拟为复声母也"的观点表示质疑,当然,他的观点也是由历史条件决定的,我们不必苛求前人。

　　回顾民国学者所用的材料的时间跨度以及空间跨度,都是我们今后研究上古声纽时必须要考虑到的问题。

一、如何看待民国学者研究上古声纽的材料

　　纵观民国学者研究上古声纽的材料,主要集中于异文、假借、音训、译音、方音以及谐声等,除谐声以外,以经籍异文为最。从民国学者利用材料的时代性看来,有《说文》谐声、经籍异文通假、经师音注、《经典释文》反切语等,似乎从殷商时代一直到魏晋都被认为是上古时期。时间跨度两千多年,语音不可能一成不变,而且这些材料的复杂性决定了他们研究出的结论并不代表某一

---

①　傅氏的"变转"说,与后来学者关于离散式和连续式音变双重性的说法有相似性。
②　王理嘉编著:《音系学基础》,语文出版社,1991 年,第 7—8 页。

特定的时间和地方的上古声纽系统。下面我们重点讨论一下经籍异文和谐声材料。

　　首先我们看看经籍异文材料。周祖谟在《禅母古音考》里说"至于（异文）古音之时代究当以何时为限，尚难断制，要指两汉以上而言（周氏按，文中所列例证皆取自魏晋以上之书）"，"然而同一时间内，其方域不同者，其语音亦未必尽同。不可以一概全"。① 我们认为对于魏晋以上的古音都作同一性质的考察，似欠妥当。

　　陆志韦也发表了自己对经籍异文的看法："经籍异文只可以证明声母甲跟乙在书本上有什么关系。从此推断甲的音值是从乙的音值变来的，或是乙是从甲变来的，那又另是一回事"，"并且我们提到甲跟乙有关系的时候，不可以忘了甲跟丙丁……或者也有关系"。②

　　正因为这样，周祖谟用经籍异文考证"审纽三等古音读"时也只能说："古代均曾与舌音塞音一类字相通。"但其音不易确定。③

　　今天，我们回过头来再审视民国学者利用经籍异文以考证上古声纽的成果，如王瀛波"端透定三母混用说"、遗音"来纽古读如端透"、吴英华"晓匣古读入见纽"等，虽然钦佩他们归纳经籍异文的能力，但他们的结论不得不让我们怀疑。

　　其次，再来看看谐声材料。谐声材料相对更富系统性，我们承认谐声材料对构拟上古声纽的价值，但是谐声字的复杂性已如傅东华及陆志韦研究中所说，我们看到声纽之间的通转互相交错，有的有一定规律，有的却没有规律。

　　这里还有另一个问题，民国学者用来考证上古声纽的谐声材料无不来自《说文》（高本汉的除外），而《说文》谐声字并不是同一时代的产物，也不是同一个人创造的。"我们不能根据般：盘的谐声关系，就把并母并入帮母，也不能根据半：判的谐声关系，把滂母并入帮母；当然也不能根据干：罕的谐声关系，

---

① 周祖谟：《问学集》，中华书局，1966 年，第 161 页。
② 陆志韦：《陆志韦语言学著作集（一）》，中华书局，1985 年，第 221 页。
③ 周祖谟：《问学集》，中华书局，1966 年，第 128 页。

把晓母并入见。"①

同一声符的谐声字之间，并不表明各声纽相同或相近，也可能是叠韵关系。正像声训，有双声为训、叠韵为训，又有双声兼叠韵为训。所以郭晋稀于《邪纽古读考》②一文中说"谐声字的声符有正变两例，凡谐声字与其声符读音相全同，或者只是小异的，为正例"，"变例分为两类：一类是叠韵谐声，谐声字与其声符同韵而不同纽，一类是双声谐声"。如果按照叠韵谐声去考证上古声纽，不免就会出错。他提出有"正例"和"变例"，但如何具体把握，还是不够明确。

因此通过《说文》谐声虽然能考证上古声纽，但我们更要看到它的时代和方言之别。所以古文字学者陈梦家在评价高本汉的《汉文典》时就说道：③

所谓先秦的声假字（即谐声与假借）至少可以分为三个不同的系别：

（一）东周至秦统一。是许慎所谓"言语异声，文字异形"的时代，此时各国各以其自己的方言应用假借，改易声符。所以此时期的文字异形一半是受语言异声的影响，一半是受民间书的影响，而民间书的特质正是方言性。

（二）西周全期。在此周室统一的局势下，史官遗自宗周，文字比较统一。虽则言语异声本是自古已然的事实。

（三）商世以商的方言为谐声假借，古与宗周的语言系统有东西之别，当然不尽相同。周人因袭商的文字，可以但用其义，不管它的声音。但到周人自造新形声字或应用假借时不能不顾及声符与其方言的合一性。

陈梦家最后又说："用声假重拟上古音，商为一系，西周为一系，而东周最好分别方国来组成若干系。"民国以后学者在研究上古声纽方面，正在向这方

① 　陈新雄：《古音研究》，台湾五南同时出版社，1999 年，第 614 页。
② 　郭晋稀：《邪母古读考》，《西北师范学院学报》1964 年第 1 期。
③ 　见陈梦家：《关于上古音系的讨论》，《清华学报》1941 年第 13 卷第 2 期。

面努力。所以今人研究上古声纽的成果大都分方言以及时间,如郭锡良《殷商时代音系初探》(1988)、李玉的《秦汉简牍帛书音韵研究》(1994)、何九盈《商代复辅音声母》(2002)等。

民国以后,通过汉藏语系比较以及译音材料来进行上古声纽的研究也渐渐多了起来,比如对来纽的上古音读,有人重新拟定为 r-音,而 l-音代表中古的喻四。有的还从汉语同源词来研究上古声纽,如孟蓬生《上古汉语同源词语音关系研究》(2001)。

我们无需批评有些民国学者在引用谐声材料或其他材料时考虑不周,他们辛苦地制作的《说文》中所有谐声字的谐声通转统计表,很有参考价值,尤其是陆志韦《〈广韵〉五十一声母在〈说文〉谐声通转的次数》一文的谐声统计表可为我们提供科学的材料依据。

有的民国学者看到这些材料时考虑到了时代和地域的区别,用通转来回答上古声纽之间的复杂问题,如傅东华的"变转定律",徐昂的"声纽通转",这样,上古是否存在复辅音或"古音已遗失之声母"的疑问将不再是问题。但是运用通转,总让人感觉到声纽无所不通,结果就不存在具体的声纽了。所以黄侃对他的老师章太炎所说的"韵部有正转旁转,双声有正转旁转"不予苟同,黄氏不承认通转名目烦琐的现象,他说"其名旁转诸名,可以不立,盖皆得以双声赅之也"。① 如果黄侃在世能看到傅东华"变转定律"一文,当然也不会同意他所谓的次旁转、次对转和直转之名了。黄氏对中古声纽之间的通转现象就以"无声字多音说"②来解释,黄侃弟子潘重规承继师说,另作了《声母多音论》一文。

二、潘重规的声母多音论

潘重规(1908—2003)《声母多音论》(1937)一文发表在《制言》第 37、38 期合刊上。下面我们对潘氏的这一观点作个阐述。

---

① 见黄侃:《音略略例》,《黄侃论学杂著》,上海古籍出版社,1980 年。
② 可参看乔永:《黄侃"无声字多音说"与上古声纽研究》,《语文研究》2005 年第 1 期。

　　这里的"声母"是文字学上的概念，并非我们常说的语音学上的概念。潘氏"声母"的内涵包括两个方面：一是"文字中不含音符者谓之声母"；二是"声子(潘氏按，含音符者谓之声子)又转为他字之母者，今亦曰声母"。前者讲的是主谐字，后者则是谐声字中的被谐字。所以"声母多音论"，是指主谐字或被谐字并非一字一音，而是多音的观点。

　　潘氏《声母多音论》一文共分六个部分：第一部分叙述写作之由；第二部分说明知晓"声母多音"说最早之人；第三部分论述"声母多音"之由的三个方面；第四部分是以《说文》证验"声母多音"；第五部分讲述"声母多音论"的实用价值；第六部分是列图表举例。六个部分紧密联系，让我们明白"(造字之时)盖声子之音必与声母相应"，对于谐声字中声子与声母若是不相应的，乃是声母最初就具有多音之故。

　　潘氏以《说文》为研究材料，并以列图表的形式说明"声母多音论"。从图表看出："声母多音"只涉及声纽，至于韵母、声调两类并未谈及。图表分三大类列出：

　　一是"《说文》异字同形表"，共列出 26 例。如丨，《说文》："上下通也。引而上行读若囟，引而下行读若退(退之古字)。"三种不同的字义"上下通""引而上行""引而下行"共用一个"丨"形表示。徐铉注丨音为古本切，潘氏作喉音(潘氏只分喉舌齿唇四类)；"囟"潘氏作齿音；"退"潘氏作舌音。从而说明一字多音原因之一是同形字造成。

　　二是"《说文》一字多形表"，共列出 27 例。如中，《说文》："古文或以为艸字，读若彻。""中"字或用"艸"形表示。中，徐铉注音丑列切，潘氏作舌音；艸，徐铉注音仓老切，潘氏作齿音。从而说明一字多音原因之二是一字多形造成。

　　三是"《说文》声母多音表"(笔者按：此处"声母"只指主谐字)，又分出四表，按照谐声字的声符分喉、舌、齿、唇四类，共列出 492 例。如公，徐铉注音古红切，潘氏作喉音，以公作声符的字有伀(徐铉注音职茸切，潘氏作舌音)，讼(徐铉注音似用切，潘氏作齿音)。从而说明谐声字声符的一字多音问题。

　　不难看出，潘氏对字的读音归类是按照中古音而定的，进而说明"声母"最初本是多音的，如潘氏所说"造字者非一人，创文者非一地，则必有所表声义各殊而形体暗合者"。这从一个侧面说明了谐声字声符读音之别是受方言和地域的影响,声符多音是有历史根据的。

就潘氏的《说文》谐声表而言,列举的例子中有些把非谐声字当成谐声字,是因为潘氏直接按照大徐本或小徐本《说文》中字形的说解,完全不加批判地接受,导致了对一些字形的错误认识,如:

声符:一(於悉切,喉音),谐声字:寽(从 ,一声,舌音)、戌(小徐从戊,从一,一亦声,齿音)。

按,寽、戌两字不是谐声字。寽,段注:"(一声)声疑衍,一谓所寽也。"寽,本是会意字。董莲池《说文解字考正》:"寽,西周金文作 ,像一手盛一物,别以一手抓之之形。"戌,本是象形字,后来为会意字。董莲池《说文解字考正》:"戌,甲骨文作 ,是一种兵器的象形。"

潘氏只以列举的方式指出"声母"是多音的,却未从本质上探讨"声母多音"有无规律性。若有规律性,则同是喉音(或其他发音部位)的声符,除相同发音部位外,与其他发音部位的声纽有何关系,仅从列表上是看不出来的。

民国期间,除潘重规外,也有人倡导"声母多音",如叶光球《〈古音中已遗失之声母〉之商榷》[①]也说:"要之研究古声之先决问题,须先知声母多音之理。盖古代因地域方言关系,一声母往往不止一音,故其声子往往各受一音以为声。"

"声母多音"也许能解决一些用谐声原则不能解释的问题,但是我们发现:如果对中古声纽加以合并或拆分,那么上古声纽岂不和中古声纽几乎没有区别吗?

从谐声材料研究上古声纽,即使出现不同声纽通转的现象,其中也可能有规律性,如来纽与所有声纽都能通转,这或许有"已遗失之声母"。对此种现象恐怕不能一味用"声母多音"解释。如周祖谟《审母古音考》中,认为审二纽与来纽也有通转关系,高本汉把这种关系构拟成复辅音的形式来表现,即 sl-。周氏则发表了自己的意见:"愚意以为中国古代之语言与文字均极流动,同一形

体其所代表之语言未必限于同源。盖当文字初兴之际,形体不尽敷用,一字往往具有二音。"①

值得思考的是,一个字在最初阶段怎么会有多音的现象呢? 对此任铭善表达了自己的看法:"一个字的赋形,或是本之于人的语音,如形声字,此字只该有一个读音;或是合之于人的语音,如象形字,其赋形的动机有时不一样,所与之字的语音也不一定一样,乃至此字的赋音或者已在赋形之后,但也总之只有一个音。如其有两个音的话,那么虽是形体相同,也应该视为两个字。所以就一个字的最初的赋音和赋形而言,一个字便只有一读。"②我们赞成这一观点。

可也不能完全否定"声母多音"论,我们的理解是,一个字最初"赋音"只有一读,若结合傅东华的"变转",在空间多种方言互相接触的离散式音变③情况下,"声母多音"是可成立的。钱大昕也说字有"正音和转音"之别,他说:"知一字不妨数音,而辨其孰为正,孰为转,然后能知古音。"④所以"声母多音"乃因正音和转音之故。仍然以任铭善的话作为总结:"后来的一字两读有由于纵的时代的转变的,例如'信'字有平去声二读,而平声读今日都视为'伸'的假借,但古音便只有平声读。……又由于横的方音的转变的,如《释名》:'风,兖豫司冀,横口合唇言之,风,泛也;青徐言风踧口开唇推气言之,风,放也。'两个音系的收韵不同。"

在"纵的时代转变"以及"横的方音转变"方面的影响下,潘重规提出的"声母多音"论,是有其历史意义的,只是我们认为一字的最初赋音只有一读。

傅东华的"变转"和潘重规的"声母多音"说都强调了研究上古声组的时间与空间问题,有一定的道理,对今后上古音的研究有极大的参考价值。

本篇我们做了以下工作,并有一些体会:

1. 探讨了民国古音学学术背景对学术研究尤其是上古声组研究的影响,

① 周祖谟:《问学集》,中华书局,1966 年,第 137 页。
② 见任铭善:《字音三问》,载《国文月刊》第 77 期,1949 年。
③ 关于离散式音变,见徐通锵:《历史语言学》,商务印书馆,1991 年,第 281—285 页。
④ 陈文和主编:《嘉定钱大昕全集》第 9 卷,江苏古籍出版社,1997 年,第 233 页。

这些背景包括研究材料、研究方法和研究条件。

2. 将研究的力量集中于对民国古音学声纽研究的梳理,通过对各家学说所作的客观分析和比较,甄别出较合理的观点和结论,坚持从学术史角度,实事求是,一分为二,并不苛求前人,因为学术发展的一般规律总是"前修未密,后出转精"的。

3. 在考察上古声纽复杂性的同时,不仅考虑到时间上的连续式音变,还要考虑到空间上的离散式音变。研究材料的时代性与空间性特点,是我们今后在上古声纽研究中会特别关注的地方。

有些问题的讨论只是浅谈辄止,有的也不能得出结论性看法,特别是纵向比较的时候只选取了王力和李方桂在民国以后上古声纽研究的成果,至于其他学者的成果还未总结,待以后继续研究。

中 篇

《广韵声系》谐声系统探析

引　言

一、研究对象

本篇的研究对象是沈兼士(1886—1947)的著作《广韵声系》(以下简称《声系》)。该书编写于民国二十二年(1933),至民国三十四年(1945)初次出版。《声系》既是一部详细标注《广韵》所收之字声组、韵、反切、等呼及拟音音值等方面音读性质的工具书,又是一部反映《广韵》所收韵字谐声系统的著作。我们除了在《声系》文本基础上分析其性质、体例和谐声系统外,也对沈兼士在音韵学方面及语言文字学方面的学术观点进行探讨。《声系》是民国时期的著作,具有独特的时代印记。同时,《声系》作为字典,在编纂过程中对前人的研究成果进行了有选择的甄别和创新:甄别过程体现了沈兼士在民国这个古音研究的新阶段对前人学术观点的取舍和继承,及其对新的语言理论、研究成果的吸收和利用;创新过程则体现了沈氏站在历史的新高度对前人学术观点的发展。

王宁先生说:"好辞书贵在主体设计的科学性……自觉地理论认识贯彻到辞书的主体设计里,必然使辞书的整体更加成熟。"[①]《声系》严整精密的谐声系统体现了沈兼士一系列的音韵学观点和理论。因此,本篇的研究对象实为《声系》的谐声系统和《声系》体现出的语言学观点。

《声系》先后有三个版本,我们依据的是中华书局 1985 年 8 月初版、2004年 6 月第 2 次印刷的版本。

---

① 　王宁:《简论辞书的创造性及著作权》,《辞书研究》1997 年第 3 期。

二、研究意义

沈兼士的《广韵声系》是一部归纳和总结《广韵》中形声字谐声系统的著作,是对历代《广韵》相关研究和谐声系统研究的继承和发展。《广韵》是音韵学史上最重要的、使用最广泛的一部韵书,同时,它也是"承前启后的记录中古文字的总汇"。①《声系》对《广韵》谐声系统的整理不仅有利于我们研究《广韵》的声韵系统,还有利于我们以其为桥梁上推古音、下证今音。此外,《声系》确立了各级主谐字与被谐字之间的谐声关系,考订了各字的字形、字音与字义。在此过程中,我们不仅可以看出沈兼士研究语言文字学的理论和观点,也能够在探求文字的孳乳衍变这一方面受到启发。

因此,从研究意义上说:第一,对《声系》所体现的《广韵》谐声系统的探讨,有助于我们更为客观、全面、系统地认识和使用《声系》这部有创新意义的谐声字字典;第二,对《声系》中所体现出的沈兼士学术见解的分析,能够使我们了解沈兼士的音韵学观点及其对汉字音义关系的认识;第三,对沈兼士治学精神和研究方法的总结,有利于我们熟悉民国时期的学术特点,这具有学术史方面的意义,对当今学术研究的方法论具有借鉴价值。

三、研究概况

沈兼士在音韵学、文字学、训诂学等方面都有所贡献。在 20 世纪 90 年代前,学界对沈兼士的学术著作及学术观点的研究较少。葛信益先生的《读〈广韵声系〉札记》(1987)修正了《声系》中的部分讹误和疏漏。刘又辛先生在《沈兼士先生文字训诂研究述评》(1988)一文中论述和评价了沈兼士的"文字画和初期意符字"学说及其汉语字族学的研究方法。许嘉璐先生《章太炎、沈兼士二氏语源学之比较》将章氏《文始》与沈氏《国语问题之历史的研究》《右文说在训诂学上之沿革及其推阐》中语源学方面的观点进行比较,认为:"今日之语学,不可拒今日之西学,亦不可弃传统如敝屣,固当融合二者以拓新境,其理至

---

① 沈兼士:《广韵声系》"广韵声系编辑旨趣",中华书局,1985 年,第 2 页。

明。此或章、沈之学相较可启示世人者。"①

在 20 世纪 90 年代之后,学界对沈兼士学术观点的研究成果颇丰,涉及语源学、汉字构形学、方言学以及其治学方法等方面。沈光海《沈兼士先生治语言文字学之方法》(1991)从"宏观与微观相统一""力求用科学的方法""客观地评价前人之说"等三个方面分析了沈兼士语言文字学方面的研究方法。张德新《论沈兼士的文字起源说对中国文字学的贡献》(2006)不仅论述了沈兼士的文字起源说及其引起的争议,还总结了沈兼士"文字画理论"在中国文字学史中的地位和价值,并认为他"不墨守六书旧说,重新拿世界一般文字发达的次序,和思想进化的历程,比照着来研究中国文字与语言的关系和变迁"。张德新《沈兼士"义同换读"学说述评》(2007)举例分析了沈兼士"义同换读"理论及其应用。周海霞、杨海蓉《浅析沈兼士的方言研究理论》(2007)总结了沈兼士方言研究的理论和观点,分析了其形成背景和特点。曹丽芳、任典云《试论沈兼士先生对汉字构形学的贡献》(2008)论述了沈兼士在文字学研究方面的成就。卞仁海《语源学:杨树达与沈兼士》(2008)通过比较受西方语源学影响的杨树达和沈兼士在语源学研究中的区别与联系,分析了二人语源学方面的观点及治学特点。陈伟、张俊《论沈兼士的语源学研究》(2009)论述了沈兼士的语源学研究理论和方法。史学明《论沈兼士文字训诂学成就》(2010)系统地整理了沈兼士散见于著述和各篇论文中的理论和观点,论述了沈兼士在汉字起源论、汉字形音义、字族理论方面的成就,并探析了他的学术思想传播史、阐释史和影响史。

但是,我们感到,研究者们在以上著述中,对沈兼士的一些学术著作和观点虽有涉及,但对其著作《广韵声系》的研究却较少,仅见三篇:谈承熹《论汉语同源词——兼论〈广韵声系〉"壬"族之词》(1989)论述了《声系》在考释同源词方面的价值;朱国理《〈广韵声系〉的编纂经过及价值》(2000)论述了《声系》的编纂经过和《声系》在语源学、音韵学等方面的价值;刘文丽《〈广韵声系〉牙

---

① 许嘉璐:《章太炎、沈兼士二氏语源学之比较》,《沈兼士先生诞辰一百周年纪念论文集》,紫禁城出版社,1990 年,第 73 页。

音字分类校释》(2001)对《声系》列于"见、溪、群、疑"四纽下的形声字进行了详细的谐声归属的校释工作,订正了其中的一些讹误。因此,我们认为,还可以对《声系》的谐声系统及其在音韵学方面的价值做更深入、全面的探析。

四、研究方法

本篇的构架是围绕沈兼士编纂《声系》的四条旨趣展开的,即:"叙列周秦两汉以来谐声字发达之史迹;提示主谐字与被谐字训诂上、文法上之各种关系;比较主谐字与被谐字读音分合之现象;创立以主谐字为纲之字典模范。"[①]

本篇的研究方法有以下两种:

1. 比较法

(1)在"《声系》中所体现的沈兼士的音韵学观点"一节中,我们将《声系》与高本汉《中国音韵学研究》作比较,探析《声系》与高氏对"照二"归属认识的区别。

(2)在"沈兼士对汉字音义关系的认识"一节中,我们将《声系》与《说文解字注》作比较,总结《声系》在体现汉字音义关系方面的优势。

2. 图表分析法

(1)在"《声系》的体例"一节中,使用图表分析《声系》谐声系统的层级逻辑关系和《声系》各字的排列顺序。

(2)在探讨《声系》谐声系统的过程中,利用图表分析法对声纽、韵母的谐声关系和分合关系进行分析。

(3)在"沈兼士对汉字音义关系的认识"一节中,用图表分析以"非"为声符的"右文",探讨沈兼士的"右文之一般公式"。

(4)对《声系》和段注作比较的过程中,使用图表分析《声系》对汉字音义关系的体现。

---

① 沈兼士:《广韵声系》"广韵声系编辑旨趣",中华书局,1985 年,第 2 页。

第一章 沈兼士生平及《广韵声系》的成书

第一节 沈兼士先生生平

沈兼士(1886—1947),浙江吴兴人,生于陕西汉阴,著名语言文字学家、文献档案学家、教育家。19 岁留学日本,入东京物理学校攻读,曾随章太炎先生学习,并受其爱国思想影响,加入同盟会。归国后执教嘉兴、杭州间。1912 年秋去北京,先后任教于北平大学(今北京大学)、清华大学、厦门大学、辅仁大学(今北京师范大学)等高校,历任北京大学文学院院长、北京大学研究所国学门主任、故宫博物院文献馆馆长、辅仁大学代理校长、辅仁大学文学院院长兼文科研究所主任等职。沈兼士兄弟三人(沈士远、沈尹默、沈兼士)都曾任教于北京大学,故有"北大三沈"之称,并与钱玄同、周树人、周作人并称"一钱二周三沈",名重一时。1937 年"七七"事变后,北平沦陷,兼士先生与同仁组织"炎社",提倡民族气节,参加抗日工作。后被敌宪列入黑名单,不得已于 1942 年12 月 6 日离开北平,到达重庆,任前"中央大学"师范学院名誉教授。抗日战争胜利后,任国民党政府教育部平津区特派员。1946 年秋,复任教于辅仁大学、北京大学。1947 年 8 月逝世于北平寓所,终年 61 岁。

沈兼士早年随章太炎先生学习音韵学,受到了中国传统小学的熏陶,这为他之后在语言文字学方面的研究打下了坚实基础。沈兼士留学日本的经历使他接受了西学,开阔了眼界,《声系》在标音方面对高本汉拟音的使用正体现了这一点。而沈兼士攻读东京物理学校的学习过程,有利于他树立科学的方法论和缜密、系统的逻辑思维,不难看出,沈氏所编《声系》以严整、精密的结构归纳了《广韵》的谐声系统,体现出较强的逻辑性和系统性。受北大时代思潮的影响,沈兼士接受了民国时期西方民主思想的进步成分,能够将传统的小学研究与西方先进的方法论相结合。

因此,沈兼士作为民国时期的学者,对语言文字学的研究体现出与清代传统小学家不同的特点。

第二节 《广韵声系》的成书与版本

沈兼士很早就有了编纂《声系》的打算。民国九年(1920)十一月十日,沈兼士曾写下《广韵声系叙及凡例》①(下文简称《声系叙及凡例》)一文,文中有这样的叙述:"此编经始于民国三年(1914)之冬。时黄季刚君古本韵即在《广韵》二百六韵中之说尚未出。其明年余病,遂辍稿焉。今拟绩成前作,出而与大学同学诸人共商榷之,因序其编纂大旨如此。"可见,沈兼士早在民国三年就已经开始编纂工作了,而次年因病辍稿。直至民国九年(1920),沈兼士才与人商议《声系》的编纂并写出叙及凡例。

从《广韵声系·重印前言》中可知,由于缺乏经费和人力,沈兼士在辍稿六年之后欲开展编纂工作的打算没能实现。直到民国二十二年(1933)秋,沈兼士才在辅仁大学申请到经费,正式成立《广韵声系》编辑部,并聘请陈祥春(辅仁大学国文系毕业)、刘文兴(北京大学研究所毕业)二人做编辑,开始着手编修工作。二人于1934年和1940年左右先后离职。辅仁大学国文系还未毕业的葛信益经常在编辑部帮助工作,后来做了《声系》的编辑。约在1941年秋,《声系》正文得以定稿付印。由于编辑部人力有限,沈兼士便请来国文系三四年级的同学帮忙编辑正文之外的检字和附录。

---

① 沈兼士:《沈兼士学术论文集》,中华书局,1986年,第11页。

　　由此可见,《声系》的编纂工作实属不易,最先由沈兼士独自一人编修,后因疾病、经费、人力的缘故被搁浅过两次,从民国三年(1914)至二十二年(1933)秋,历时十九年才得以正式开展编纂工作。从民国二十二年(1933)秋至最后全部完稿(1944)又历时十余年。

　　《声系》最初于民国三十四年(1945)由当时的辅仁大学出版,1960年由中国文字改革出版社重印,但两次印数均不多,且存在一些错误。1985年中华书局修订缩印出版,原版在使用过程中已发现的错误和原来所附的勘误表列出的错误,都得到了改正。2004年,中华书局重印了《广韵声系》1985年的版本。

第二章 《广韵声系》的
性质与体例

第一节 《广韵声系》的性质

一、《广韵声系》是以《广韵》为底本的谐声字典

《声系》是一部以《广韵》为底本的谐声字字典,是研究《广韵》所收韵字谐声关系的著作,又是沈氏从汉字读音入手研究汉语字族的代表作。《声系》以整理《广韵》谐声关系为要务。作者在《广韵声系编辑旨趣》(以下简称《声系编辑旨趣》)中提出:

> 此书之主要旨趣,约有下列四点:一、叙列周秦两汉以来谐声字发达之史迹。二、提示主谐字与被谐字训诂上文法上之各种关系。三、比较主谐字与被谐字读音分合之现象。四、创立以主谐字为纲之字典模范。

这四点旨趣决定了《声系》的任务、性质和用途。编者综合前人编排字书的特点,采用了主谐字编排法,将文字的形、音、义三方面紧密结合起来,以主谐字为纲,以声类韵次为序,首创谐声字字典。作为一部工具书,《声系》以这样的方式编排,对各字字音、字义的详细收录为读者提供了极大方便。

(一)《声系》以《广韵》为底本

古音研究中,谐声系统是最重要的研究对象之一。清代学者往往利用《说文》的谐声材料来进行古韵部研究,如:段玉裁《古十七部谐声表》、江有诰《廿一部谐声表》、朱骏声《说文通训定声》、姚文田《说文声系》、严可均《说文声类》、张惠言与张成孙《说文谐声谱》、江沅《说文解字音韵表》、苗夔《说文声读表》等,①且都按韵部排列,研究成果也多集中在韵部。而对声纽的研究却比较薄弱,如钱大昕《潜研堂文集》《十驾斋养新录》等著作只是列举一些例证。从这个角度看,《声系》的突破在于,它归纳了《广韵》的谐声材料,对《广韵》的声类进行了系统整理。这是对更加丰富的谐声材料的进一步梳理,使其在古音研究等领域发挥更大的作用。

沈兼士在《声系》正式编纂前,撰写了《声系叙及凡例》(1920),文中谈到了《广韵声系》的编纂缘起:

> 自来研究古代声韵之学,约可分为三级。第一级但取证于《诗》、《易》、《离骚》。第二级进而知从《说文》声母中寻得条例。惟此二级均据《广韵》以外之例证以支配《广韵》,不免有支离牴牾之弊。第三级更进而就《广韵》中"声类""韵部"以为研究之标准,若网在纲,信后来之加详矣;然未尝与《说文》声母贯通讨治,故于三代至宋声韵嬗变之状况,犹嫌其不能作探源之论。②

可以看出,沈兼士认为过去古音学研究的材料分为三个层次:第一层,用先秦文献中的韵文材料;第二层,在第一层的基础上以《说文》中的谐声材料为依据;第三层,以《广韵》的声韵材料为依据。前两个层次以《广韵》所处时代之前的例证为标准,其局限是系统性不如《广韵》。如果将《广韵》作为研究依据,

---

① 魏建功:《古音系研究》,中华书局,1996 年,第 117 页。
② 沈兼士:《广韵声系叙及凡例》,《沈兼士学术论文集》,中华书局,1986 年,第 11 页。

结合《说文》等材料进行考订,古音研究将更为详尽、可信,并且对研究先秦至唐宋字音的演变也有着重要意义。《声系》以《广韵》收字的读音和谐声系统为研究对象,并在编纂过程中参订了《说文》等材料,便是出于这一考虑。

在《声系》正式编纂后,沈兼士在《声系编辑旨趣》里这样写道:

> 《广韵》一书,为记载中古文字之总汇。其形声字,比之《说文》,多逾三倍,其语汇亦较《说文》《玉篇》为完备。《集训》《类篇》而降,字书虽有增益,然率多变体俗书,增犹不增也。故《广韵》实为承前启后之中心字典,凡汉语语根及语辞之纵横衍变,均可由其谐声系统为出发点以推求之。

我们大致可以推测出《声系》以《广韵》为底本探究汉字谐声系统的三个原因:

第一,《广韵》继承了《切韵》、《唐韵》的音系和反切,它较完整地保留了中古音系,对音韵研究中上推古音和下证今音起到了重要的桥梁作用。因此,对其收字谐声系统的归纳有助于更深入地进行古音研究,对探索汉字字音的演变过程和规律具有重要意义。清代学者潘耒云:"《说文》、《字林》、《玉篇》之书不可以该音学,而《广韵》一书可以该六书之学,其用宏矣"[1]。

第二,《广韵》"取《说文》、《字林》、《玉篇》所有之字而毕载之,且增益其未备厘正其字体,欲使学者一览而声音、文字包举而无遗"。[2]《广韵》收录了前世字书中的文字,而之后的《集韵》、《类篇》、《字汇》、《正字通》、《康熙字典》等,在字数上虽有所增加,但多为变体、俗体,并不影响谐声系统的整体性。

第三,《广韵》是官修的韵书,其修订目的为"期后学之无疑,俾永代而作则",[3]且作为当时"悬科取士,考核程准"[4]的依据,它的内容力求完备、正确。《广韵》序评其"博极古今,而为书之意欲举天地民物之大悉入其中,凡经史子志,九流百家,僻书隐籍,无不撝采一公字也"。[5]《广韵》不仅所收之字较多,语

---

① 摘自"重刊古本广韵序",见《宋本广韵》(张氏泽存堂影印本),中国书店,1982年。
② 同上注。
③ 摘自重修广韵"牒",见《宋本广韵》(张氏泽存堂影印本),中国书店,1982年。
④ 同上注。
⑤ 摘自"重刊古本广韵序",见《宋本广韵》(张氏泽存堂影印本),中国书店,1982年。

汇也较丰富,注释也较全面。且"此书之作不专为韵也",①《广韵》不仅是韵书,也是一部重要的辞书。

以上是对《声系》以《广韵》为底本原因的分析,有助于认识《声系》的性质。

因此,《广韵》既是一部按韵编排的同音字典,也是一部承前启后的记录中古文字的总汇。它对后人文字、音韵、训诂方面的研究具有重要价值。"凡汉语语根及语辞之纵横衍变,均可由其谐声系统为出发点以推求之。沈兼士早有见于此,就倡议利用《广韵》谐声系统编辑一部《广韵声系》,俾便研究汉语学"。②

(二) 以《广韵》为基础的工具书概述

目前,学界在《广韵》校勘和整理方面的成果已颇为丰硕。周祖谟的《广韵校本》(1960)以泽存堂本为底本,在与其他版本进行校勘的基础上,吸收了清代段玉裁、近代王国维、赵万里的校勘成果,校勘时也参考了中古字书《原本玉篇》、《慧琳音义》、《篆隶万象名义》、《字镜》等多种材料;黄侃的《广韵校录》(1985)以《古逸丛书》仿宋本为底本,对《广韵》部首字的声纽韵类、又音、已见本韵或他韵之字、《广韵》《唐韵》切语异同、字有又音而不见本韵及他韵者、《广韵》所无之《说文》字、字体不同于《说文》者、别字、后出字等进行系统校注,校注笺识达十万多字,后由其侄黄焯整理编次成书;葛信益《广韵丛考》(1993)以《广韵》张氏泽存堂刻本为底本,参考了其他多种版本以及《切韵》、《唐韵》残卷,对《广韵》的正文、注释、又音、异读等各个方面进行了详细的整理和校勘;余迺永《新校互注宋本广韵》(2008)广采其所能见到的各版本及各《广韵》校注成果并对此加以甄别,对《宋本广韵》进行了详细的补录与校正。

此外,后人编著了不少以《广韵》为底本的工具书。周祖谟《〈广韵〉四声韵字今读表》(1980)按照《广韵》韵部的次第,参照宋人的等韵图,列为六十一个表,把《广韵》四声韵部中各纽的反切注音标出现代普通话的读音;方孝岳的

---

① 摘自"重刊古本广韵序",见《宋本广韵》(张氏泽存堂影印本),中国书店,1982年。
② 葛信益:《〈广韵声系〉校读杂记》,载《广韵从考》,北京师范大学出版社,1993年,第194页。

《广韵韵图》(1988)根据《广韵》的反切和音系制成,并对《广韵》声母、重纽的性质及各个韵部的特点等问题进行了分析说明;林涛的《广韵四用手册》(1992)以《广韵》的反切为纲,对全书3 873个小韵反切的音韵地位做了分析,依照古今音变规律拼注各反切今读,并标出小韵属字的实际读音;李葆嘉的《广韵反切今音手册》(1997)和曹先擢、李青梅的《〈广韵〉反切今读手册》(2005)将《广韵》反切的今音用汉语拼音字母一一标注,并注上纽、韵、呼、等、调等中古音的各要项。这些都对我们查阅和研究《广韵》有着重要的参考价值。

《声系》整理了《广韵》的谐声系统,这不仅在民国时期的音韵学研究中有着重要意义,在现代以《广韵》为底本的工具书中也可谓独树一帜。

(三)《声系》所用《广韵》的版本

《声系》所用的《广韵》版本是张氏泽存堂初印本。周祖谟补识云:

> 《广韵》传世之刻本,有详本和略本之异。详本有宋刻小字本,张氏泽存堂本,黎氏古逸丛书本;略本有元泰定本,明经厂本。本书所用为张氏泽存堂初印本。张刻出于宋椠,且通行最广,故以之为底本。所录点画悉仍其旧,以存其真。惟避讳缺笔字,添写不阙而已。至于张刻与其他各本不同处,亦择要甄录,加案注明。

在《声系》编纂的时代,"王三"还未被发现。在编纂过程中,《声系》将张刻本与《广韵》其他版本相结合,并参校《说文》、《玉篇》、《类篇》、《切韵》、《唐韵》等字典韵书,经过甄别再录入。对于所使用的《说文》版本,大徐本为孙氏平津馆丛书本,小徐《系传》为祁寯藻刻本。沈兼士在《声系编辑旨趣》中也明确说:"本书编辑时,凡《说文》以下之字典韵书与近世发见之《切韵》、《唐韵》写本及《广韵》之各种版本,均经参校异同,分加案识,得此一编,不啻兼蓄众善也。"

二、《广韵声系》是汉语字族学的代表作

《声系》是沈兼士从汉字读音入手研究汉语字族的代表作。沈氏认为,汉

语字族的研究是建设汉语学的基础,《声系》亦是为此而作。这在他的《与丁声树论释名滿字之义类书》(1937)一文有体现:

> 余之作《广韵声系》,复令诸生研究《广韵》、《集韵》中之重文,并将古籍中之声训材料汇集成书,皆是为搜讨字族之张本……余不自揣,欲别辟一途径以研究汉语之历史。①

在《声系编辑旨趣》开首,沈兼士说道:"吾人欲建设汉语学,必须先研究汉语之字族;欲作字族之研究,又非整理形声字之谐声系统不可。"在介绍了《声系》编排体例后说:"如是则同一主谐字所孳衍之谐声字,其脉络相承之迹,一目了然矣。"

可以说,作为一部学术著作,《声系》对《广韵》收字谐声系统的清晰展现,不仅能够促进古音学研究,还为读者探求文字的孳乳衍变提供了丰富的材料。

《声系》一书从汉字读音入手,将文字、语音、语义结合起来研究,以谐声系统为纲,揭示汉语语根与派生词的亲族关系,建立起汉语的字族学。《声系》整理了大量同声符字,它们之间具有严整的层级关系。我们不仅可以从《声系》提供的各级子系统中看出具有同一声符的字在音、义方面的联系,还可以将各谐声子系统内的一级主谐字(一级声符)作为出发点,探求文字孳乳的脉络。这些在文字学尤其是字族研究方面具有重要价值。

第二节 《广韵声系》的体例

在《声系》以前,关于"小学"研究的著作有采用部首排列法的形系字书,如《说文》;有采用韵部排列法的音系字书,如《切韵》;还有采用义类排列法的义

---

① 沈兼士:《沈兼士学术论文集》,中华书局,1986 年,第 205—206 页。

系字书,如《尔雅》。清代出现了一些有关谐声的书,如姚文田《说文声系》、朱骏声《说文通训定声》、江有诰《廿一部谐声表》等,但都是按古韵排列的。而一些与谐声字研究有关的设想,如钱塘的《说文谐声谱》、陈澧的《说文谐声表》,未见其传本或未完成。[①]

《广韵声系》综合前人编排字书的特点,采用了主谐字编排法,将文字的形、音、义三方面紧密结合起来,以主谐字为纲,以四十一声类及《广韵》的韵次为序,首创谐声字字典。以这样的方式编排,作为一部工具书,《声系》对各字字音、字义的详细收录为读者提供了极大方便;作为一部学术著作,《声系》对《广韵》谐声系统的清晰展现,不仅有助于古音学研究,还为读者探求文字的孳乳衍变提供了丰富的材料。

在考察《声系》的体例前,我们应先了解《声系》的结构。《声系》书前有出版说明,包括葛信益先生的《重印前言》、陈垣先生的《广韵声系序》、沈兼士先生的《广韵声系编辑旨趣》、周祖谟先生的《广韵声系叙例》。《声系》书后附有"部首检字索引"(即《广韵声系索引》)和《广韵声系附录》。其中,《附录》包括《广韵声系案语补遗》、《用〈说文〉及其他字书韵书订正〈广韵〉各字谐声表》、《用各家说改订〈说文〉大徐本谐声表》、《不从〈说文〉谐声仍以〈广韵〉字形偏旁排列声系表》、《自定省声表》、《订正反切表》等六种。

沈兼士在《声系编辑旨趣》中说:

> 今即据此书,取其形声字之主谐字为纲,凡各韵中属于某主谐字之诸被谐字,均类聚系属于同一主谐字下。各主谐字之排列,依四十一声类,始〔见〕终〔日〕之次序为先后。同声类者,又以二百六韵之次序为先后。其被谐字复为他字之主谐字者,则依其相生之次序,顺递记之。如是则同一主谐字所孳衍之谐声字,其脉络相承之迹,一目了然矣。

陈垣先生在《广韵声系序》中叙述了《声系》的编纂体例:

---

① 沈兼士:《沈兼士学术论文集》,中华书局,1986 年,第 75 页。

初以《广韵》之字分韵排比,凡同从一声者皆依次系联之,然后综合参校,并其所同,以声为纲,而依四十一声类之次第叙列之。①

简而言之,《声系》整理了《广韵》所收形声字,归纳出它们的声符,并以声符为主谐字统领被谐字。在此基础上,《声系》将谐声系统分为若干层级,以严整、精密的逻辑层级关系将各级形声字组织起来,构成庞大的谐声系统。在谐声字的排列方式上,《声系》是以《广韵》中的声类为纲、韵次为序来安排的。下面,结合《广韵声系叙及凡例》从目录、正文、附录三个部分对《声系》的编排体例进行考察和解读,以期给使用者提供方便,也有助于读者深入、清晰地了解《声系》的内容、性质、用途及其在语言学史上的价值。

一、目录体例

(一) 声类目录

《声系》以《广韵》所体现的声类为纲排列谐声字,在各家对《广韵》声类的归纳中,沈兼士选择了黄侃的四十一声类。即:

喉音	影(喻于)	晓	匣	
牙音	见(群)	溪	疑	
舌音	端(知照)	透(彻穿审)	定(澄神禅)	泥(娘日) 来
齿音	精(庄)	清(初)	从(床)	心(山邪)
唇音	帮(非)	滂(敷)	並(奉)	明(微)

(说明:括号外为古本纽,共十九个;括号内为古变纽,共二十二个)

同一声纽的第一主谐字归为一类,共 41 类。《声系》依此作《声类目录》,每类后标明该类起止页数,按"1 见类 1—167、2 溪类 168—192、3 群类 193—210……41 日类 1082—1106"排列。

---

① 陈垣:《广韵声系序》,《广韵声系》,中华书局,1985 年,第 1 页。

（二）每类主谐字目录

《声系》共归纳了 2 593 个主谐字（声符），包括《广韵》未收录的 32[①] 个字。其中，第一主谐字（一级声符）947 个，第二主谐字（二级声符）966 个，第三主谐字（三级声符）327 个，第四主谐字（四级声符）51 个，第五主谐字（五级声符）9 个。《声系》依此作《每类主谐字目录》，各级主谐字于目录中都有体现。以见类为例，如表所示：

第一见类			
号数	第一主谐字	第二主谐字	第三主谐字	页数
1	弓	躬 穹	窮	1
2	䠦	宫		1
3	公	袞 松 翁		2
4	工	江 巩 贡 虹 空 邛 红 汞 项	恐 蛩	4
5	共	蛬 洪 巷		9

各级主谐字之间用空格格开，第一列"弓、䠦、公、工、共"等为第一主谐字，第二列"躬穹、宫、袞松翁、江巩贡虹空邛红汞项、蛬洪巷"等为第二主谐字，第三列"窮、恐蛩"等为第三主谐字，依次类推。页数为各序号对应所辖字中第一主谐字在书中页数。

（三）《声系》中的异体字、又音字及《广韵》不录之字

《声系》以《广韵》为底本，《广韵》收字范围广泛，其中包含着一些异体字和又音字，《声系》也一并收录。此外，《声系》也旁考了其他字书，收录了《广韵》不录之字。对于这些字，《声系》也将其条理清晰地标识出来。

1. 凡第一主谐字之有异体者都加括号注明：

[①] 《广韵声系》"每类主谐字目录"中，第 43 页末处标"广韵不录字"为 31 个，据笔者统计，实为 32 个。

号数	第一主谐字	第二主谐字	第三主谐字
47	丩（弓）	句　收	鉤　䏚　朐
75	勾（句）	曷	揭　葛　楬　渴　楬　竭　谒　歇
225	它（蛇　虵）	陀	

2. 凡第一主谐字有又音的，若在同一声类，一音之声纽在先，一音之声纽居后，则此字列于前一声纽之下，注"见前某页"；若在异类，则依其纽次列出，注"见某类某页"。此例虽为第一主谐字的情况，与前文所述的排列顺序一样，对每一谐声子系统内的又音情况，也同样适用。

（1）又音字在同一声类的情况：

声　类	号数	第一主谐字	第二主谐字	第三主谐字	页数
第一见类 ……	9	龟			16
第一见类	47	丩（弓） 龟　见前16	句　收	鉤　䏚　朐	71

"9龟"有两个音，"居追切（见类，脂韵）"和"居求切（见类，尤韵）"，同在"见"类。目录中按两音所属的韵次列出，读第一个音"居追切"的"龟"先列，其后无标志，读第二个音"居求切"的"龟"列于该读音下第一个主谐字"47丩（居求切，见类，尤韵）"所领属的被谐字之后，并注明"见前16页"，即"龟"首音"居追切"出现的页码。

（2）又音字在不同声类的情况：

声　类	号数	第一主谐字	第二主谐字	第三主谐字		页数
第二十一精类 ……	461	惢	蕊			550
第二十三从类 ……	524	酋 惢　见精类550	猶			626
第二十四心类	554	小 惢　见精类550	肖　少	峭　捎　削　稍 盻　莏　沙	娑	653

"461 惢"有三个音:"姊宜切(精类,支韵)"、"才棰切(从类,纸韵)"和"苏果切(心类,果韵)"。按声纽的顺序分别列于精类、从类、心类之下,又依韵次及声调,将第二音(上声纸韵)列在从纽主谐字"酋"的被谐字猶(平声尤韵)之后,第三音(上声果韵)列于心纽主谐字"小"的被谐字"娑"(平声歌韵)之后,并均标明"见精类 550",即"惢"字首音"姊宜切"出现的页码。

3.《声系》共收录了 32 个《广韵》不录之字,凡《广韵》不录之主谐字皆加圈标明:

号　数	第一主谐字	第二主谐字	第三主谐字
46	⼄ 厷	宏 弘	强
115	厶	去	劫
391	八	匹 朮 肙 穴	沛
731	妟	匽 宴	

这些带圈的主谐字虽未出现在《广韵》中,但《广韵》有其被谐字,《声系》按《说文》补上。如"厶"在《说文》厶部,为"去"的主谐字;"朮"在《说文》市(朮)部,为"沛"之主谐字;"肙"在《说文》肉部,为"屑"之主谐字;"妟"在《说文》女部,为"匽宴"的主谐字。

二、正文体例

(一)《声系》谐声系统的层级逻辑关系

《声系》对《广韵》所收之字的声符进行分析,将带有相同声符的字归为一类。该声符作为主谐字,带有该声符的字则作为被谐字。在此基础上,《声系》以第一主谐字统领其被谐字,而被谐字之中可做其他字的声符的,则作为第二主谐字。第三、第四、第五主谐字可依次类推。《声系》最多有五级主谐字,如"203 刀"和"388 父"。

号数	第一主谐字	第二主谐字	第三主谐字	第四主谐字	第五主谐字	六级被谐字
203	刀（刁）	到 召	昭 沼 佋 邵	照	羔	饒 窯 溔
388	父	布 甫 釜	浦 捕 脯 莆 尃	博 搏 溥 敷	薄	磚 鎛 欂

事实上，若将第一主谐字看作是一级声符，而第二、第三、第四、第五主谐字分别为二级、三级、四级、五级声符的话，那么每一级主谐字既是上一级声符的形声字，又是下一级形声字的声符。

相对于《广韵》韵字的大的谐声系统来说，每一级主谐字都统领其被谐字构成一个小的谐声系统。可以认为，依据主谐字所在的层级，各层次的谐声系统之间也有层级关系，可分为一级谐声系统、二级谐声系统、三级谐声系统……等。

若将一级主谐字统领的谐声系统看作是一级子系统的话，则《声系》将《广韵》谐声系统分为 947 个一级子系统。《声系》中的一级子系统中的主谐字和被谐字之间最多包含六个层次，如上表所举的"203 刀"和"388 父"例以及下文将着重考察的"57 古"，主谐字有五级，加上被谐字，一共六个层级；最少的只包括一个层次，如"8 规"和"9 龟"，《广韵》中未见以它们的被谐字为声符的形声字。从所含被谐字数量来看，《声系》中最小的一级子系统如"17 巾"和"809 香"，都只有 1 个被谐字，共 2 个字；最大的一级子系统如"57 古"，共 145 个字。

由于"57 古"收字最多，且包含六个层次，[①]具有一定的代表性，我们将以之为例，分析"古"这一谐声子系统内的各级主谐字。它们之间的层级关系如下：

第一主谐字	第二主谐字	第三主谐字	第四主谐字	第五主谐字
古	居			
	辜	嫭		
	酤			

---

① 从《声系》正文第 97 页看为六个层次，第五主谐字巖后有被谐字"巘"。

续　表

第一主谐字	第二主谐字	第三主谐字	第四主谐字	第五主谐字
古	敢	厰	嚴	巌
	固			
	苦			
	胡			

(二)《声系》各字的排列顺序

《声系》中各字的排列顺序都是以其在《广韵》中的韵次为依据的。我们从以下两个层面进行分析：

1. 同一声类内，各一级谐声子系统按其第一主谐字在《广韵》中的韵次排列，即：平声居首，上声次之；东韵居首，冬韵次之。以"第一见类"的 1 至 15 号为例，可见其排列次序：

号　数	1	2	3	4	5	6	7	8	9	10	11	12	13	14	15
第一主谐字	弓	躬	公	工	共	卅	奇	规	龟	其	几	车	眡	圭	皆
韵		东			钟		支		脂	之	微	鱼	虞	齐	皆

2. 同一谐声子系统内，主谐字及其被谐字也依其在《广韵》中的韵次排列。而主谐字和被谐字声纽并不一定相同，则以主谐字为准，先列与主谐字同纽的字。如第一见类中的"3 公"，先列与主谐字"公"同声纽的被谐字，再按四十一声类和《广韵》韵次、调次列其余被谐字：

《声系》第 2 页第一主谐字"公"下之字（按所列顺序排列）	纽	韵
公　蚣	见	东
衮		混
慫	清	东
𢥧		锺
鬆	心	冬

续　表

《声系》第2页第一主谐字"公"下之字(按所列顺序排列)	纽	韵
松　讼	邪	锺
颂　讼		用
蚣　枀　笻　衳　枀　伀　妐　呁　炂　囪　鈜	照	锺
翁	影	东
瓮		送
颂　厸　𨍏	喻	锺

按照上述原则排列,虽然"鬆"为"松"的被谐字,但其声纽为心纽,故被安排在邪纽的主谐字"松"之前。再如第三十六喻类的"757 易",即使主谐字纽次在后,而被谐字纽次在前,仍先列与主谐字声纽相同的被谐字。《声系》先列与主谐字"易"同纽的"陽暘楊揚煬錫(喻陽)颺諹(喻漾)"等字,再列其他声纽的被谐字"湯踢蝎(透唐)傷(透荡)湯(透浪)喝碣踢(定唐)崵婸惕(定荡)"等字,以保证主谐字和被谐字的关系不乱。

(三)《声系》对各字字音、字义和层级关系的标注方式

我们按照《声系》的标注方式,制作了以见类主谐字"工"及其被谐字组成的谐声系统简图,并依此来分析《声系》各部分内容的标注方式:

见	工　工　工 　｜　　　｜ 　江　　巩	

工	古红切。　官也,又工巧也。	见东开一·kung
功	功绩也,说文曰,以劳定国曰功,又汉复姓……	
……		
以下第二主谐字及其被谐字		
江	古双切。江海书有九江……	见江开二·kang
茳	古双切。香草。	
……		

巩	居悚切。抱也……	见腫合三·kįwong
碧	居悚切。水边大石。	
	……	
	共 123 字	

1.《声系》对字音的标注方式

《声系》对收录的每个字都标注详细的音读,包括纽、韵、反切、开合、等呼以及高本汉拟音音值。

(1)各字于栏内注明其在《广韵》中的反切,如上图"工"字旁边的"古红切"。又音字也在栏内体现,注明"又某某切"。

(2)各字在栏外注明其"声、韵、开合、等"这四个方面的音读归属和构拟音值,如上图中"工"字栏外的"见东开三",即:见纽、东韵、开口呼、三等,构拟音值为[kung]。《声系》对声韵性质的标注是以《广韵》为依据的,等呼性质的标注则以《七音略》为依据,各字音值的标注是在高本汉所拟切韵音值的基础上,与其他材料参订而构拟的。

2.《声系》对各字释义的标注方式

各字释义都在栏内注明,如"工,官也,又工巧也"。《声系》收录的是《广韵》对各字的注文。《广韵》释义较为广泛,对姓氏、族谱、地志、山川、图记等方面的注释较为详细。《声系》没有全部录入,而是有选择地将其中与音旨无关的注文省略,并通过加"……"号提醒读者。

3.《声系》对层级关系的标注方式

(1)《声系》通过在栏内各字左侧加画竖线的方式,帮助读者明了各字所在的层级:第一主谐字无竖线,其被谐字则加画单竖线;第二主谐字(即第一主谐字的被谐字)加画单竖线,其被谐字则加画双竖线,依次类推。上图以"4工"为例,取第一、第二主谐字及各级主谐字后的第一个被谐字,可见各字所在栏内加画竖线数所表示的层级。

(2)《声系》在每一层级前都注明"以下第……主谐字及其被谐字",对于以不同声符做主谐字的平级谐声子系统,则用横线隔开,以示区别。如上图,第二主谐字"江"前有"以下第二主谐字及其被谐字"的标注。也可见,以"江"

和"巩"为声符的谐声子系统同为第二级,它们之间是用横线隔开的。

（3）各级主谐字都加粗以区别于被谐字,如"工""江""巩"三字。

（4）每一级谐声子系统末都注明该系统内所收录字的总数,如"工"这一谐声子系统共 123 个字。

（5）每页左上角或右上角都标有声类,且在每列谐声字上方注明该页所体现的谐声系统,以便读者寻检。以上图为例,可在左上方见：该页所收录的谐声字的主谐字是属于"见"类的;也可由"工、工——江、工——巩"得知该页的内容为：一级主谐字"工"的谐声子系统、二级主谐字"江"和"巩"的谐声子系统。

层级关系的标注显示完整严密的谐声系统和字族体系,为探究语音演变、文字孳乳提供了系统性的资料,成为研究古音学、汉语字族学、词源学等的重要基础。

三、附录体例

《声系》正文每一声类谐声系统列完之后,有"附一·意符字之不为主谐字者"和"附二·疑似之音符字及字体不明者"两部分。《声系》是一部谐声字字典,但在对《广韵》收字谐声系统进行系联归纳的过程中,存在着有些字无法系联出其谐声归属的情况。这些"无谐声归属字"分为两类：一为纯意符字,即象形象意之字不为主谐字的;二为疑似之音符字及字体不明者,该类字有似乎是声符的部分,但其声韵与整个形声字之间读音关系不可理解,或字体分析不明。如"第十二娘类",其《附一·意符字之不为主谐字者》中列出"奻、疒、黁"三字;《附二·疑似之音符字及字体不明者》中列出"誽、叚"二字;"第二十八穿类",其"附一"所列出的"穿蟲牊尺"等字,未有以之为主谐字构成被谐字的;"附二"所列的"礴溺"等字,"屑""鹵"是疑似之音符,但"礴"音"昌约切"（另有"宜引"和"鱼约"两切）,"屑,食伦切";"溺,昌石切"（另有"郎古切"一读）、"鹵,郎古切",两个疑似音符与整个字的读音关系不可理解;也或许是"礴溺"等字的构成尚不能很好地解释导致的。

事实上,由于《声系》编纂的时代还未出土更多的资料,随着时代的发展,学者们获得的资料日渐丰富,这些"无谐声归属字"中的有些是存在争议的。我们将在第五章《广韵声系》的不足"一节中探讨这个问题。

以上是对《声系》目录、正文、附录体例的分析。

《声系》通过严谨的体例，条理清晰地将各字的字音、字义、又音、谐声系列和音韵地位呈现出来，以"叙列周秦两汉以来谐声字发达之史迹"。周祖谟先生（1914—1995）这样评价《声系》："如是文字孳生繁衍之次第，皆可一目了然，且全书于每字之音读义训，并载无遗，因之形声相益之理得，音义相雠之事备，于韵书字书之编制上，实别具一格。"①陈垣先生（1880—1971）于民国三十三年（1944）在《广韵声系·序》中称赞其"于古今文字繁衍变易之迹，均已彰示无遗，即形声音义相关之理，亦可缘类而求，其有功于小学者匪浅"。②

《声系》的体例反映出精密的逻辑性和严整的系统性，这是之前传统小学研究不具备的。这也使得《声系》突破了以往对谐声材料的研究较为零散的局限性。《声系》总结《广韵》所收之字的谐声系统，并以严密的系统体现出来，在这一点上，《声系》确为"以主谐字为纲之字典模范"，被李维棻先生称为"我国承先启后之中心字典"。③

---

① 周祖谟：《广韵声系叙例》，《广韵声系》，中华书局，1985年，第1页。
② 陈垣：《广韵声系序》，《广韵声系》，中华书局，1985年，第1页。
③ 李维棻：《风流儒雅忆吾师——记吴兴沈兼士先生》，《沈兼士先生诞生一百周年纪念论文集》，紫禁城出版社，1990年，第38页。

第三章 《广韵声系》谐声系统分析

第一节 谐声字在古音研究中的应用

"谐声字"即我们所熟悉的文字学中的"形声字"。在"六书"造字法中,存在"谐声"、"象声"和"形声"三种说法:《汉书·艺文志》称之为"象声",《周礼·地官·保氏》郑玄引郑众注为"谐声",许慎《说文解字·叙》称之为"形声"。① 大概"象声"侧重所造之字与原字字音上的联系。"形声字"指一个合体字由表示意义范畴的形符(即表意义的形旁)和表示读音的声符(即表读音的声旁)构成。"谐声字"侧重字的读音关系——一个合体字的读音与它所包含的声符的读音之间有相谐的关系,则为谐声字。声符被称为"主谐字",包含声符的合体字被称为"被谐字"。

关于谐声字在古音研究中的应用,我们了解的有"谐声归类法"和"谐声推演法"这两种方法。"谐声归类法",即:"利用谐声(形声)字声旁与形声字同音的原理,将含有同一声首的所有形声字归为一类的方法。"② 在音韵学研究中,利用谐声系统来推求古音是学者们常用的方法,被称为"谐声推演法"。③ 这两种方法分别从归纳和演绎两个角度研究谐声字。由于上古时代没有音韵著

---

① 孙诒让撰,王文锦、陈玉霞点校:《周礼正义》第四册,中华书局,1987年,第1013、1014页。
② 周祖庠:《新著汉语语音史》,上海古籍出版社,2006年,第23页。
③ 耿振生:《20世纪汉语音韵学方法论》,北京大学出版社,2004年,第59、61页。

作,可用的成系统的材料只有诗文押韵和谐声字,且上古音距离造字时代较近,早期形成的谐声字更能反映古音原貌。上篇"民国上古声纽研究考论"中提到的诸多民国学者就往往以谐声材料作为研究上古音的重要材料。

一、民国以前古音研究中谐声字的应用

宋代徐蒇为吴棫(1100—1154)《韵补》作序言:

> 殊不知,音韵之正,本诸字之谐声,有不可知者。如"霾"为亡皆切,而当为陵之切者,由其以貍得声;"浼"为每罪切,而当为美辨切者,由其以免得声;"有"为云九切,而贿、痏、洧、鲔皆以有得声,则当为羽轨切矣;"皮"为蒲麋切,而波、坡、颇、跛皆以皮得声,则当为蒲禾切矣。①

由此可知,吴棫已意识到同一声符的字之间是存在音读联系的,这也是谐声关系的价值引起学者们认识和关注的发端。

明代陈第(1541—1617)提出了"时有古今,地有南北,字有更革,音有转移"的论断,基于这个观念,他取《说文》读《诗》,已经将《说文》谐声字和《诗经》韵字联系起来推求古音。其《毛诗古音考》卷一"驱"字下:②"音邱。《说文》,从马区声。区古读邱。"卷二"瓜"字下:"音孤。《说文》孤、呱、弧、觚皆以瓜得声,古音可见。"卷三"梓"字下:"音滓。《说文》:梓从宰省声。宰音滓,见后。"卷三"盟"字下:"音芒。从明得声。明古悉读芒。"卷四"孚"字下:"音浮。愚按《说文》,浮、烰、蜉、桴,皆云孚声。今'载沈载浮'、'蒸之烰烰'、'蜉蝣之羽',皆读浮。桴,孙愐音附柔切,亦有烰音。《礼记》'孚尹旁达',亦此读。"这对于前人的研究来说虽有较大进步,尤其是更正了对古音认识的基本观念,但"陈第研究古音也有缺点,就是失之散漫,他还没有想到要把古韵建立起一个系统来,只不过把《诗经》上几百个押韵的字证明他们的古读而已"。③

---

① 吴棫:《宋本韵补·韵补序》,中华书局,1987年。
② 此段引文皆摘自陈第:《毛诗古音考》,中华书局,1988年,第50、57、138、139、165页。
③ 钱玄同:《古音考据沿革》,见《钱玄同文集》(第四卷),中国人民大学出版社,1999年,第93页。

　　清代是古音学的全盛时代,学者们都看到了谐声材料在古音研究中的作用。顾炎武(1613—1682)《音学五书》虽未作出系统的谐声表,但谐声也已成为其研究古韵的重要材料,如"衰"字下说:"凡'从支、从氏、从是、从兒、从此、从卑、从虒、从尔、从知、从危'之属皆入此。"①"髲"字下说:"凡'从麻、从差、从咼、从加、从沙、从坐、从过'之属皆入此。"在《古音表》中总结说:"……凡所不载者,即案文字偏旁以类求之。"他已经开始有意识地利用谐声来离析唐韵和划分上古韵部了。

　　孔广森(1752—1786)著有《诗声类》,将《诗经》押韵之字进行分类总结,归纳出"古韵十八部",其中阴声、阳声各九部,阴声与阳声两两相配。且在书中说:"书有六,谐声居其一焉。偏旁谓之形,所以读之谓之声。声者,从其偏旁而类之者也。"②孔氏不仅整理了《诗经》中的谐声材料,还对谐声偏旁进行分析,这在谐声材料的应用中是一个进步。

　　段玉裁(1735—1815)《六书音均表二·古十七部谐声表》中说:"六书之有谐声,文字之所以日滋也。考周秦有韵之文,某声必在某部,至赜而不可乱;故视其偏旁以何字为声,而知其音在某部,易简而天下之理得也。"③段氏不仅对《说文》形声字进行了全面分析,还系统地研究了谐声和古韵的关系,明确提出了"同声必同部"的理论,制成了《古十七部谐声表》。魏建功认为:"直至段茂堂才立定了以'谐声系统分部,以叶韵字列例'的方法。这种方法无异于以《说文解字》求古音分部,从叶韵字的韵读转到谐声字的音读上去了。"④

　　从此,谐声关系成为推进古韵研究的重要途径。江沅《说文解字音均表》、严可均《说文声类》、姚文田《说文声系》、江有诰《廿一部谐声表》和《入声表》、张惠言与张成孙《说文谐声谱》、苗夔《说文声读表》、朱骏声《说文通训定声》等都是将谐声偏旁和古韵研究相结合的著作。

　　钱大昕(1727—1786)利用谐声材料研究上古声纽,提出了四点结论——

　　① 此段引文分别摘自顾炎武:《唐韵正·上平声卷二》、《唐韵正·卷四》、《古音表·卷上五支下》,见《音学五书》,中华书局,1982年,第239、262、546页。
　　② 孔广森:《诗声类·卷一》,中华书局,1983年,第1页。
　　③ 段玉裁:《说文解字注》,上海古籍出版社,1988年,第818页。
　　④ 魏建功:《古音系研究》,中华书局,1996年,第115页。

"古无轻唇音""古无舌上音""古人多舌音""古影喻晓匣双声"。① 此外,钱氏还主张:"《诗经》有正音,有转音。正音,就是从偏旁得声。转音,就是'声随义转'或'双声假借'。"②如果说在钱氏之前,学者们是将谐声材料用于古韵研究的话,那么"首先注意到古纽的问题的,恐怕要算钱氏了"。③ 钱氏在其《潜研堂文集》和《十驾斋养新录》中都有对上古声纽的考证;然而,钱氏的研究亦未系统地应用谐声材料,仅将其用于举例。

清末章太炎(1868—1936)利用谐声字进行声纽研究,将古音分为二十一纽。他提出了"娘日二母归泥说",认为:"人、仁之声,今在日纽。人声之年,为奴颠切;仁声之佞,为乃定切。此则人、仁本音如佞,在泥纽也。冄之声今在日纽,那从冄声,则冄、那以双声相转,在泥纽也。"④章氏利用谐声字推进上古声纽的研究在当时是具有进步意义的。但其对声纽的研究局限于合并,缺少离析。

二、民国以来古音研究中谐声字的应用

清代声纽的研究比较薄弱。民国时期,越来越多的学者开展了声纽的研究,谐声是他们运用的重要材料。王力先生(1900—1986)说:"关于上古韵部的研究,我们有先秦韵文作为根据;关于上古声母的研究,我们就没有这样优越的条件了。到目前为止,中国的音韵学家一般只能根据五种材料来研究上古的声母:第一是谐声偏旁;第二是声训;第三是读若;第四是异文;第五是异切(不同的反切)。"⑤

高本汉(1889—1978)说:"我们用以拟测西周语音的材料主要有两种,一是《诗经》和其他上古典籍的韵脚,二是同音借字,不论是不加形旁的(假借),还是在汉代加上形旁的(谐声)。在考查上古声母时,我们显然被限制在后一种材料里。但根据这种材料,我们仍能得出一些极为重要的结论,同时揭示某

---

① 摘自王力:《汉语音韵学》,中华书局,1956 年,第 336—339 页。
② 同上注。
③ 同上注。
④ 章太炎:《国故论衡》,上海古籍出版社,2003 年,第 32 页。
⑤ 王力:《汉语音韵》,中华书局,1963 年,第 162 页。

些辅音韵尾的情况。"①其《中日汉字分析字典》谈到了用谐声字构拟上古声组的方法,他认为:"要是细看起这《字典》里的例子来,一定可以看出谐声法是异常有规则的。这儿那儿固然会遇见不合系统的特例,像是外行的或是粗心的人写的。但是从全体看起来,都可以找得出整套的谐声字,从中可以看得出谐声的方法来的。"高氏认为谐声字对考查上古声母有重要作用,提出用"谐声原则"分析各组谐声字,归纳出上古声韵系统及其构拟音值,这对汉字古音研究具有开创意义。

董同龢(1911—1963)认为,清代学者研究古代声组,成绩不如古代韵母,主要原因是对"好的材料"缺乏关注。他认为:"西人高本汉氏才发现谐声字在韵母的研究上固然可以媲美于韵语,同时也就是成系统的研究古代声母的好材料。"②他说:"我觉得《诗》韵与谐声对于上古韵母系统的观测时有同等重要价值的,并且,往往有一些现象就《诗经》韵看来是不太清楚的,一加上谐声作对照,便得豁然开朗。"③谐声字之所以能够作为研究古声母的重要依据是因为其数量多、容易汇集。他利用谐声材料对上古声组进行了归纳,将上古声组系统分为"唇音、舌尖音、舌尖前音、舌面前音、舌面后音、舌根音、喉音"七类,共三十六个。④ 并在此基础上总结了上古至中古声组的演变规律。其《上古音韵表稿》对高本汉的谐声研究做了修正。

李方桂(1902—1987)说:"使我们可以得到上古声母的消息的材料,最重要的是谐声字的研究。"⑤他在《上古音研究》中通过对高本汉、董同龢谐声原则及其所构拟的上古声组的探讨,考订了谐声原则的标准,并在此过程中得出自己的结论——将上古声组系统分为"唇音、舌尖音、舌尖塞擦音、舌根音、喉音、圆唇舌根音、喉音"⑥七类,共三十一个。

综上我们可以看出,随着对谐声价值的认识越来越深入,民国以来的学者们在

---

① 耿振生:《20 世纪汉语音韵学方法论》,北京大学出版社,2004 年,第 67 页。
② 董同龢:《汉语音韵学》,中华书局,2001 年,第 286 页。
③ 耿振生:《20 世纪汉语音韵学方法论》,北京大学出版社,2004 年,第 96 页。
④ 董同龢:《汉语音韵学》,中华书局,2001 年,第 300 页。
⑤ 李方桂:《上古音研究》,商务印书馆,1980 年,第 10 页。
⑥ 同上注,第 21 页。

利用谐声材料研究上古声纽时,已不再像清代学者那样,仅仅用零散的谐声材料研究古音,而是更为系统地运用了谐声原则,即对形声字之间谐声关系有界定标准。学者们的谐声原则虽然存在着差异,但都在一定程度上推进了上古声纽的研究。

三、沈兼士对谐声字作用的认识和《声系》对谐声材料的贡献

沈兼士认为形声字在汉字衍变过程中起着十分重要的作用,考察汉字音读关系尤其是谐声系统,对于汉语研究有着奠基性质的价值:

> 吾人欲建设汉语学,必须先研究汉语之字族;欲作字族之研究,又非先整理形声字之谐声系统不可。①
>
> 盖中国文字演进之程序,有二阶段:先为意符字——象形,指事,会意,后为音符字——形声,转注,假借。《说文》所叙,前者仅少数,后者乃得十之七八。换言之即三代之意符文字虽少,而晚周秦汉以来之音符文字,独以之为总龟。②

沈兼士提到的"谐声系统"已将谐声字研究建立在了系统、科学观念的基础上。以声纽为纲,将《广韵》收字庞大的谐声系统纳入四十一声类,有利于系统的古音研究,尤其能够促进声纽的研究。而《声系》将零散的谐声字整理成严整的谐声系统,也是对谐声材料整理工作的极大丰富和发展。

《声系》第一主谐字为非形声字,有 947 个,加上各声类《附录》中"意符字之不为主谐字者"452 个,和"疑似之音符字及字体不明者"207 个,共计 1 606 个,而《广韵》所收字之总数为 26 194 个,加上《声系》收录的《广韵》未收之字 32 个,共 26 226 个,非形声字所占的比例仅占其收字总数的 6.1%,《声系》堪称"谐声字字典",是对汉字谐声系统研究十分有价值的工具书。

---

① 沈兼士:《广韵声系编辑旨趣》,《广韵声系》,中华书局,1985 年,第 2 页。
② 沈兼士:《右文说在训诂学上之沿革及其推阐》,《沈兼士学术论文集》,中华书局,1986 年,第 74 页。

第二节 《广韵声系》对《广韵》收字谐声系统的归纳

沈兼士在《声系编辑旨趣》中说:"至于反切等呼,均逐字注明,复以高本汉所拟切韵音标并记之,俾便研究读音问题。"周祖谟补识说:"每一主谐字或被谐字,于栏内既记其反切音读,栏外并记其纽韵等呼,及瑞典高本汉(B. Karlgren)所拟之切韵音值,以便比较研究。"对各字音读的详细标注是"比较主谐字与被谐字读音分合之现象"的前提。

下面将《声系》所列的各字的纽、韵、声、开合、等、反切以及拟音音值等要素罗列出来,从两方面进行分析:一、各级主谐字之间的音读联系,即一级主谐字与隶属于它的其他等级的主谐字之间的音读联系;二、同级子系统中主谐字与被谐字之间的音读联系。我们以《声系》收字最多的"57 古"为例。

一、各级主谐字之间的音读联系

级 数	主谐字	纽	韵	调	开合	等	反切	拟音
一级主谐字	古	见	姥	上	合	一	公户切	ᴄkuo
二级主谐字	居①	见	之	平	开	三	居之切	ᴄkjï
	居②		鱼				九鱼切	ᴄkįwo
	辜		模		合		古胡切	ᴄkuo
	酤①		模				古胡切	ᴄkuo
	酤②		暮	去			古暮切	kuoᴐ
	酤③	匣	姥	上			侯古切	ᴄɣuo
	敢	见	敢	上	开		古览切	ᴄkâm
	固		暮	去			古暮切	kuoᴐ
	苦①	溪	姥	上	合		康杜切	ᴄkʻuo
	苦②		暮	去			苦故切	kʻuoᴐ
	胡	匣	模	平			户吴切	ᴄɣuo

续 表

级　数	主谐字	纽	韵	调	开合	等	反切	拟音
三级主谐字	嫭	见	模	平	合	一	古胡切	$_{\subset}$kuo
	厰①	溪	敢	上	开		口敢切	$^{\subset}$k'âm
	厰②	疑	侵	平		三	鱼金切	$_{\subset}$ngiəm
	厰③	透	敢	上		一	吐敢切	$^{\supset}$t'âm
四级主谐字	嚴	疑	嚴	平	开	三	语醶切	$_{\subset}$ngiɒm
五级主谐字	巖	疑	衔	平	开	二	五衔切	$_{\subset}$ngɑm

　　说明：表中列入了又音，我们用下标带圈数字以示区别。如上表中"居"有两个读音，则用"居①、居②"表示。

　　由上表可知各级主谐字之间音读上的联系。我们从声纽、韵部两方面分析：

　　1. 从声纽上看：

　　（1）一级主谐字"古"与二级主谐字"居辜酤①酤②敢固"及三级主谐字"嫭"都属见纽 k；①

　　（2）二级主谐字"酤③"与"胡"字都属匣纽 ɣ，二级主谐字"苦①苦②"与三级主谐字"厰①"都属溪纽 k'。它们虽与"古"字之见纽 k 不同，但溪纽 k'与见纽 k 同属牙音，二者发音部位相同，因此是相近的关系。而匣纽 ɣ 为喉音，与见纽 k 发音部位虽不同，却较为接近；

　　（3）三级主谐字"厰②"与四级主谐字"嚴"、五级主谐字"巖"同属疑纽 ng，②疑纽 ng 与见纽 k 同属牙音，是有相似性的；"厰③"属透纽 t'，舌音透纽 t' 与牙音见纽 k，发音部位和发音方法都存在很大区别，它们之间的谐声关系就相差甚远了。

　　由此，我们可以总结出"古"系声纽谐声关系表：

---

① 本篇对于音标的标识省略"[　]"号。
② 此处 ng 实为 ŋ，《声系》标其为 ng，本篇以《声系》为研究对象，故从之。

一级	关系	声纽	二级	三级	四级	五级
古 见 k	相同	见 k	居辜酤①酤②敢固	嬞(辜)		
	相近	溪 kʻ	苦	厰①(敢)		
		疑 ng		厰②(敢)	嚴	巖
		匣 ɣ	酤③胡			
	不合	透 tʻ		厰③(敢)		

说明：①"一级"指"一级主谐字"，其他各"级"亦指各级主谐字，下表同。②括号内的字为该字的主谐字，如"嬞"的主谐字为"辜"。③有又音的字，如果声纽相同，则不再分注。如"苦"字有"苦①、苦②"二音，这两个音都为溪纽，则仅在表中录入"苦"字，不再区分苦①苦②。韵母相同的也依此处理。

2. 从韵母上看：

（1）模、姥、暮虽声调不同，但同属一韵部，即二级主谐字"辜酤固苦胡"与三级主谐字"嬞"都为鱼部。

（2）二级主谐字"居②"为鱼韵 ịwo，而与一级主谐字"古"的姥韵 uo 主要元音相近，只是韵头有所差异，它们同属一个韵部；二级主谐字"居①"为支韵 ji，与一级主谐字"古"的姥韵 uo 区别较大。

（3）二级主谐字"敢"与其被谐字，即三级主谐字"厰①、厰③"同属敢韵 âm，音值相同。而三级主谐字"厰②"、四级主谐字"嚴"和五级主谐字"巖"，分属侵 ịəm、嚴 ịɒm、衔 am 三韵，它们与二级主谐字"敢"字韵母 âm 主要元音相近，韵尾相同，同属一个韵部。二级主谐字"敢"及其牵起的各级主谐字与一级"古"字的韵则系联不起来。

"古"系谐声字韵母关系表：

一级	关系	韵	二级	三级	四级	五级
古 姥 uo	相同	模 uo	辜酤①胡	嬞(辜)		
		姥 uo	酤③苦①			
		暮 uo	酤②固苦②			
		鱼 ịwo	居②			
	不合	之 ji	居①			
		敢 âm	敢	厰①厰③(敢)		
		侵 ịəm		厰②(敢)		
		嚴 ịɒm			嚴(厰②)	
		衔 am				巖(嚴)

以"古"为一级主谐字的各级主谐字及被谐字的读音关系若网在纲,一目了然,其他各主谐字及被谐字的关系亦与此相似。

二、各级子系统中主谐字与被谐字之间的音读联系

我们从一级子系统"古"开始分析,顺次进行,直至最后一级子系统,即:五级"巖"子系统。下文各图左上方标明编号:"1-1"即一级子系统,"2-1"即二级子系统中的第一个谐声子系统,2-2即二级子系统中的第二个谐声子系统,依次类推。

与上文对各级主谐字之间谐声关系的分析一样,我们从中古音的角度、通过声韵两个方面,对每一级子系统进行分析。在分析过程中,是将各级子谐声系统中的谐声关系分为:声纽相同、声纽相近、声纽不合;韵母相同、韵母相近、韵母不合这六种情况来探讨的。

1-1

一级子系统"古"		纽	调	韵	开合	等	反切	拟音
主谐字	古		上	姥	合	一	公户切	$_{\subset}$kuo
被谐字	肐(同股) 罟 估 盬① 钴 㸎(俗殷) 诂 牯 沽① 盎	见	上	姥	合	一	公户切	$_{\subset}$kuo
	居①		平	之	开	三	居之切	$_{\subset}$kji
	居②			鱼			九鱼切	$_{\subset}$kjwo
	姑 辜 酤① 蛄 鸪 舭 沽② 蓏 盬② 觚			模	合		古胡切	$_{\subset}$kuo
	敢 㲄(籀文) 鼔(古文)		上	敢	开		古览切	$_{\subset}$kâm
	故 酤② 沽③ 固 痼		去	暮			古暮切	kuo$^{\supset}$
	枯 骷 殟 踞	溪	平	模	合	一	苦胡切	$_{\subset}$k'uo
	苦①		上	姥			康杜切	$_{\subset}$k'uo
	苦②		去	暮			苦故切	k'uo$^{\supset}$
	覩①	端	上	姥			当古切	$^{\supset}$tuo
	胡 頋 瓳 黏 粘	匣	平	模			户吴切	$_{\subset}$ɣuo
	怙 祜 岵 居② 酤③		上	姥			侯古切	$_{\subset}$ɣuo

从声纽看，一级子系统"古"内分为两种情况：

1. 被谐字与主谐字声纽相同，k（见，牙音）——k"肽罟估鹽钴羖诂牯沽盬居姑辜酤①②蛄鸪鴣沽寙鹽弧敢殻鼓故沽固痼"；

2. 被谐字与主谐字声纽相近，k（见，牙音）——k·（溪，牙音）"枯轱殆跍苦"、ɣ（匣，喉音）"胡頡瓳黏粘怙祜岵居②酤③"与 t（端，舌音）"居①"。

只有一个字与主谐字声纽不合："居①"，t（端，舌音）。

从韵母看，一级子系统"古"内分为三种情况：

1. 被谐字与主谐字韵母相同，uo（姥）——uo（模姥暮）"肽罟估鹽钴羖诂牯沽盬姑辜酤蛄鸪鴣沽寙鹽弧故沽固痼枯轱殆跍苦居胡頡瓳黏粘怙祜岵"；

2. 被谐字与主谐字韵母相近，uo（姥）——wo（鱼）"居②"；

3. 被谐字与主谐字韵母不合，uo（姥）——ji（之）"居①"、âm（敢）"敢殻鼓"。

2－1

二级子系统"居"		纽	调	韵	开合	等	反切	拟音
主谐字	居①	见	平	之	开	三	居之切	⊂kji
	居②			鱼			九鱼切	⊂kiwo
被谐字	窟据裾琚赌鹧蜛崌椐①涺莒腒①	见	平	鱼	开	三	九鱼切	⊂kiwo
	锯倨踞椐②锔鶋		去	御			居御切	kiwo⊃
	椐③	溪	平	鱼			去鱼切	⊂k·iwo
	腒②	群	平	鱼			强鱼切	⊂g·iwo

从声纽看，二级子系统"居"内有两种情况：

1. 被谐字与主谐字声纽相同，k（见，牙音）——k"窟据裾琚赌鹧蜛崌椐①②涺莒腒①锯倨踞锔鶋"；

2. 被谐字与主谐字声纽相近，k（见，牙音）——k·（溪，牙音）"椐③"与 g·（群，牙音）"腒②"；

从韵母看，被谐字与主谐字韵母相同，都为iwo（鱼、御）。

2－2

二级子系统"辜"		纽	调	韵	开合	等	反切	拟音
主谐字	辜	见	平	模	合	一	古胡切	꜀kuo
被谐字	楟① 鐪 嫭 膞	见	平	模	合	一	古胡切	꜀kuo
	楟②	溪					苦胡切	꜀k'uo

从声纽看,二级子系统"辜"内有两种情况:

1. 被谐字与主谐字声纽相同,k(见,牙音)——k"楟① 鐪 嫭 膞";

2. 被谐字与主谐字声纽相近,k(见,牙音)——kʻ(溪,牙音)"楟②"。

从韵母看,被谐字与主谐字韵母相同,皆为 uo(模)。

2－3

二级子系统"酤"		纽	调	韵	开合	等	反切	拟音
主谐字	酤①	见	平	模	合	一	古胡切	꜀kuo
	酤②		去	暮			古暮切	kuo꜄
	酤③	匣	上	姥			侯古切	꜂ɣuo
被谐字	酷	溪	去	暮	合	一	苦故切	k'uo꜄

二级子系统"酤"内被谐字与主谐字声纽相近,k(见)——kʻ(溪,牙音) "酷";韵母相同,都为 uo(暮)。

2－4

二级子系统"敢"		纽	调	韵	开合	等	反切	拟音
主谐字	敢	见	上	敢	开	一	古览切	꜂kâm
被谐字	橄 澉①	见	上	敢	开	一	古览切	꜂kâm
	矙①		去	阚			苦暂切	kâm꜄
	撖	溪	平	覃			口含切	꜀k'ậm
	㪚		上	敢			口敢切	꜂k'ậm
	撖②			嗛			苦减切	꜂k'ặm
	阚① 瞰 瞯 矙②		去	阚			苦滥切	k'âm꜄

续　表

二级子系统"敢"		纽	调	韵	开合	等	反切	拟音
被谐字	厰②	疑	平	侵	开	三	鱼金切	⊂ngiəm
	厰③	透	上	敢		一	吐敢切	⊂t'âm
	澉②		去	阚			吐滥切	t'âm⊃
	噉	定	上	敢			徒敢切	⊂d'âm
	猷①	初	去	鉴		二	楚鉴切	ts'am⊃
	瓍①	影	上	槛			於槛切	⊂am
	瓍①		去	鉴			音黯①	am⊃
	憨①		平	谈		一	呼谈切	⊂χâm
	阚②	晓	上	㺄			火斩切	⊂χɑm
	猷② 㵢			槛			荒槛切	⊂χɑm
	傲 諴①阚③		去	鉴		二	许鉴切	χam⊃
	諴②		入	狎			呼甲切	χap⊃
	撖②	匣	上	槛			胡黤切	⊂ɣɑm
	憨② 猷③ 諴③		去	阚		一	下瞰切	ɣâm⊃

从声纽分析,二级子系统"敢"内,分为三种情况:

1. 被谐字与主谐字声纽相同,k(见,牙音)——k"橄澉①瓍①";

2. 被谐字与主谐字声纽相近,k(见,牙音)——k'(溪,牙音)"撖①②厰①阚① 瞰瞰瓍②"与ng(疑,牙音)"厰②"、χ②(晓,喉音)"憨①阚②猷②㵢傲諴①②阚③"、ɣ(匣,喉音)"撖②憨②猷③諴③";

3. 被谐字与主谐字声纽不合,k(见,牙音)——t'(透,舌音)"厰③澉②"、d'(定,舌音)"噉"、ts'(初,齿音)"猷①"、ǿ(影,喉音)"瓍"。

从韵母分析,二级子系统"敢"内,分为两种情况:

1. 被谐字与主谐字韵母相同,âm(敢)——âm(谈敢阚)"橄澉瓍厰①③阚①

---

① "黯"字注"乙咸切",又"乙减切",《广韵声系》,第841页。
② 《声系》作"χ",本文从之。

瞰瞰噉憨猣③噉③”；

2. 被谐字与主谐字韵母相近，âm（敢）——âm（覃）"撖①"、ɑm（赚）"撖②"、įəm（侵）"厫②"、ɑm（槛鉴）"猣①②瞰噉俶噉①阚③撖②"及其入声 ɑp（狎）"噉②"与ɑm（赚）"噉②"。

2 - 5

二级子系统"固"		纽	调	韵	开合	等	反切	拟音
主谐字	固	见	去	暮	合	一	古暮切	kuo⁼
被谐字	稒痼锢鲴圖梒涸	见	去	暮	合		古暮切	kuo⁼
	箇個			箇	开		古贺切	kâ⁼
	嗗	匣	平	模	合	一	户吴切	꜀ɣuo
	姻①		上	姥			侯古切	꜀ɣuo
	姻②		去	暮			胡误切	ɣuo⁼
	涸		入	铎	开		下各切	ɣâk⁼

从声纽看，二级子系统"固"内有两种情况：

1. 被谐字与主谐字声纽相同，k（见，牙音）——k"稒痼锢鲴圖梒涸箇個"；

2. 被谐字与主谐字声纽相近，k（见，牙音）——ɣ（匣，喉音）"嗗姻涸"。

从韵母看，二级子系统"固"内有两种情况：

1. 被谐字与主谐字韵母相同，uo（暮）——uo（模姥暮）"稒痼锢鲴圖梒涸嗗姻"；

2. 被谐字与主谐字韵母不合，uo（暮）——â（箇）"箇個"与âk（铎）"涸"。

2 - 6

二级子系统"苦"		纽	调	韵	开合	等	反切	拟音
主谐字	苦①	溪	上	姥	合	一	康杜切	꜀k'uo
	苦②		去	暮			苦故切	k'uo⁼
被谐字	箁	溪	上	姥	合	一	康杜切	꜀k'uo
	楛	匣					侯古切	꜀ɣuo

从声纽看，二级子系统"苦"内分为两种情况：

1. 被谐字与主谐字声纽相同,kʻ(溪,牙音)——kʻ"筈";

2. 被谐字与主谐字声纽相近,kʻ(溪,牙音)——ɣ(匣,喉音)"秳"。

从韵母看,被谐字与主谐字韵母相同,都为 uo(姥)。

2 - 7

二级子系统"胡"		纽	调	韵	开合	等	反切	拟音
主谐字	胡	匣	去	模	合	一	户吴切	⊂ɣuo
被谐字	餬 瑚 湖 鶘 猢 醐 魝 糊 鬍 葫① 瘄 箶 葫	匣	平	模	合	一	户吴切	⊂ɣuo
	葫②	晓					荒乌切	⊂χuo

从声纽看,二级子系统"胡"内分为两种情况:

1. 被谐字与主谐字声纽相同,ɣ(匣,喉音)——ɣ"餬瑚湖鶘猢醐魝糊鬍葫①瘄箶葫";

2. 被谐字与主谐字声纽相近,ɣ(匣,喉音)——χ(晓,喉音)"葫②"。

从韵母看,被谐字与主谐字韵母相同,都为 uo(模)。

3 - 1

三级子系统"嬳"		纽	调	韵	开合	等	反切	拟音
主谐字	嬳	见	平	模	合	一	古胡切	⊂kuo
被谐字	簰	匣	平	模	合	一	户吴切	⊂ɣuo

三级子系统"嬳"内被谐字与主谐字声纽相近,k(见,牙音)——ɣ(匣,喉音)"簰";韵母相同,都为 uo(模)。

3 - 2

三级子系统"厰"		纽	调	韵	开合	等	反切	拟音
主谐字	厰	溪		敢		一	口敢切	⊂kʻâm
		疑	平	侵	开	三	鱼金切	⊂ngiəm
		透		敢		一	吐敢切	⊂tʻâm
被谐字	嚴	疑	平	嚴	开	三	语韖切	⊂ngiɒm

三级子系统"厰"内被谐字与主谐字声纽相同,皆为 ng(疑,牙音);韵母相近,为 ịəm(侵)——ịɒm(嚴)。

4－1

四级子系统"嚴"		纽	调	韵	开合	等	反切	拟音
主谐字	嚴	疑	平	嚴	开	三	语籤切	$_⊂$ngịɒm
被谐字	簾	疑	平	嚴	开	三	语籤切	$_⊂$ngịɒm
	巌 礮①			衔		二	五衔切	$_⊂$ngɒm
	儼 礮② 曮		上	儼		三	鱼掩切	$^⊂$ngịɒm
	釅		去	釅			鱼欠切	ngịɒm$^⊃$
	嘅		入	陌			宜戟切	ngịɒk$_⊃$
	玁	晓	上	琰			虚检切	$^⊂$χịäm

从声纽看,四级子系统"嚴"内分两种情况:

1. 被谐字与主谐字声纽相同,ng(疑,牙音)——ng"簾巌礮儼曮釅嘅玁";

2. 被谐字与主谐字声纽相近,ng(疑,牙音)——χ(晓,喉音)"玁"。

从韵母看,四级子系统"嚴"内分三种情况:

1. 被谐字与主谐字韵母相同,ịɒm(嚴)——ịɒm(嚴儼釅)"簾儼礮②曮";

2. 被谐字与主谐字韵母相近,ịɒm(嚴)——ɒm(衔)"巌礮①"、ịäm(琰)"玁";

3. 被谐字与主谐字韵母不合,ịɒm(嚴)——ịɒk(陌)"嘅"。

5－1

五级子系统"巌"		纽	调	韵	开合	等	反切	拟音
主谐字	巌	疑	平	衔	开	二	五衔切	$_⊂$ngɒm
被谐字	嘅	疑	平	衔	开	二	五衔切	$_⊂$ngɒm

五级子系统"巌"内被谐字与主谐字声纽相同,为 ng(疑,牙音);韵母相同,为 ɒm(衔)。

第三节 "古"类谐声字的
声韵关系分析

以上对各级子系统内谐声关系的分析,是立足于中古音。我们还可以按沈兼士的"比较主谐字与被谐字读音分合之现象"的旨趣,用上古音分析其中的声韵分合现象。事实上,谐声材料与上古音的关系更为密切,因而古音学家重视运用谐声字来研究上古音,这在"谐声字在古音学中的应用"这一部分中已经提到。我们把上文两个层次的分析结合起来。下面两图是根据《声系》中"古"类谐声字的读音归纳出的谐声关系,分别包括以"古"为声符的各谐声字间的韵部和声纽的关系。

一、以"古"为声符字韵部的谐声关系

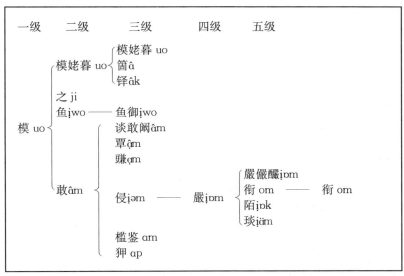

说明:若主谐字为又音字,则在各读音中选择与其被谐字声纽和韵母都相同的作为分析对象;若声纽或韵母不同,则参考其开合、等的性质,选择与其被谐字音读相同的作为分析对象。

我们对图中所示的谐声脉络做了如下五条总结,并逐条分析:

1. 模韵 uo——之韵 ji、鱼韵 ịwo、敢韵 âm

（1）模韵 uo（鱼部 ɑ）①——鱼韵 ịwo（鱼部 ɑ），二者在上古属于同一韵部，因此可以彼此相谐。

（2）模韵 uo（鱼部 ɑ）——之韵 ji（之部 ə）、敢韵 âm（谈部 am），它们在上古不属同一韵部，但鱼部 ɑ 与之部 ə 王力《同源字典》都归甲类；鱼部 ɑ 与谈部 am，主要元音相近。

2. 暮韵 uo——箇韵 â、铎韵 âk

（1）暮韵 uo（鱼部 ɑ）——箇韵 â（歌部 a），主要元音相近。

（2）暮韵 uo（鱼部 ɑ）——铎韵 âk（铎部 ak），它们在古韵中同属第五类。"同类的韵部由于主要元音相同，可以互相通转。其中关系最密切的有'之'和'职'，'幽'和'觉'，'宵'和'药'，'鱼'和'铎'，'支'和'锡'"。②

3. 敢韵 âm——覃韵 ậm、豏韵 ɑm、侵韵 ịem、槛鉴韵 am、狎韵 ɑp

（1）敢韵 âm（谈部 am）——槛鉴韵 am（谈部 am），上古属于同部。

（2）敢韵 âm（谈部 am）——狎韵 ɑp（葉部 ap），谈部 am 与葉部 ap 在上古同属第十一类，它们主要元音相同，有阳声韵尾和入声韵尾的区别，二者有阴阳对转的关系。

（3）敢韵 âm（谈部 am）——侵韵 ịem、覃韵 ậm、豏韵 ɑm（侵部 əm），它们的韵尾相同，主要元音相近。

4. 侵韵 ịem——嚴韵 ịɒm

侵韵 ịem（侵部 əm）——嚴韵 ịɒm（谈部 am），主要元音相近，韵尾相同。

5. 嚴韵 ịɒm——衔韵 om、陌韵 ịɒk、琰韵 ịäm

（1）嚴韵 ịɒm（谈部 am）——衔韵 om、琰韵 ịäm（"谈"部 am），在上古属于同一韵部。

（2）嚴韵 ịɒm（谈部 am）——陌韵 ịɒk（铎部 ak），二者主要元音相同，有阳声韵尾和入声韵尾的区别，它们之间有阴阳对转的关系。

---

① 我们使用的是王力《汉语史稿》对上古声韵系统的划分，详见本书附录一。
② 王力：《汉语史稿》，中华书局，2003 年，第 63 页。

我们发现,在整个"古"类谐声系统中,由二级主谐字"敢"系联来的带有"敢"声符的被谐字,与一级主谐字"古"的其他被谐字、其他二级主谐字及其被谐字,其韵母的谐声关系不易理解。然而"敢"字本身所在的二级子系统及其三级、四级、五级子系统,其韵母的谐声关系都是协调的。

以上是对"57 古"韵母谐声关系的分析,在分析其韵母分合演变的过程中,我们认为:在上古属于同一韵部的字,它们可以彼此形成谐声关系。而在上古属于同类韵部阴阳入的字,由于主要元音相同,也可以互为谐声。王力先生认为:"实际上凡同类的韵部,其谐声偏旁也可以相通。这是因为造字时代要比诗经时代早得多,少数谐声偏旁和诗经的韵部不一致,是因为诗经时代的语音系统已经起了变化的缘故。"①

段氏"同声必同部"的理论认为:"一声可谐万字,万字而必同部,同声必同部。"②通过分析,我们发现这条理论在此处也是有例外的。如:敢韵âm(谈部 am)与狎韵ɑp(葉部 ap),二者在上古并不属同一韵部。它们之间因有着阴阳对转的关系,而可以彼此相谐。

虽然,段氏的理论对之后的古韵学研究发挥了重要作用,但这一原则不是绝对的。王力先生对此提出了两点意见:一是"同谐声必同部"原则上是对的,但声符的认定还成问题,不能全依《说文》。二是"谐声时代与《诗经》时代不可混为一谈。谐声时代至少比《诗经》时代更早数百年。'凡同声符者必同部'的原则,在谐声时代是没有例外的,在《诗经》时代就不免有些出入了"。③

此外,潘悟云认为:"韵尾相同而主元音相近的韵母形态相关。"④在上文的分析中,敢韵âm(谈部 am)——侵韵iɐm、覃韵âm、赚韵ɑm(侵部 əm),侵韵iɐm(侵部 əm)——嚴韵iɒm(谈部 am),这两条都是主要元音相近、韵尾相同,可以互谐。

---

① 王力:《汉语史稿》,中华书局,2003 年,第 63 页。
② 段玉裁:《六书音均表一》,见《说文解字注》,上海古籍出版社,1988 年,第 817 页。
③ 郭锡良:《历史音韵学研究中的几个问题》,载《汉语史论集》,商务印书馆,2005 年,第 446 页。
④ 潘悟云:《汉语历史音韵学》,上海教育出版社,2000 年,第 127 页。

二、以"古"为声符字声组的谐声关系

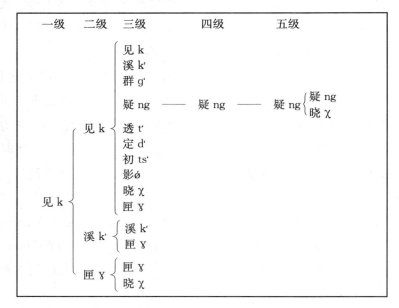

对图中所示的谐声脉络做了四条总结,现逐条分析:①

1. 见 k——溪 k‘、群 g‘、疑 ng、透 t‘、定 d‘、初 ts‘、影 ∅、晓 χ、匣 ɣ

(1) 见 k(牙音)——溪 k‘、群 g‘、疑 ng(牙音),它们在中古和上古同属牙音。发音部位都相同,只是发音方法有所区别。见 k 为不送气清塞音、溪 k‘为送气清塞擦音、群 g‘为送气浊塞擦音、疑 ng 为次浊非鼻音。

(2) 见 k(牙音)——影 ∅、晓 χ、匣 ɣ(喉音),牙喉相近,黄侃等学者认为它们在上古同属喉音。

(3) 见 k(牙音)——透 t‘、定 d‘(舌头音)、初 ts‘(正齿音),它们在上古未见有联系。

2. 溪 k‘——匣 ɣ

溪 k‘(牙音)——匣 ɣ(喉音),牙喉相近,黄侃等学者认为它们在上古发音部位相同。

---

① 见纽与溪纽、匣纽谐声的脉络包括在下文第一条脉络中,不再单列。

3. 匣 ɣ——晓 χ

匣 ɣ(喉音)——晓 χ(喉音),不仅在上古发音部位相同,在中古的发音部位也是相同的。

4. 疑 ng——晓 χ

疑 ng(喉音)——晓 χ(喉音),发音部位相同。

通过以上分析,我们可以看出:不同声纽的字,若发音部位相同,则可以互为谐声。而这些在上古发音部位相同的音,在中古,有的发音部位发生了变化,体现了声纽在历史演变过程中的分合情况。如上文分析中,中古的牙音见 k 与喉音匣纽 ɣ,发音部位是不同的,但按黄侃的说法上古却属于一类。关于这个问题,在分析中我们采用的是下面一些学者的观点,而分析结果也在一定程度上印证了学者们的观点。对于喉音与牙音在上古的归属问题,学者们对此研究颇多,我们略举三例。

早在民国初期,黄侃的古十九纽将"见、溪(群)、晓、匣、疑"定为浅喉音,"影(喻、于)"定为深喉音。① 黄焯《古今声类通转表》(1983)的出版说明言"按喉、牙二声本为同类,声的大类只可分为喉、唇、齿、舌四类",而将喉音与牙音统称为喉音。黄侃的观点可参见上篇第二章"唇音声纽的研究"。

李方桂在其拟定的两条谐声原则之一"上古发音部位相同的塞音可以互谐"中总结说:"舌根塞音可以互谐,也有与喉音(影及晓)互谐的例子,不常与鼻音(疑)谐。"②这条原则也符合我们所举的"57 古"的分合情况。

李新魁的《上古音"晓匣"归"见溪群"说》③一文,首先利用谐声系统、形声字声旁、汉字假借、古书通假、经籍异文、汉字又音、经籍注音、古籍声训等八类材料证明上古音"晓系"(牙音)和"见系"(喉音)原是合而不分;然后证明上古音"晓系"(喉音)也跟"见系"(牙音)一样念为 k、k'、g',魏晋以后才由塞音的 k、k'、g'变为擦音的 χ、ɣ,并且以一般音变规律(即舌根塞音变舌根擦音)、古今字演变和方言读音予以证明。

---

① 王力:《汉语音韵学》,中华书局,1956 年,第 401 页。
② 李方桂:《上古音研究》,商务印书馆,1980 年,第 10 页。
③ 李新魁:《李新魁自选集》,河南教育出版社,1993 年,第 1 页。

此外,还参考经籍异文材料:《诗·小雅·巧言》"僭始既涵",韩诗作"譖始既减"。"减"在见纽而"涵"在匣纽。《周礼·地官·载师》"任远郊之地"注:"古文书郊或作蒿。"杜子春云:"蒿读为郊。"郊,见纽,蒿,晓纽。《尚书·吕刑》"其审克之",《汉书·刑法志》作"其审核之"。克在溪纽,核在匣纽。[①]

由此也可知见纽 k 与匣纽 ɣ 相通,见纽 k 与晓纽 χ 相通,溪纽 k' 与匣纽 ɣ 相通。

通过对"古"类谐声系统的分析,我们发现,将《声系》中的谐声材料用于古音分析,确实是有价值的。我们仅仅分析了四十一声类中"见"类的"古"系谐声系统,若对《声系》提供的整个谐声系统分别进行声韵的分析,可以得出更为系统的全面的规律。需要注意的是,谐声材料不是研究上古音的唯一材料,对谐声关系的分析也是有其局限性的。

史存直先生说:"谐声材料也有缺点,我们应该知道,那就是谐声字本来就未必和它的'声符'严格同声同韵;而且就全体谐声字来说,它既不是一时一地的人所造,就难望系统内部没有参差龃龉现象。"[②]

赵诚先生说:"古汉字在实际运用中,各个时代在各自音读系统的基础上不断产生着各种新的谐声关系。各方言区产生的各谐声关系和各时代所产生的各谐声关系并不都受所谓的统一音系的约束。在语言交流中,已有的有着各种矛盾的谐声关系被互相交流、互相认识、互相借鉴、互相采用甚至是互相排斥,各时代又在各自音读系统的基础上不断产生着各种新的谐声关系,又带来了一些新的矛盾。"[③]

这些观点对《声系》谐声系统来说,也同样具有指导意义。《声系》谐声系统中也有可能存在地区的方言因素和历史的时代因素,存在这两种因素相互渗透的复杂情况。因此,我们在利用谐声的同时,要先将其作具体、深入的甄别和考察,才能够更科学地研究古音。

---

① 李新魁:《汉语音韵学》,北京出版社,1986 年,第 97 页。
② 史存直:《汉语语音史纲要》,商务印书馆,1981 年,第 6 页。
③ 赵诚:《〈说文〉谐声探索(三)》,《古代文字音韵论文集》,中华书局,1991 年,第 251 页。

  史存直认为,对谐声关系的考察必须要与古籍、《广韵》谐声系统相结合。耿振生也对"谐声推演法"提出建议:"在归纳韵部时,凡是谐声关系跟诗文押韵不一致的,应以押韵为准;分析谐声关系,应有'量化'意识。"①

  综上所述,从谐声字字典的角度看,《声系》正如沈兼士所说:"就《广韵》每韵中取其声母以为纲,凡从之为声者依次件系于下。其流衍之势,出入之数,务使别白详晰,一览无遗。庶几纵可以回溯千余年声母递次转变之轨迹;横可以钩稽二百六韵分合相互之关系;至二徐以来所订《说文》形声之是非;以及古音中上去入三声有无及分合之说;皆可不假外证,轶然就理。"②

  《声系》为我们提供了庞大的《广韵》收字的谐声系统,并在兼顾各字于《广韵》中韵次的同时,将各字分布到四十一声类中,可谓是对谐声系统研究方法的一大进步,不仅有利于"比较主谐字与被谐字读音分合之现象",也有利于全面系统地分析谐声字在上古的声韵关系,促进上古音研究。

---

① 耿振生:《20世纪汉语音韵学方法论》,北京大学出版社,2004年,第102页。
② 沈兼士:《广韵声系叙及凡例》,《沈兼士学术论文集》,中华书局,1986年,第11页。

第四章 《广韵声系》中体现出的 学术观点

　　《声系》作为一部字典,在体现《广韵》收字谐声系统时,标识了各字的声类、韵母、开合、等、反切以及拟音。《声系》对各字的标注是以明确的声韵系统、等呼系统、拟音系统为基础的。《声系》对民国时期众说纷纭的研究成果取舍和完善的过程,体现了沈兼士的音韵学观点。在第一节中,我们将分析《声系》对黄侃的声类系统、《七音略》等呼系统的选择及对高本汉拟音系统的取舍。此外,沈兼士《右文说在训诂学上之沿革及其推阐》一文多处与《声系》之间有联系。《声系》不仅体现了谐声系统,对字义也有所体现。第二节探讨沈兼士的"右文"观点,并将《声系》与段注作比较,分析《声系》中所见的汉字音义关系。

第一节 《广韵声系》中所见之 音韵学观点

一、《声系》以四十一声类为框架

　　《声系》是以《广韵》为底本的,在编排中遵循《广韵》的声韵系统。学者们对《广韵》韵类的研究是比较成熟的,对于《广韵》声类的研究却存在着争议。《声系》选择的是黄侃的四十一声类。

　　陈澧(1810—1882)是汉语音韵学史上第一个明确宣称根据《广韵》反切来

系联《广韵》声韵系统的人。他在《切韵考》卷一中说："切韵之法,以二字为一字之音,上字与所切之字双声,下字与所切之字叠韵;上字定其清浊,下字定其平上去入。"①并根据基本条例、分析条例和补充条例,将《广韵》的 452 个反切上字系联出四十个声类。这种系联法合乎形式逻辑,具有一定的科学性。②

民国初年张煊认为:"陈氏于《广韵》所互注之切语,实未尽考,煊尝考《广韵》一字两音之互注切语,知陈氏所分之四十类,尚大有可合者在。声类四十,尚非切语之本真。"③这是由于陈澧在实践中,并没有完全遵守自己定的条例,尤其是补充条例运用得不一致,即对于基本条例系联不起来的情况,有的用补充条例将它们合并为一类,有的又不用补充条例而将它们分为两类。如唇音的"明"跟"微",他用了补充条例将它们合并了。而同是唇音的"帮"和"非""並"和"奉",他却没有用补充条例而将它们各分为两类。④且"《广韵》反切本身不成系统,未经彻底整理,况又包含早期反切,结果模式不一,因此所系联的结果,不尽为实际音类,故必须参考等韵图表和语音演变理论,以补其不足"。⑤

黄侃(1886—1935)和钱玄同(1887—1939)不同意陈澧合并"明"母和"微"母两类,他们都主张《广韵》有四十一个声类。钱玄同于《黄侃音学九种·序》中记:

> 乙卯仲春,黄君季子来都中,语余曰:"顷抽绎声韵,有所著录。知守温卅六字组,未足据信,当从陈氏《切韵考》,区喻组为二,照穿床审四组为八,而明微分二,则从守温。又古音即在《广韵》之中,凡舍《广韵》而求古音者,皆妄也。"⑥

此序作于乙卯年,即 1915 年。《声系叙及凡例》发表于民国九年(1920),

① 陈澧:《切韵考》,北京市中国书店,1984 年,第 2 頁。
② 见唐作藩:《音韵学教程》,北京大学出版社,2013 年,第 73 頁。
③ 转引自唐作藩:《音韵学教程》,北京大学出版社,2013 年,第 75 頁。
④ 见唐作藩:《音韵学教程》,北京大学出版社,2013 年,第 74 頁。
⑤ 严学宭:《广韵导读》,巴蜀书社,1990 年,第 50 頁。
⑥ 钱玄同:《手录〈黄侃音学九种〉序》,《钱玄同文集》(第四卷),中国人民大学出版社,1999 年,第 131 頁。

《声系》在民国声类研究发端时期,采用黄侃四十一声类,体现了沈兼士在《广韵》声类系统方面的音韵学观点。下文所探讨的沈兼士用黄侃四十一声类改变高本汉拟音,也是基于其音韵学观点。

二、《声系》与高本汉的拟音

魏建功先生曾于民国二十二年(1933)在写给沈兼士的信中提议:"大抵声纽可按其今音(《切韵》以降)上推。至于韵类,惟音尾阴阳入之大齐可别,主韵音值极难估定。古音系尚无定论,注音莫若取《广韵》声纽韵部为标准兼记等第,要不失为音史上之记述,学者可以共喻。"①《声系》以《广韵》为底本,反映了《广韵》韵字的谐声系统,在对各字标注纽、韵、反切、开合、等的同时,也标注了高本汉的拟音音值。这反映了沈兼士于民国时期与时俱进、承古接西的时代精神。同时,这也是对音韵学中的谐声研究具有创新意义的推进。

沈兼士曾于民国二十四年(1935)为魏建功先生《古音系研究》作序说:"民国以还,西洋发音学渐传至中土,于是音韵学乃进而为理论的研究,脱离小学附庸之地位未然独立,一如曩者小学之于经学焉。此古音研究之沿革大略也。"②

我们需对时代背景有所了解。1923 年,钢和泰在北京大学《国学季刊》发表《音译梵书与中国古音》一文。他提议中国学者注重梵语之类的古音材料,把古译音研究出来,中国音韵沿革史可以得到许多旁证。汪荣宝(1878—1933)在《国学季刊》中发表论文,响应这个提议,他认为:"夫古之声音既不可得而闻,而文字又不足以相印证,则欲解此疑问者,惟有从他国之记音文字求其与中国古语有关者,而取为旁证而矣。"③这引发了五四以后古音学研究的第一次大辩论,章炳麟、徐震、唐钺、钱玄同、林语堂等人都参与其中。这对研究古韵音读方法的创新具有重要意义,沈兼士亦是汲取了这一进步成果。

然而,周祖谟补识《声系叙例》说:"惟高氏所拟之《切韵》读音,屡有更易,

---

① 沈兼士:《沈兼士学术论文集》,中华书局,1986 年,第 75 页。
② 魏建功:《古音系研究》,中华书局,1996 年,第 3 页。
③ 陈复华、何九盈:《古韵通晓》,中国社会科学出版社,1987 年,第 392 页。

今之所标,乃据其《分析字典》《诗经研究》及《汉语词类》等书,参订而得,学者自可翻检原书。"《声系》并未直接使用高氏《中国音韵学研究》对《切韵》音系的拟音,这是受古音学研究第二次大辩论的影响。高氏继《中国音韵学研究》一书出版后,于1923年出版了《汉字与汉日分析字典》,以中古音为标准,根据谐声字来构拟上古音读。在与德国的西门华德辩论韵尾辅音的构拟和与林语堂、李方桂辩论主要元音的构拟过程中写出《汉语词类》等著作与论文。也正是由于反复辩论,才使得古音构拟日趋完善。但学界对古音构拟一直没有一致的看法,《声系》便结合与其相关的著述,参订出相对合理的音值。

我们结合高氏《中国音韵学研究》中所构拟的音值,略与《声系》作比较,发现其声纽构拟的一些不同之处,取以下三例分析:

声 纽	《声系》所拟音值	高氏所拟音值	例 字
初	ts'	tṣ'	又
床	dz'	dẓ'	查
山	s	ṣ	纱

表中二者的区别在于对"初、床、山"(照₂)的构拟。沈兼士不取高氏所拟音值的原因是:高氏的拟音系统与《声系》遵循的黄侃四十一声类系统不协调。

按黄侃四十一声类对古本纽和古变纽的划分,《声系》四十一声纽的拟音如下:

喉音	影·(喻ȣ于ɑ́)	晓 χ	匣 ɣ		
牙音	见 k(群 g')	溪 k'	疑 ng		
舌音	端 t(知 t̂ 照 tṣ)	透 t'(彻 t̂' 穿 tṣ' 审 ṣ')	定 d'(澄 ḓ' 神 dẓ' 禅 ẓ')	泥 n(娘 ṅ 日 ń)	来 l
齿音	精 ts(庄 tṣ)	清 ts'(初 tṣ')	从 dz'(床 dẓ')	心 s(山 ṣ 邪 z)	
唇音	帮 p(非 p)	滂 p'(敷 p')	並 b'(奉 b')	明 m(微 m)	

(说明:括号外为古本纽,括号内为古变纽)

可见，《声系》的拟音与黄氏古本纽与古变纽的划分是严格对应的。黄氏是将照组二等字"初、床、山"分别归于齿音精组的"清 tsʻ、从 dzʻ、心 s"的。

高本汉的观点与黄侃不同，他认为庄组与精组在上古有不同的来源，而将"庄初崇山"分为两类，认为第一类在上古是 tʂ、tʂʻ、dzʻ、s（并入"精清从心"），第二类是 tʂ、tʂʻ、dzʻ、ʂ（详见本书附录一）。"他的分类标准是按《广韵》的韵目：凡属江臻删山咸衔庚耕（及其入声）佳皆看等韵的字，都归入'精清从心'去。事实上，他是因为这些韵没有精系一等字，所以才把照系二等的庄初崇山拟成 ts、tsʻ、dzʻ、s，也不会发生冲突"。①

董同龢解决庄组、精组在三等韵的冲突时也没有采用高本汉的做法，他认为"由上古变来的二等字到中古因为元音、韵尾、声调等等性质的不同有一部分加上了介音变成了三等字"。② 陆志韦也同意庄精归一，认为两者是因为介音的区别而有不同的演变，中古庄组的来源可用公式表示为：tsɪ（精）＞tʃɪ（庄）。民国以后，李方桂继承了这个结论，认为："上古 tsr-，tshr-，dzr-，sr-＞中古照二 tʂ，穿二 tʂh，床二 dʐ，审二 ʂ"。③

王力先生曾评价高氏对照组二等字的构拟："这种取巧的办法是缺乏科学性的。例如'数'字有三音，一音在遇韵，一音在虞韵，另一音在觉韵，该把它拟成 s，还是拟成 ʂ 呢？高本汉把前两音拟成 sl-，后一音拟成 s-，并没有解决这个问题。"④

黄氏与高氏对照组二等字归属的观点存在差异，沈兼士借鉴和使用现代标音工具时，考虑到《声系》的拟音系统要与声类系统相协调，便用黄侃的观点改变高氏拟音，以达到统一。可以说，在《声系》编纂的时代，沈兼士在一定程度完善了高氏拟音。《声系》将高氏拟音与黄侃四十一声类相结合，这不仅在民国时期，在现代的古音研究中也是有价值的。

---

① 王力：《汉语史稿》，中华书局，2003 年，第 68 页脚注②。
② 董同龢：《上古音韵表稿》，《中研院历史语言研究所集刊》第 18 本，1945 年，第 19 页。
③ 李方桂：《上古音研究》，商务印书馆，1982 年，第 15 页。
④ 王力：《汉语史稿》，中华书局，2003 年，第 68 页脚注②。

三、《声系》中对中古韵母的认识

关于等呼,周祖谟补识《声系叙例》说:"至于等呼之说,皆以《韵镜》《七音略》为准,《四声等子》《切韵指掌图》与《广韵》不尽相合,故不取焉。"从中可看出沈兼士对这四种韵图的认识。

韵图是以声韵相配来表示整个语音系统全貌的。现存最早的韵图是《韵镜》和郑樵(1104—1162)的《七音略》,它们的体例大致相同。若从韵部次序上考察,"《韵镜》与李舟《切韵》相近,把覃谈等韵排在侵韵之后,《七音略》把覃谈列于阳唐之前,跟法言韵书相近"。① 这样的次序"虽跟《广韵》的韵部次序不尽相同,它们毕竟是大致相同的",②依据都是《切韵》系韵书。

杨军《七音略校注·自序》中说:

> 本书所列字形与《广韵》相近,或所见本《广韵》反切下字尚误欤?……《七音略》虽已改早期韵图之原貌,然于中古音之研究,并非毫无价值。③

王力先生说:"以后出现的韵图都不出这两类的范围:一类是根据传统的音韵学的;一类是根据当代语音的。"而后来出现的《四声等子》《切韵指南》和《切韵指掌图》便属于后者。它们都将之前的四十三韵图简化成二十图或二十四图,都以入声兼配阴阳,这与之前的韵图大不相同。"关于入声的分配,异平同入是《四声等子》《切韵指南》《切韵指掌图》这三部书的共同特点。在《韵镜》《七音略》两书里,入声韵之配鼻音韵尾的韵;在《四声等子》《切韵指南》和《切韵指掌图》里,[k]尾和[t]尾的入声韵除仍配鼻音韵尾的韵以外,还配元音收尾的韵。"这说明"当时入声已经逐渐消失,与《中原音韵》的韵母系统很相近似"。结合《声系》的编纂年代,沈兼士或许已早有此见。

---

① 何九盈:《中国古代语言学史》,北京大学出版社,2006 年,第 152 页。
② 此处与下文未标注的引文摘自王力《汉语音韵》,中华书局,1963 年,第 95、107、112 页。
③ 杨军:《七音略校注》,上海辞书出版社,2003 年,第 6、7 页。

第二节　沈兼士对汉字音义关系的认识

一、沈兼士"右文说"与《声系》

沈兼士著有《右文说在训诂学上之沿革及其推阐》一文,文中对右文说发展史上诸家的观点作了介绍和评价。材料之丰富,考证之精细,让人叹服。在此基础上,沈兼士将文字的形、音、义紧密结合,提出了较为科学的右文观点。《声系》亦是将汉字形音义结合的杰作。编辑旨趣之一"提示主谐字与被谐字训诂上文法上之各种关系",《声系》的编纂不仅是为了梳理形声字的谐声系统,还在于展现主谐字与被谐字在形、音、义方面的联系,及探究文字的分合衍变。

在《右文说在训诂学上之沿革及其推阐》"引论"中,沈氏提出三事尤为急务,其中第二事是:

> 清钱塘欲"取《说文》离析合并,重立部首,系之以声。而采经传训诂及九流百氏之语以证焉",惜其书未成。它家如《说文声系》等书,其目的只在分别古韵部居。即朱氏之《通训定声》,亦与右文无直接之关系。今当略师钱氏之意,自《说文》以降《玉篇》、《广韵》、《类篇》、《集韵》之字,概依右文之定律,据声系字,逐字标义,诸义引申,又须考订时代,次列先后,以为右文史料之长编,此又一事也。①

并认为此"于考订中国语言之发展,文字之孳乳,训诂之流变,均有极重要之关系。换言之,即异日之中国大字典必须建设于此基础之上,而后于事有济"。②而于通篇论证后,文末又提及此:

---

① 摘自沈兼士《右文说在训诂学上之沿革及其推阐》,《沈兼士学术论文集》,中华书局,1986 年,第 75、155 页。

② 同上注,第 75 页。

窃谓研究右文,不宜仅限于《说文》,当依上文所说取《说文》、《玉篇》、《广韵》诸字,统以声系,由考诸旧书雅记今俗方言,准右文之原则,排比时代,分别义类。本此材料,(一)可以分训诂之系统,(二)可以察古音之变迁,(三)可以穷语根之起源,(四)可以溯语词之分化,盖一举而四用备焉。

沈兼士《声系》的编辑旨趣中有两条与此相合,即"提示主谐字与被谐字训诂上文法上之各种关系"与"比较主谐字与被谐字读音分合之现象"。而《声系》以《广韵》为底本,旁考《说文》《玉篇》《类篇》《集韵》,据声系字,逐字标义,虽不敢说是沈兼士所说的"异日之中国大字典",也可算是对"右文史料之长编"的尝试。

二、沈兼士"右文说"音义关系理论在《声系》中的体现

(一) 沈兼士对"右文"范围的确定

在"右文"研究中,与前人不同的是,沈兼士明确提出了"声符"与"右文"的区别与联系,并确定"右文"的范围。他认为:

> 形声字不尽属右文,其理至明,其事至显。而自来倾信右文之说者,每喜抹杀声母无义之形声字,一切以右文说之,过犹不及,此章氏之所以发"六书残而为五"之叹也。[①]

沈氏所说的"声母"即声符。他的意思是:形声字中,声符有意义者,属于"右文",声符无意义者,并不属于"右文"。"右文"与形声字是有音义两方面联系的,并不局限于音读一方面。

---

① 此段与下文沈先生对声训的分类分别摘自沈兼士《右文说在训诂学上之沿革及其推阐》,《沈兼士学术论文集》,中华书局,1986 年,第 122、82 页。

《声系》在列出各字读音的同时,也列出了各字的意义,这有利于考察同声符字中的"右文",形成汉字形音义关系的系统。

沈兼士还将声训范围进行分类:一为"泛声训",即用一切音同或音近(双声或叠韵)的字相互训释;二为"同声母字相训释",即用声符相同的字相互训释。

"同声母字相训释"的范围被分为三类。分类前,沈氏先明确:若以 x 为声符,则 ax,bx,……等为具有同一声符的形声字。三类分别为:

(1)用声符训释形声字,ax:x

(2)用形声字训释声符,x:ax

(3)用具有同一声符的形声字相互训释,ax:bx

右文与声训中的"同声母字相训释"不同,公式为:(ax,bx,cx,dx……):x。即"右文"以"一组"同声符字为考察对象,是以声符训释一组同声符字的。

沈兼士说:"惟右文须综合一组同声母①字,而抽绎其具有最大公约数性之意义,以为诸字之共训,即诸语含有一共同之主要概念,其法较前二者为谨严。"的确,沈兼士的"右文说"突破了前人声训研究中同声符字两两相对的局限,这不仅扩大了同源词的系联规模,也在一定程度上遏制了声训中的主观随意性。

在《声系》中,我们可见多组"同声符字"的出现,各组同声符字都以声符为其主谐字,以具有相同声符的形声字为被谐字,且层级分明,最多的系联到了第五级。不得不说,《声系》成组地布列大量"同声母字",是沈兼士对"右文"定义的实践。

(二)沈兼士对"右文"的训释

沈兼士认为,音义关系对"右文"的训释有着重要作用。我们从沈兼士对"右文"训释的分析可见音读联系对于"右文"训释的价值,以及音义结合的重要性:

---

① 沈兼士作"声母",与我们在本节讨论的"声符"是同一概念。

　　　　右文有由本义分化及由借音分化两派。前者，其义有本义与引申义
　　之别；后者，其本字有可知及不可知之分，此就单音符而言也，若夫复式音
　　符，则排比归纳，更为繁杂。且右文之字，非作于一时一人之手，应具有纵
　　横两面之演化，故既须明了古音，而又不可过拘。经之以训诂，纬之以声
　　音，古音之转变或可转因右文之轨迹而益明其线索也。①

　　沈氏所说的"音符"亦即"声符"。"右文"的释训较为复杂，将其与音义关系
相联系有利于探索"右文"的衍变轨迹。如：沈兼士将"右文"分为"由本义分
化"和"由介音分化"两个部分，就是利用音义关系探寻"右文"衍变线索的
尝试。

　　我们从沈先生总结的"右文之一般公式"及其对"非"字的释例，探讨他是
如何利用音义关系训释"右文"的。

　　1. "右文之一般公式"：②

$$
音符
\begin{cases}
单式——音符即本义者 \\[4pt]
复式——音符仅借音者
\begin{cases}
有本字者 \\
无本字者
\end{cases}
\end{cases}
$$

　　可以看出，在对"右文"的"声符"进行分析时，沈兼士先将声符分为两种
情况：

　　（1）"单式音符"，即所考察的"右文"的意义与其声符的本义相同，它们之
间有音读联系和意义联系。

　　（2）"复式音符"，即所考察的"右文"的意义与其声符的本义不同，它们之
间仅有音读联系，该字带有其声符本义之外的意义。在这种情况中，又有如下
分类：一为有本字者，即该字的声符被假定为与其同音异义的字，该字的意义
与假定声符的意义是相同的；二为无本字者，即该字带有另一义，而找不出与
其声符有假定关系的字。

---

　　① 沈兼士：《右文说在训诂学上之沿革及其推阐》，《沈兼士学术论文集》，中华书局，1986 年，第
155 页。
　　② 同上注，第 124 页。

在公式中,能看到沈兼士的"右文"训释对音义联系的应用。

2. 将沈兼士以"非"为声符的"右文"训释整理如下:

本　义			(分违义)辈排扉悲騑斐棐诽辈
借　音	有本字者	本字假定为飞	(飞扬义)𦰩蠢斐䨾裵俳
		本字假定为肥	(肥义)腓
	无本字者		(赤义)痱菲绯翡
			(交文之编织物)匪扉罪

由表可见,对应上条沈兼士的右文公式,对以"非"为声符的"右文"的训释,沈兼士先将其分为"本义"和"借音"两个方面:

(1) 本义,即与声符"非"的本义"分违义"相同的,"辈、排、扉、悲、騑、斐、棐、诽、辈"各字的意义都与"分违义"相关。在这里,声符"非"便是这些字的"单式音符"。

(2) 借音,即与声符"非"的本义不同的。对应公式,在对借音的分类中有两种情况:

A. 有本字者,即声符"非"被假定为与其音同义异的"飞"字,那么,"𦰩、蠢、斐、䨾、裵、俳"都带上了假定声符"飞"的意义,即飞扬义;同样地,声符"非"被假定为与其音同义异的"肥"字,那么,"腓"带有假定声符"肥"的肥义。

B. 无本字者,即声符"非"没有与其有假定关系的字,但带有该声符的字带上了其他意义,"痱、菲、绯、翡"带有赤义;"匪、扉、罪"带有交文之编织物义。

可见,将音义关系用于对一组同声符字的训释,有利于我们更深入地探究文字形、音、义方面的孳乳衍变。结合《声系》中的"374 非"(第 450 页),一级主谐字"非"统领的 51 个被谐字(又音不另算为一字)与二级主谐字"匪、棐、斐、痱、罪"等统领的被谐字共 9 个被谐字之间的音义关系如下:

"赤义"字	声	韵	等	呼	义
绯	非	微	三	合	绛色
翡	奉	未	三	合	赤羽雀也
䊮	清	贿	一	合	赤米

"飞扬义"字	声	韵	等	呼	义
霏	敷	微	三	合	雪貌
斐	敷	微	三	合	往来貌
坒	奉	未	三	合	尘也

由此,沈兼士将"右文说"的观点应用于"音读关系""字义关系"之间的联系。若从文字的音义关系角度考察,《声系》系统地罗列了众多成组的同声符字,做到了《右文说在训诂学上之沿革及其推阐》文末提及的"可以分训诂之系统,可以察古音之变迁,可以穷语根之起源,可以溯语词之分化"。该文于民国二十二年(1933)载于《中研院庆祝蔡孑民 65 岁纪念论文集》,而《声系》正式编纂的时间是 1933 年,我们已于第一章得知沈兼士编纂《声系》是早有酝酿的,结合《声系》的编纂旨趣,可以认为,《声系》是对《右文说在训诂学上之沿革及其推阐》一文中设想的实施。

三、沈兼士文字形音义结合思想在《声系》中的应用

上文,我们分析了沈兼士"右文观"对音义关系的认识,及《声系》对它的体现。接下来,我们从《声系》出发,分析《声系》对沈兼士这一认识的应用。

清代学者们多用《说文解字》考求文字之间的谐声关系,《声系》"谐声字之排列依据《说文》而作"。段氏《说文解字注》是对传统小学研究的发展,它注意到了同一声符的字在意义上的关联。我们选择"段注"与《声系》作比较,以"于"和"力"为例,分析二者在体现音义联系方面的差别。在分析过程中,我们只录入《声系》的反切音读。

（一）于

1. 《声系》中以"于"为声符的例字：

(788 于)一级子系统"于"　939 页①			
主谐字	于	羽俱切	曰也，於也，姓
被谐字	芋	羽俱切	草盛貌
		王遇切	蹲鸱
	宇	王矩切	宇宙也，又大也
	吁	王遇切	疑怪辞也
		况于切	叹也
	訏	况于切	大也

2. 《说文》段注②中以"于"为声符的例字：

亏部"亏（于）"；于皆广大之义。（204 页）③

艸部"芋"；大叶实根骇人，谓之芋也。口部曰：吁，惊也；毛传曰：訏，大也。凡于声字多训大，芋之为物，叶大根实。二者皆堪骇人。故谓之芋。（24 页）

言部"訏"；诡讹也。一曰訏誓，今字作吁嗟，此别一义。（99 页）

亏部"吁"（"口"部下释《说文》见"亏"部）；惊语也，按于（亏）有大义，故从于之字多训大者。芋下云，芋之为物叶大、根实，二者皆堪骇人。（204 页）

宀部"宇"；屋边也。引申之义又为大。上下四方谓之宇，往古来今谓之宙。上下四方者，大之所际也。（338 页）

3. 分析：

（1）声符"于"有"大"义，以该字为"右文"的字在意义上都与"大"义相关。

（2）《说文》中，"于"被置于"亏"部，段注仍将其置于"亏"部。从《声系叙

---

① 此为见于《声系》的页码。下表同。
② 许慎撰，段玉裁注：《说文解字注》，上海古籍出版社，1988 年。
③ 此为见于"段注"的页码，下文从之。

例》中,我们得知《声系》的谐声字排列是依据《说文》而作。《声系》也收了带有声符"亏"的形声字,排列在"788 于"的各级主谐字之下。

(3)《声系》中可明显看出"又音"与字义之间的联系。如:"芋"字一音意义为"草盛貌",一音释"蹲鸱";"吁"字王遇切一音释"疑怪辞也",况于切一音释"叹也"。

(二) 力

1.《声系》中以"力"为声符的例字:

(922 力)一级子系统"力" 1076 页			
主谐字	力	林直切	筋也
被谐字	朸	林直切	平原有朸县
		卢则切	木之理也
	勒	卢则切	马勒为辔
	肋	卢则切	脅肋
	扐	卢则切	筮者著蓍指间
	阞	卢则切	地脉理阞
	仂	林直切	不懈
		卢则切	《礼》:祭用数之仂

二级子系统"阞"			
主谐字	阞	卢则切	地脉理阞
被谐字	泐	卢则切	凝合

二级子系统"仂"			
主谐字	仂	林直切	不懈
		卢则切	《礼》:祭用数之仂
被谐字	泐	林直切	水凝合皃

2.《说文》段注中以"力"为声符的例字：

力部"力"；筋也，象人筋之形，象其条理也。人之理曰力，故木之理曰朸，地之理曰阞，水之理曰泐。（699 页）

革部"勒"；马头落衔也。落、络古今字。《释名》：勒，落也，络其头而引之。（110 页）

月部"肋"；胁骨也。亦谓之榦，榦者，翰也。如羽，瀚然也。（169 页）

木部"朸"；木之理也，从木力声，以形声包会意也。阞下曰地理，朸下曰木理，泐下云水理，皆从力。力者，筋也，人身之理也。（252 页）

水部"泐"；水石之理也。阜部曰：阞，地理也；木部曰：朸，木之理也，其字皆从力。力者，人身之理也，从水阞声，形声包会意，大徐无声字。（559 页）

手部"扐"；易筮，再扐而后卦。卦，今易作掛。（607 页）

阜部"阞"；地理也……按力者，筋也。筋有脉络可寻，故凡有理之字皆从力。阞者，地理也；朸者，木理也；泐者，水理也；手部有扐，亦同意。（731 页）

3. 分析：

（1）从《声系》和段注看，声符"力"有"筋"义，该字的"右文"在意义上都与"筋"义相关。

（2）《声系》中"朸"有又音，其意义分别为与"筋"义相关的"木之理"义，和"筋"义无关的"县名"。"扐"的林直切一读义为"不懈"，有尽力义；卢则切一读为"祭用数之扐"，据郑玄注，"扐"指总数的十分之一，似与"筋"义无关。两例显示，意义不同，读音相异。

（3）此例反映出《声系》对声符层级的归纳。"力"为"阞"字的声符，"阞"又为"泐"字的声符，"泐"的"凝合"义，卷子本《玉篇》水部："泐，《说文》：'水凝合之理也'。"[①]与其声符"阞"的"地理"义相关；与此相似，《声系》中出现了《说文》未收的"仂"和"洬"字，"仂"以"力"为声符，"洬"以"仂"为声符，其意义"水凝合皃"与声符"仂"的"不懈"义有相关性。

---

① 汉语大字典编辑委员会：《汉语大字典》，四川辞书出版社、湖北辞书出版社，1990 年，第 1576 页。

通过以上比较,我们可以得出以下结论:

从各字归属的形声字声符及在书中出现的位置,可以直观地看出,段书中的同声符字散见于各部下,且不以共同的声符分类。段氏虽然认识到了同一声符的字在意义上的联系,及声符对训释的作用,却未改变《说文》的编排方法。《声系》在罗列具有相同谐声偏旁的字群这一方面,仅寻检声符(即一级主谐字)便可以囊括带有该声符的字,对归纳上古声纽和韵部非常方便。

《声系》总结和归纳了形声字中的各级声符,使每一形声字有条理地置于各级声符之下,这样的做法"突出了文字的基本构件及组合发展轨迹,使形声字母子相生、由微孳众之迹,脉络分明"。① 如上文"力"例中的"泐""洡",我们可以清晰把握它在各级声符中的轨迹:力——防——泐,力—仂—洡。

《声系》的谐声系统"提示主谐字与被谐字训诂文法上之各种关系",不仅为读者查阅提供了方便,还为读者探究文字孳乳衍变的规律带来启发。

---

① 李无未主编:《音韵学论著指要与总目》,作家出版社,2007 年,第 186 页。

第五章 《广韵声系》的价值与不足

第一节 《广韵声系》的价值

一、《声系》在音韵学、文字学、训诂学方面的价值

(一)《声系》在音韵学方面的价值

从工具书的角度看,《声系》对各字都注了反切、声、纽、韵、等呼、拟音和字义,异体字和俗体字也被收录,这为音韵学研究者们查阅提供了方便;从谐声著作的角度看,《声系》归纳了《广韵》所收韵字的谐声系统,其提供的丰富、系统的谐声材料对深化古音研究具有重要价值。此外,《声系》采用了黄侃四十一声类,拟音用的是高本汉音值,这充分体现出作者在音韵学上的倾向。因此,《声系》在音韵学研究方面具有重要价值。

(二)《声系》在文字学方面的价值

沈兼士在《声系编辑旨趣》中说:"凡汉语语根及语辞之纵横衍变,均可由其谐声系统为出发点以推求之。"《声系》整理了大量同声符字,它们之间具有严整的层级关系。我们不仅可以从《声系》提供的各级子系统中看出具有同一声符的字在音、义方面的联系,还可以将各谐声子系统内的一级主谐字(一级声符)作为出发点,探求文字孳乳的脉络。这些在文字学研究方面具有重要

价值。

李无未主编的《音韵学论著指要与总目》是这样评价《声系》的:"读者可以从谐声的关系上研究古声母的类别和读音,还可以就同在一个声母下的谐声字做综合比较,研究其有关文字、语词的发展以及音义联属的关系等,对古汉语文字、音韵、训诂都有很大的实用价值。"①

(三)《声系》在训诂学方面的价值

《声系》有功于训诂学的研究。清代学者在因声求义的研究中,有时未能明晰汉字音义联系的实质,往往囿于主观臆测。沈兼士于《声训论》中言:

> 溯自清儒王念孙、段玉裁以还诸小学家,标榜声训,主张声近义通之说者颇多,更有进一步以音义相关为先天的必然性者……其言亦自成理,惟按诸实际,殊难得一普遍适应之定律。……凡义之寓于音,其始也约定俗成,率由自然,继而声义相依,辗转孳乳,先天后天,交错参互,殊未可一概而论。②

对于这些声训流弊的现象,沈兼士提出:"欲匡救一般声训之流弊,而增加其可信之力,则不得不补充其条件。条件为何,即须以同声母字为声训对象之范围,如取声转,亦必音证义证兼具而后可。"③《声系》以四十一声类为纲,将具有谐声关系的同声母字归为一类,可谓是对声训研究对象范围的补充。我们在第四章第二节探讨了《声系》与"右文"的联系,分析了沈兼士"右文"观点在《声系》中的体现和应用。

二、《声系》在语源学方面的价值

沈兼士在《声系编辑旨趣》中首句说:"吾人欲建设汉语学,必须先研究汉

---

① 李无未主编:《音韵学论著指要与总目》,作家出版社,2007 年,第 186 页。
② 沈兼士:《声训论》,《沈兼士学术论文集》,中华书局,1986 年,第 259 页。
③ 同上注,第 278 页。

语之字族;欲作字族之研究,又非整理形声字之谐声系统不可。"在介绍了《声系》编排体例后说:"如是则同一主谐字所孳衍之谐声字,其脉络相承之迹,一目了然矣。"

沈兼士认为汉语字族的研究是建设汉语学的基础,《声系》亦是为此而作。这在《与丁声树论释名滿字之义类书》(1937)一文有体现:

> 余之作《广韵声系》,复令诸生研究《广韵》、《集韵》中之重文,并将古籍中之声训材料汇集成书,皆是为搜讨字族之张本……余不自揣,欲别辟一途径以研究汉语之历史。①

可见,《声系》汇集了古籍中的声训材料,这为搜索、探讨字族理论提供了大量材料基础。沈兼士认为,这为汉语历史研究开辟了新途径。

同时,沈兼士认为语根的研究要在表义的声符中研究,即要在"右文"中研究语根。他说:

> 语言必有根。语根者,最初表示概念之音,为语言形式之基础。换言之,语根系构成语词之要素,语词系由语根渐次分化而成者……中国文字虽已由意符变为音符,然所谓音符者,别无拼音字母,只以固有之意符字借来比拟声音,音托于是,义亦寄于是。故求中国之语根,不能不在此等音符中求之。②

文字的读音是语言形式的基础,即"语根",语根是构成字词的要素。汉字虽然已经由意符文字转变为音符文字,但是音符文字不是拼音字母,而是由意符字借音发展而来的,是音义结合体。因此,汉字的语根研究需要在这类音符文字

---

① 沈兼士:《与丁声树论释名滿字之义类书》,《沈兼士学术论文集》,中华书局,1986 年,第 205、206 页。

② 沈兼士:《右文说在训诂学上之沿革及其推阐》,《沈兼士学术论文集》,中华书局,1986 年,第 168 页。

中展开。我们在第四章论述了《声系》是沈兼士"右文说"观点的体现,成组的同声符字的归纳与总结,是沈兼士探究汉字孳乳衍变的尝试。后来有些学者受他的直接影响,在语源学研究方面有其见解,如谈承熹的《论汉语同源词——兼论〈广韵声系〉"壬"族之词》(1989)、①刘又辛和李茂康的《汉语词族(字族)研究的沿革》(1990)②等。

第二节 《广韵声系》中体现出的治学精神和方法

一、《声系》中体现出的治学精神

(一)客观求实的精神

沈兼士在《文字形义学·叙说》中提出研究者应具备的精神,他说"努力以求真实,这是凡研究一切学问者所必须共具之唯一的精神",并指出"忠实的研究"的构成要件为"独立、祛妄、实验"。③

《声系》的编纂过程始终贯彻着这种精神。在《声系叙例》中,我们看到这样的叙述:"审形定音,皆研寻再三,而后著之于篇,无敢妄作,贻误后来";"至于非《说文》所有之字,亦有可以定位省声者。然亦必以同居一韵一组者为限,其稍涉疑似者,则或列为意符,或不定为省声,不敢曲为穿凿";"至于义训相同,形体相似,而音读不合之字,亦有不易定其是非者,则惟有加案申明,不敢擅自改订矣";"《广韵》之形体有与音切不谐者,或字形有误,或反语有疏,今并参校他书及唐本《切韵》,一一订正之";"然亦有形音相应而实为讹体者,又有因字形有省改而别造一音者,凡此皆探本求原,刊其疏谬"……这都体现了《声系》实属"忠实的研究"。

① 谈承熹:《论汉语同源词——兼论〈广韵声系〉"壬"族之词》,《山西大学学报》1989年第2期。
② 刘又辛、李茂康:《汉语词族(字族)研究的沿革》,《古汉语研究》1990年第1期。
③ 沈兼士:《文字形义学》,《沈兼士学术论文集》,中华书局,1986年,第382页。

(二) 严整审慎的态度

沈兼士在研究中始终贯彻着严整审慎的态度。《广韵》之字重文的情况较为复杂,多为省体变体。《声系》对"重文"的处理体现了这一点。

> 若谐声字之重文为意符字者,则收入意符,而本字下亦录其重文,加括号以识之。若字之正文从其重文得声者,则列重文为首,而以正文为被谐字,列于其下。若字之正文为意符,而其重文为谐声者,则各归其类,不相杂侧。若正文为谐声字,而重文为伪体者,则重文附于正文之下,不列入他声,亦不入意符字。至如正文为重文之伪者,或正文形体伪舛,而注中所出之或体不误者,则据重文及或体所谐之声旁系联之。①

如:第一见类"57 古"中"噭"下录有"啖、唅"(P98),第三十七于类"792 炎"中"啖"下录有"噭"(P948),第二溪类"132 臽"中"唅"下录有"噭"(P178)。我们所见是《声系》已处理完成的结论,至于严整的庞大谐声体系背后的对各种复杂情况的处理过程,仅从《声系》文本中已无法得知。从《声系叙例》中知其将"谐声字之重文为意符字者"、"字之正文为意符,而其重文为谐声者"、"正文为谐声字,而重文为伪体者"、"正文为重文之伪者,或正文形体伪舛者"等情况进行了分类处理。而这仅是对"重文"情况的处理,可见沈兼士在编纂《声系》的过程中,对各个细节的处理所持的严整审慎的态度。

(三) 历史宏观的眼光

沈兼士在《说文通俗序》中指出:

> 凡学名一家,必各具有历史,其递变演进之迹之表现于外者易知,至于受他种潮流之影响,潜移默化以成此递变之迹之故则难晓。学者于此

---

① 周祖谟:《广韵声系叙例》,《广韵声系》,中华书局,1985 年,第 6 页。

苟不覃思深索其所以然之故,则于时代之精神,与夫今日对之所应取之态度,未有不嚓然者。①

《声系》中对于《说文》谐声字"省声"的处理体现了沈兼士以历史的眼光考求"省声"之正伪。

> 考许书凡言省声者,非仅音韵相谐而已,其间亦颇有因声以见义者。前人不明此理,遇大小徐云省声者,辄喜改从某声,或别立新解,殊未有得。今《广韵》所收之字,凡《说文》明言为省声者,皆从之而不改。大小徐本或言省声,或不言省声者,本书则以省声之字与所从省之字有无意义之关系为定。②

对于前人处理"省声"的方式,沈兼士用客观的眼光分析,对"省声"有了历史的考察,才明确"省声"不仅是音读相谐,还有因声见义的成分。并在此基础上尊重史实,收录《广韵》中的"省声"情况,不采用大小徐本中别立新解的部分。同时,还根据有无"意义关联"决定对大小徐本省声字的收录。

(四) 融会贯通的思想

沈兼士在《声系编辑旨趣》末处说到,《声系》的编纂旁考了众多当时所能见到的字典韵书,"均经参校异同,分加案识,得此一编,不啻兼蓄众善也"。其实,《声系》不只在参校方面做到了"兼蓄众善",在选择黄侃四十一声类与高本汉拟音音值的过程中,也做到了这一点。此外,《声系》在民国时期,将传统的音韵学研究与现代标音工具相结合,这体现了沈兼士"承古接西"的思想。

兼蓄众善、承古接西,都建立在一个基础上,即融会贯通。沈兼士的学术研究在多个领域都有所涉及,他早年曾学习物理,不仅对音韵学、文字学、训诂

---

① 沈兼士:《说文通俗序》,《沈兼士学术论文集》,中华书局,1986 年,第 322 页。
② 周祖谟:《广韵声系叙例》,《广韵声系》,中华书局,1985 年,第 4 页。

学等语言文字学有研究,在档案管理、史学等方面也有所建树。沈兼士在研究中融其所会,贯之以通,这使他具有开阔的视角进行学术研究。下文要论及的沈兼士治学方法中的"将文字的形、音、义"紧密结合,也是其融会贯通思想的体现。

二、《声系》中体现的治学方法

沈兼士生平的学术贡献较大,广涉语言文字、历史、档案整理等方面。在众多领域有所建树,其治学方法是值得我们学习的。于省吾先生(1896—1984)在《段砚斋杂文序》中对沈兼士有这样的评价:

> 先生之与语文学,抉其根株,阐其义蕴,有高深之理论,而附以例证,有正确之方法,而示以征验。历引其端,惟待后学之竟其绪而已。①

李建国先生也对沈兼士有所评价:

> 沈氏的时代,现代语言科学已有很大的发展,他从语言角度研究右文,立音符为语根,而究明音素及其含义,不拘泥于字形,不率合于一说。他具有历史发展的眼光,又有科学的比较归纳的方法:既主《说文》,又不圄于《说文》;既本古音,又不泥守古音;经之以训诂,纬之以声音,纵横旁达,古今兼宗。②

(一) 广泛地把握材料,宏观与微观相结合

沈兼士说:"大凡整理一种学问,欲得真实圆满之效果,首在以精密之方法,搜集可供研究之确实材料。"③亦说:"有识之学者大抵先藉疏证古书之机会

---

① 沈兼士:《沈兼士学术论文集》,中华书局,1986 年,第 568 页。
② 李建国:《汉语训诂学史》,上海辞书出版社,2002 年,第 324 页。
③ 沈兼士:《声系叙及凡例》,《沈兼士学术论文集》,中华书局,1986 年,第 11 页。

以搜集材料;材料具备,然后综合之以成一有系统之学说。"①

《声系》所体现出来的严整的系统,是建立在对古来各类字典韵书、诸家著述等材料的广泛占有的基础之上才得以形成的。然而,在宏观把握材料的基础上,如何从材料中甄别出更有价值的部分,这就需要精密地深入微观分析。《声系》在将《广韵》错杂的谐声系统确立成庞大的严整系统的过程中是"兼采清人段王朱桂之说"的。在对各字的考订过程中,《声系》广采《说文》、《集韵》、《类篇》、《玉篇》、《切韵》等字书。对于《广韵》,以张氏泽存堂本为底本的同时,亦参用其他版本;对于《说文》,《声系》参校大、小徐本,必要时亦参用汪本、马本;在对各字拟音的过程中,更是在高氏拟音的基础上"据《分析字典》、《诗经研究》及《汉语词类》等书参订而得"。

《声系》的谐声系统,具有独立而明确的声韵系统、等呼系统、拟音系统,而这三个系统之间也是相互协调和统一的,在第四章第一节中,我们已提到了沈兼士对这三个系统研究成果的甄别和完善。此外,《声系》的谐声系统层级分明,体现出精密的逻辑性。这种"系统地统筹宏观与精密地深入微观相结合"的方法,是之前清儒用传统方法研究"小学"所不具备的,也是值得我们学习和借鉴的。

(二) 文字形、音、义三者的结合

《声系》将所收之字每字的音读义训都并载无遗,这在韵书编制史上别具一格。沈兼士认为:

> 考证文字之作,多流于破碎支离。即能以精义古音贯串证发之,犹嫌未足。必也于当字形音义演变之原委,语文表里交流分化之形势,及其与古代文化史之关系,三者具有综合一贯之见解,方为合作。②

---

① 沈兼士:《右文说在训诂学上之沿革及其推阐》,《沈兼士学术论文集》,中华书局,1986年,第95页。

② 沈兼士:《鬲、䰞、祭古语同原考》,《沈兼士学术论文集》,中华书局,1986年,第225页。

他肯定段氏注《说文》采用的形、音、义三者互为求证的做法：

> 　　自段玉裁利用之以注《说文》，于是形体、声音、训诂三者一贯之理乃明，而小学之内容变……余窃以为今日之研究小学，应以《说文》始，以金文卜辞终，其间贯串证发之事，则仍当本段氏《说文注》三者一贯之法以求之，开来继往，舍此莫由。①

这对后人研究音韵学乃至文字学具有重要意义。周祖谟先生在武汉召开的中国音韵学研究会成立大会上的讲话中说："文字的形、音、义三者是不可分离的。古书之所以难读，主要在于字有通假，义有多歧。不通声音，就不能通其形、义。……一方面要打通文字、音韵、训诂三者的界限，融会贯通；另一方面要扩大研究的范围，从多方面的材料入手。"②

第三节　《广韵声系》的不足

一、谐声字的归属问题

《声系》的谐声字归属存在讹误，该书编纂于民国，由于时代的局限，《声系》没有更多的参考材料。同时，在其编纂条例中也可看出原因：

> 　　《广韵》之谐声字有形旁不可解者，姑依其所由得声排比之……本书谐声字之排列既依据《说文》而作，而许氏之言亦有讹谬，案之殷周古文，往往不合。或字非谐声，而误为谐声；或字从某声，而与本音不谐；或云省声，而非省声；或字为谐声，而误为会意；如此之俦，其例至繁。虽欲广加刊订，虑有未周。而近人新解，亦不尽可信。故仍本许氏之说，不便辄加更易。③

---

① 沈兼士：《说文通俗序》，《沈兼士学术论文集》，中华书局，1986年，第322页。
② 周士琦编：《周祖谟语言文字论集》，人民教育出版社，2000年，第400页。
③ 周祖谟：《广韵声系叙例》，见《广韵声系》，中华书局，1985年，第2、4页。

由此,对于一些从形旁推测不出其该与哪一字谐声的字,《声系》的处理方式是将其按音读归类,这就导致了字形无关联的字被划分到同一子谐声系统中。《声系》归纳形声字相谐关系的主要依据是《说文》,而《说文》与殷周古文存在不合。许书的见解存在讹误,《声系》因袭许书,也存在不足,这不利于我们的研究。这些谐声归属有争议的情况是值得我们注意的,下文从三个方面分析。

(一)声符认定存疑字

《声系》中有声符认定存在疑问的字。如:"季"被列为"593 隹"的第二级主谐字"稚"的被谐字。《说文》:"季,少称也,从子从稚省,稚亦声。"①《声系》从之。何琳仪认为:"季,甲骨文作'𭣅',从子从禾,会幼禾之意,疑稀之初文。《说文》'稀,幼禾也。从禾,屖。'或说禾亦声。稀,见纽;禾,匣纽。匣、见为喉牙通转。季,金文作'𭣅',战国文字承袭金文,禾亦声。"②季,古音为见纽质部;禾,古音为匣纽歌部,匣、见喉牙通转,歌、质对转。故"禾"可列于"匣"类"844 禾"下。

"羔"字被定为"203 刀"字的第五级主谐字。羔,甲骨文为"𦫳",《说文》为"羔",许慎认为羔为"从羊,照省声"。③ 林义光《文源》指出:"火为照省不显,羔小可炰,象羊在火上形。"④由此,"羔"为"照"之被谐字存在异议。

(二)无字形联系的形声字

《声系》中,存在着一些没有字形联系的字(即没有共同声符的字),被安排在同一个谐声子系统内的情况。"敢"字被定为"古"字之被谐字,矛盾的是,"敢"与"古"没有声符上的联系,或许是使用了"谐声字有形旁不可解者则依其所由得声排比之"的条例。然而将没有声符联系的字系联到一起,不免有些牵

① 许慎:《说文解字》,中华书局,1963 年,第 310 页。
② 何琳仪:《战国古文字典:战国文字声系》下册,中华书局,1998 年,第 1197 页。
③ 许慎:《说文解字》,中华书局,1963 年,第 78 页。
④ 丁福保:《说文解字诂林》第五册,中华书局,1988 年,第 4096 页。

强。若将"敢"列为第一主谐字,或许会更合理。但《声系》是以音系形、系义的,从这点上说,这样的安排或许是沈兼士以音来探究文字之孳乳的尝试。此类情形还有"14 圭"中录有"耿"、"66 叚"中录有"家"等,这虽不影响读者对其音读属性的把握,却给读者带来检索上的不便。

(三)有谐声关系字被归为无谐声关系字

在前文对《声系》的体例进行分析时,曾提到:《声系》将系联不出谐声归属的字置于附录中,但其中一些是有谐声归属的。如:"第四疑类·附一"中列有"嚤、嚘"。"嚘",《说文》解释为"从嚤从曰,读若愁"。[1]《声系》从《说文》列为会意字。嚘,"甲骨文字为'嚘',按'呇、嚤、唇',都是以'呙'或'占'为音符的形声字"。[2] 从殷墟文字"嚘"、战国文字"嚘"来看,"嚘"字从口(或从曰)、从嚤(或省一虎头),会二虎争吼意。《战国文字声系〈疑纽嚤声〉》:"'嚤、嚘'均疑纽,嚘为嚤之准声。"[3]《声订》曰:"嚘按当从建首字声例,补,嚤亦声。"[4] 嚘,古音属疑纽真部;嚤,古音属疑纽元部。二字同属疑纽,真、元旁转。故嚘从嚤、从口(曰),嚤亦声。"嚘"应列为"疑"类嚤字的被谐字。

此类情况还有"第一见类·附一"中列有"蚰",蚰,甲骨作"蚰",战国文字作"蚰","从二虫,会二虫之意,虫亦声"。[5] 蚰,古音为见纽文部;虫,古音为晓纽微部。声部见、晓为牙、喉通转,韵部微、文对转。

《声系》中存在不少这样的例证。我们可以利用目前较民国时期丰富的资料对《声系》中的谐声字归属关系进行校释,丰富和完善《声系》中的谐声系统。

二、校勘问题

在使用《声系》的过程中,我们也发现其中存在一些错误。葛信益《读〈广

---

① 许慎:《说文解字》,中华书局,1963 年,第 104 页。
② 于省吾主编,姚孝遂按语编撰:《甲骨文字诂林》第二册,中华书局,1996 年,第 1638 页。
③ 何琳仪:《战国古文字典:战国文字声系》下册,1998 年,第 1113 页。
④ 丁福保:《说文解字诂林》第六册,中华书局,1988 年,第 5207 页。
⑤ 何琳仪:《战国古文字典:战国文字声系》下册,1998 年,第 1174 页。

韵声系〉札记》①一文对《声系》的一些讹误和勘误进行了校正,但仍有一些失误未被提及。如:941 页,"夸"字上方的"第一主谐字"应为"第二主谐字";97 页,"籤"字之下拟音漏标了平声之声调;425 页,"柔"字栏外漏标了其纽韵等呼以及拟音之音标;93 页,"苦"字拟音音值[kʻ]漏标了送气符号等。

《声系》虽存在以上问题,但它仍然对汉语言文字学的研究有着重要的启发意义。喻世长先生说:"沈先生所提出的理论和所解剖的材料是局部的,而不是全局的,是方向而不是结论,他的著作的作用在于给好学深思的人指出途径,提出问题。"②受限于以音系形、系义的谐声字典的性质,在字形方面,《声系》收字虽多,但在涉及字形衍变的研究中,我们还需旁考其他字书;在字义方面,《声系》对字义的收录涉面较广,却也颇为简略,在涉及字义的研究中,我们还需旁考其他典籍。在编纂过程中,虽然《声系》对众家之说的甄别过程是精密审慎的,然而未体现文本的甄别过程,这是值得我们思考和研究的。

---

① 载葛信益,朱家潘:《沈兼士先生诞生一百周年纪念论文集》,1990 年,第 145 页。
② 喻世长:《关于训诂学的几点意见——兼论汉语语言学的继承和发展》,《沈兼士先生诞生一百周年学术论文集》,紫禁城出版社,1990 年,第 133 页。

小　　结

　　由于《声系》具有工具书的性质,对《声系》谐声系统的探析,是与沈兼士的理论和观点相结合的。笔者参考了《沈兼士先生诞辰一百周年论文集》和《沈兼士先生学术论文集》所收录的论文和著述,对《声系》性质的探讨参考了其他谐声著作和其他以《广韵》为基础的工具书。在叙述"谐声字在古音研究中的应用"过程中参考了民国以前和民国以来学者们散见于其著述中的谐声观点。对"古"类谐声字子系统的声韵关系的分析,使用的是王力先生对上古声韵系统的归纳和拟音。在探讨"《声系》中所体现的沈兼士学术观点"的相关内容中,参考了同时代的学者对上古声组的拟音等方面观点分析沈兼士的音韵学观点,结合"段注"分析了"《声系》对音义关系的体现"。

　　《声系》既是一部以《广韵》为底本的对各字音读详细标注的工具书,又是一部反映《广韵》所收韵字谐声系统的著作,这是沈兼士唯一一部学术专著(《段砚斋杂文》是文集),从正式编纂起,历时十余年完成。《声系》在"叙列周秦两汉以来谐声字发达之史迹""提示主谐字与被谐字训诂上、文法上之各种关系""比较主谐字与被谐字读音分合之现象""创立以主谐字为纲之字典模范"这四个方面的价值,应该引起人们的关注。

　　陈垣先生评价《声系》:"好学深思之士,当能明其用心之所在,进而追琢其章,恢弘其义,则善矣。"我们应当好好利用《声系》为我们提供的系统丰富的谐声材料。由于笔者学力有限,对《声系》谐声系统的探讨还有许多未尽之处,如对《声系》谐声层级系统的分析,本文只是举"古"类子系统,日后将继续研究其他各子系统,给《声系》作一个内容更为详尽的、体系更为完善的解读,期望能给其他读者带来方便,尤其是在古音学研究时提供较为系统的谐声材料。

沈兼士曾说:"大凡一种学问,其理论的研究愈精密,则其应用之效力益广大……昔人尝谓《易》含三义:变易,简易,不易。余谓声音训诂之学亦然。语言之声音,文字之形态,千变万化,学者贵能归纳之为简易之定律,以阐明其不易之定理。"[1]研究者们若秉承沈氏的治学精神与方法,在探索文字之挛乳衍变的过程中,利用好《声系》提供的丰富而严整的《广韵》谐声系统,并旁考其他丰富的古籍史料,定会对开展研究工作带来极大的帮助。

本篇所做的工作可总结如下:

1. 探讨了《声系》以《广韵》为底本的原因;较为细致地分析了《声系》的目录、正文、附录的编排体例;

2. 通过分析各级主谐字之间的音读联系和各级谐声子系统中各字之间的音读联系,考察《声系》对《广韵》收字谐声系统的归纳,以"古"字谐声系统为例,梳理了"古"类谐声字的声韵关系。对《广韵声系》谐声字安排的层级结构有了较深入的解读,使谐声系统与古音研究之间的关系更为明确;

3. 初步探讨《声系》所反映出的古音学观点及其对文字音义关系的认识,分析《声系》采用黄侃四十一声类和应用高本汉拟音音值等方面特点;并通过分析沈兼士的"右文"理论、比较《声系》与段注在音义关系体现方面的区别,评析《声系》对沈先生音义关系认识的应用。

---

① 魏建功:《古音系研究序三》,中华书局,1996 年,第 12 页。

下　篇

日本汉字音在民国音韵学
研究中的运用

引　言

一、研究对象和研究意义

（一）研究对象

本文所考察的是日本汉字音在民国音韵学研究中的运用情况。民国时期，学者们主要是将日本汉字音作为一种新的语言材料运用于音韵学研究中，对构拟古音、证明观点起到重要作用。有关日本汉字音的研究成果大都分散于学者的论文或专著中，对于这些研究成果我们不能简单地按照专著、论文等诸如此类的形式进行分类，本文将采用另外一种分类方式：即根据民国时期国外学者和国内学者在音韵学研究中利用日本汉字音取得的成果分别进行探讨。

民国时期运用日本汉字音研究汉语音韵学，代表人物和成果主要有高本汉的《中国音韵学研究》《汉文典》，魏建功的《古音系研究》等，此外，汪荣宝、林语堂、李思纯、唐钺、钱玄同、张世禄、洪瑞钊、李方桂、罗常培、王力等的研究成果多以单篇论文的形式出现，散见于民国时期各种期刊中。

高本汉《中国音韵学研究》第二卷说："每一个著者总是选一套他最合适的名词，要是著者不把他所用的名词解释明白了，就会有一字数义的情形并且容易使人误会。"①因此本文有必要首先对"日本汉字音"这一名词作说明。

高本汉、张世禄、汪荣宝等学者采用"日本汉字音"的说法，主要指的是汉字借用到日语中的读音。罗常培等学者采用"日语对音"的说法，指把日语语

---

①　高本汉：《中国音韵学研究》(缩印本)，商务印书馆，1994 年，第 141 页。

音译成汉语音的材料。魏建功、史存直等学者对此无概括性的说法,分别用日译汉音、日译吴音来代替:"日译汉音"指的是大约在纪元后六百年,日本人在中国北部的京城长安研究中国文化所学的汉字读音;"日译吴音"指最初在公元三四世纪的时候日本和中国发生了直接和间接的关系所产生的日语汉字的读音。本篇的研究对象为日语中保留的汉语的读音,不包括译音部分。因此本篇在借鉴前辈学者定义的基础上,采用"日本汉字音"这一说法。

综合民国时期各家观点,本文尝试对民国时期日本汉字音在音韵学研究中的情况尽可能作全面、系统的整理,并与民国之后各个时期音韵学中日本汉字音的研究情况进行比较,总结其特征、成就与不足。

(二) 研究意义

若以 20 世纪 20 年代钢和泰的《译音梵书与中国古音》(1923)为开端的话,日本汉字音运用于汉语音韵学研究的历史还不足一百年,但却使得汉语音韵学的研究从此获得了新材料、新方法、新观点。虽然日本汉字音在其来源和时代上具有复杂性,但这种材料上的根本性变化为汉语音韵学研究开辟出了一条新的途径,尤其是"对于拟测汉字的古音确实开辟了一条新途径",[①]传统音韵学随之出现了新的转机。因此研究民国时期的日本汉字音的运用情况是音韵学史中不容忽视的内容之一。

民国时期的中国学术界受到西方学术的影响,但不能因此就把这一时期贬为"模仿时期"。该时期在音韵学上取得的成就很值得我们认真学习:"这一时期的语言学家深厚的学术基础,广博的知识结构,开拓性的工作能力,谦逊和严谨的治学态度也是非常值得我们学习的。"[②]"中日结合",形成了民国时期利用日本汉字音进行音韵学研究的特有的学术特点。本篇考察民国时期日本汉字音在音韵学研究中的运用不单是停留在资料搜集罗列、简单的评述等,而是在横向与纵向上分别作历时和共时的比较,以展现其得与失。

---

① 罗常培:《唐五代西北方音·自序》,中研院历史研究所,1933 年。
② 胡明扬:《中国语言学:一个世纪的回顾和展望》,《世界汉语教学》1999 年第 2 期。

　　关于民国的政治、经济、文化等各方面的研究是近年来学术界的一个热点。尤其是民国时期音韵学处于变革的关键期,确有对其进行研究的必要。本篇将从民国音韵学一个角度——日本汉字音研究进行探讨,希望能够使学界更多地了解民国时期日本汉字音研究的学术面貌,以及民国学者对研究材料、研究成果的拓展,研究方法、研究角度的创新等。

　　民国时期的日本汉字音研究,在研究材料、研究方法及研究结论上,有需要继承的,但更多的是需要我们对其改进创新。"历史的总结不是为了别的目的,为的是以史为鉴,总结过去的经验和教训,以便更好地了解现在和规划未来"。① 因此,考察日本汉字音在民国时期音韵学研究中的运用情况,在一定程度上有助于深化当代日本汉字音本体研究。

二、研究现状与材料来源

(一) 研究现状

　　目前为止,专门研究民国时期日本汉字音在音韵学研究中的著述我们尚未看到,相关研究散见于音韵学史、音韵学研究方法论等论著及研究民国学者的学术论文集中。

　　日本汉字音本体研究方面,民国时期的学者们还未对此进行过专门研究,目前国内将日本汉字音运用到音韵学研究中的专著主要有两本:王吉尧、石定果《汉语中古音系与日语吴音汉音音系对比》(1986)和王吉尧《从日语汉音看八世纪长安方音》(1987)。这两部著作都对日本汉字音做了系统的整理分析工作,共同点在于较侧重通过日本汉字音来研究汉语中古音。

　　音韵学史方面,涉及民国时期日本汉字音研究的,有齐珮瑢《中国近三十年之声韵学》(1944),陈新雄《六十年来之声韵学》(1973)、《古音学发微》(1983)、《古音研究》(1999),李葆嘉《清代上古声纽研究史论》(1996),唐作藩《二十世纪的汉语音韵学》(1998)等。这些著作都涉及日本汉字音,其侧重点

---

① 《〈中国语言学百年〉丛论》,北京语言大学出版社,2004 年。

在于研究日本汉字音在民国时期音韵学界的整体运用情况,或是介绍在日本汉字音研究领域做出一定贡献的学者及其研究成果。

音韵学研究方法论方面,有杨耐思《音韵学的研究方法》(1987)、罗常培《音韵学研究法》(1985)、冯蒸《汉语音韵研究方法论》(1989)、何大安《声韵学中的观念和方法》(1993)、耿振生《二十世纪汉语音韵学方法论》(2004)等。在上述著作中,学者们将日本汉字音作为一种音韵学研究方法来介绍,如罗常培在《音韵学研究》中提出了四种研究方法:审音、正名、明变、旁征,日本汉字音则属于旁征;又如耿振生《20世纪汉语音韵学方法论》提出了十种音韵学研究方法,日本汉字音被放入"译音对勘法"中进行论述。

民国学者的论文集方面,罗常培《罗常培语言学论文集》(2004)中收录《〈切韵〉鱼虞的音值及其所据方音考》和《知彻澄娘音值考》两篇;张世禄《张世禄语言学论文集》(1984)中收录《从日本译音研究入声韵尾的变化》一文;林语堂《林语堂名著全集》(1994)中收录《读汪荣宝〈歌戈鱼虞模古读考〉书后》《读汪文书后》及《再论歌戈鱼虞模古读》等。

汪荣宝、林语堂、钱玄同、陈独秀、张世禄等民国时期的学者在研究汉语音韵学的过程中,都运用到了日本汉字音。如汪荣宝运用日本汉字音等材料得出"凡歌戈韵之字皆读a音,不读o音;魏晋以上,凡鱼虞模韵之字亦皆读a音,不读u音"的结论。现代有些学者对上述民国学者的成果进行研究,如方环海《林语堂与中国音韵学研究的转型》(1997),李开《高本汉和他的汉学名著〈中国音韵学研究〉》(2002)等。他们在论著中主要介绍学者们在民国时期采用了"日本汉字音"这种新材料进行音韵学研究,但对如何运用日本汉字音进行研究没有展开具体论述。

总之,以上论著关于民国时期日本汉字音研究的论述呈概括性的特点,多数只是对民国时期汉语音韵学的音值构拟作重点介绍。因此本篇将考察民国时期国内外学者在运用日本汉字音进行汉语音韵学研究的情况。

(二)材料来源

由于民国时期独特的社会背景,许多学者都有留日的经历,如魏建功、钱玄同等，再加之当时西方历史比较语言学理论的引入，使得学者们运用日本汉字音对汉语音韵学进行研究非常方便。故这一时期关于日本汉字音研究方面的成果不少，但多散见于各种期刊杂志和相关专著中，查找起来有一定的难度。专著主要有高本汉《中国音韵学研究》、魏建功《古音系研究》、李无未《日本汉语音韵学史》等。此外，还可参看江苏师范大学图书馆新引进的"晚清、民国时期期刊全文数据库"及商务印书馆编辑的《中国语言学论文索引》一书。本篇所录的民国学者利用日本汉字音进行音韵学研究的成果主要参考《中国语言学论文索引》（甲编，1949 年以前）以及《民国时期总书目》（语言文字分册）中的音韵学部分。

三、研究方法

本篇主要运用统计法、归纳法、比较法。

1. 统计法与归纳法

本部分将高本汉著作中所使用的日本汉字音语料进行统计，按照声母、韵母系统进行分类归纳，并尝试还原语料中的日本汉字音语音系统。

对民国时期音韵学研究中利用日本汉字音所取得的成果进行考察，从中归纳出关于日本汉字音研究方面具有代表性的观点，并结合现代学者的最新研究成果，提出自己的一些见解。

日本汉字音在高本汉《中国音韵学研究》中所整理的"方音字汇"中有全面的记录，本篇据此整理出"日本汉字音字汇"，见附录二，希望该资料可以为日本汉字音史研究、日本汉字音与汉语音韵比较研究，以及现代日本语音研究提供帮助。

2. 比较法

利用分析出的高本汉著作中日本汉字音部分的中古音音值，与后期研究成果进行纵向之比较。侧重于音值方面的比较分析，看出高氏中古音音值构拟的得失。

在接下来的考察中，我们将尽量遵从以下原则：

从研究对象上来看，本篇对民国时期日本汉字音在音韵学研究中的运用进行较为全面系统的考察,将研究的重心集中于对民国时期日本汉字音在音韵学研究成果的梳理上,通过对各家学说进行比较分析,甄别出较为合理的观点和结论。坚持从学术史的角度,实事求是,一分为二,尽量不苛求前人。

从研究角度上来看,除了从语言学史、音韵学史的角度研究之外,更侧重于对日本汉字音的本体研究,分析民国时期日本汉字音在音韵学中运用的特点。

从学术视野来看,本文不仅仅局限在民国时期中国国内日本汉字音的研究动态,还考虑到同时期国外学者的相关研究情况,概括介绍同时期日本学者对于日本汉字音及其他域外译音的研究情况,这样做的目的是可以更加全面地了解民国时期日本汉字音在音韵学研究中所起的作用。

第一章　民国时期日本汉字音运用于音韵研究之概况

从音韵学本身的发展趋势来看："汉语传统的音韵研究到清末已走到尽头，因为用语文学的方法已经很难使汉语史的研究产生新的面貌，因而中国语言学家发出了要求改革语言研究和方法的呼声。"①历史比较语言学作为一种新的研究方法被引入中国，打破了清代学者以考据为主的格局，民国时期的学者们开始注重对方言和域外语言材料等的利用，日本汉字音就属于域外语言材料中的一种。

从社会客观环境来看，五四运动前后，受"西学东渐"思潮的影响，中国学人开始积极接受西方各种观念、学说以及研究方法，以改善中国传统音韵学的研究现状。历史比较语言学便在这种背景下被引进，并进一步被运用到汉语音韵学研究中。

再从汉语与其他语言对比研究的历史来看，利用域外译音研究汉语古音并非始于民国时期。早在 19 世纪初，一些西洋学者就已经开始尝试这方面的研究。如西洋学者马士曼（Marshman）所著《论中国的文字和声音》（*Dissertation on the characters and sounds of the Chinese language*，1809）中指出梵文字母与三十六字母的关系，又发现缅甸、西藏等语言和汉语语音相近，进而揣测中国古音；另一位西洋学者艾约瑟（Joseph . Edkins）著有《中国土话文法》（*A Grammar of colloquial Chinese as Exhibited in the shanghai.*

---

① 徐通锵、叶蜚声：《历史比较法和〈切韵〉音系的研究》，《语文研究》1980 年第 2 期。

Dialect，1853）与《中国官话文法》（*A Grammar of Chinese colloquial commonly called mandarin Dialect*，1857），之后意大利学者武尔披利齐（Z. Volpicelli）和荷兰人商克（S. H. schaank）等西方汉学家都进行过这方面的研究。

从上述几点可以看出，日本汉字音在民国以前尚未引起国内外音韵学家的重视。钢和泰教授（1877—1937）可能是最早注意到日本汉字音之于汉语古音研究有重要意义的学者。他主要提到了如果推求中国古音应该按照西方学者推求原始印欧语言的方法，研究古音的音值要用三种材料：

一、汉语方言读音，日本、越南、朝鲜语言的汉字读音；

二、韵书的反切和韵图的分类；

三、汉字与外国文字的对译读音，特别是汉、梵咒对音。

钢和泰在文章中提到的材料及方法，为后来学者们的研究提供了不少可借鉴之处。钢氏的上述论点可谓开创了民国时期运用日本汉字音进行音韵学研究之先河，对中国音韵学的发展具有重要意义。在他之后高本汉、汪荣宝、林语堂、钱玄同、魏建功等学者在这一领域都进行过深入的探讨和研究。

日本汉字音为民国时期汉语音韵研究注入了新的活力，促进了音韵研究新方法的产生和发展，呈现出那个时期独有的特点。以下大致从民国时期日本汉字音运用的学术背景及利用日本汉字音进行音韵学研究的可行性两个方面阐述民国时期日本汉字音的研究概况。

第一节　民国时期日本汉字音用于音韵研究的学术背景

进入 20 世纪初，在西学东渐的大潮中，汉语音韵学这门古老学科，与其他许多人文学科一样，也逐步现代化，成为现代语言学的一个组成部分。其主要表现在四个方面：一是理论与观念的转变；二是研究方法的改进和创新；三是研究对象扩大，材料更为丰富；四是在提高科学性的同时，也十分重视普及性。

在这种沿袭与发展融合的学术氛围下，音韵学研究领域呈现出多样性，也引起各种各样的争鸣。"学术的生命力在于竞争，在于争鸣"。[①] 民国时期，音韵学研究中出现了三次大辩论，即在新材料、韵尾辅音及主元音三方面产生了争鸣。辩论所取得的研究成果成为推动中国现代音韵学发展的重要动力。下文主要从新材料的利用问题、阴声韵尾的构拟问题，以及主元音的构拟问题三个方面分别进行论述。

一、新材料的利用问题

民国时期学术界利用新材料做研究已经蔚成风气，尤其是五四运动所带来的思想活力，学术风貌焕然一新。"一时代之学术，必有其新材料与新问题。取用此材料，以研求问题，则为此时代学术之新潮流"。[②] 可见新材料是中国传统音韵学出现转机的重要原因之一。

研究汉语音韵学的材料不再局限于传统语文学的范畴，不再只是一味重视"死的材料"。方言、域外译音及汉语亲属语言越来越受到学者们的重视。由于对材料作用的认识不同使学者们产生了分歧，由此引发了汉语音韵研究的第一次大辩论，这次大辩论所围绕的中心即"新材料的利用问题"。

第一次大辩论始于 1923 年止于 1925 年。以汪荣宝（1878—1933）《歌戈鱼虞模古读考》（以下简称为《古读考》）为开端，民国音韵学界展开了"利用域外译音是否可靠"的辩论，大致分为两派：一派是坚决反对，代表学者有章太炎、徐震等人。章炳麟《与汪旭初论阿字长短音书》[③]（1925）认为：译音略取相近，不求谐切，不可据以讨论中国古音；徐震《〈歌戈鱼虞模古读考〉质疑》[④]（1924）认为：语音随方域而转变，不能整齐划一。另一派是支持型，这其中又分为三类：有完全赞同汪氏者，如李思纯《读汪荣宝君〈歌戈鱼虞模古读考〉书后》（1926）、洪瑞钊《论鱼虞模古读侈音与汪先生书》（1925）；有同意汪氏观点

---

① 徐通锵：《汉语研究方法论初探》，商务印书馆，2002 年。
② 陈寅恪：《陈垣敦煌劫余录序》，《中研院史语所研究集刊》1930 年第 1 本。
③ 载《华国月刊》1924 年第 5 期。
④ 载《华国月刊》1924 年第 6 期。

并有所发挥者，如唐钺《〈歌戈鱼虞模古读考〉的管见》(1925)、《再论鱼虞模古读侈音与汪先生书》(1925)；也有对汪氏的观点略有修正者，如林语堂《读汪荣宝〈歌戈鱼虞模古读考〉书后》(1933)、《再论〈歌戈鱼虞模古读考〉》(1933)。

围绕汪氏的《古读考》，民国学者共发表了十几篇论文，可见当时辩论之激烈。1926年，魏建功发表《音韵学上的大辩论(〈歌戈鱼虞模古读考〉所引起的问题)》，将这次大辩论的内容做了总结。杨树达先生也曾将这次讨论的文章编辑成册，为查阅参考者提供了很大的方便。这次辩论虽在音类方面涉及不多，但唇枪舌战，你来我往，也表明了中国学者对利用新材料进行古音构拟的兴趣。材料新、方法新是这次大辩论最显著的特点。

后来学者也对民国时期的"新材料"运用问题进行过专门的论述。张世禄在《中国音韵学史之鸟瞰》(1931)中指出："我们应当以西洋的语音学学理做基础，并且采用许多确实的材料：除韵书切语及宋元人的等韵表以外，还可以利用现代各地的方音和唐宋以前许多外国名辞，以佛典译音最为重要；外国语上的中国语词，以日本汉音、吴音，及高丽译音、安南译音最为重要。"①

当代学者耿振生在其著作中批评了汪荣宝利用域外译音来研究古汉语韵母音值时的失误，同时还分析了发生这种失误的原因，即汪氏所采用的材料。耿先生文中所批评的现象似乎到现在都还存在着：

> 汪氏之所以考虑不周，原因可能是他对上古诗韵未予注意，不理会从先秦到南北朝韵部的分合，一味地强调对音材料中所反映的字音，而忽略了汉语文献考据的成果。如果了解歌戈韵跟鱼虞韵自先秦至南北朝一直是畛域分明，就应该有更周密的深入考察，看出两系的分别，不至于造成那么大的漏洞给别人讥弹。实际上，当对音所反映的音类分合不一致的时候，就需要追究分歧产生的原因，不能把对音当做唯一的依据。②

---

① 参见《东方杂志》第 28 卷第 11 期，第 67—74 页。
② 耿振生：《20 世纪汉语音韵学方法论》，北京大学出版社，2004 年，第 295 页。

用域外译音材料进行汉语音韵学研究是很重要的方法已成为学者们的共识,但也必须慎用。法国学者马伯乐甚至感叹道:"人们利用梵汉对音来研究古代语言,这是个相当危险的尝试……人们在音译专有名词时即使加倍小心也难免各行其道。"①

我们不难看出,民国时期的学者们由于受西方历史比较法理论的影响,不再局限于传统的考据研究,而是尝试从域外语言材料出发去探索语言发展的线索和规律,日本汉字音在这方面起到了非常重要的作用。

二、韵尾辅音的构拟问题

宋代以来尤其是清代,学者们就很关注汉语韵尾的问题,不过那时他们称之为"收"。② 最早利用域外语言材料对韵尾辅音进行拟测的是德国学者西门华德。第二次辩论便是围绕西门氏有关韵尾辅音方面的研究成果而展开的。

1927 年,西门氏发表了《论上古汉语韵尾辅音之构拟》,③得出结论:对《切韵》时代仍保留韵尾的入声,对照藏语古音构拟为-b、-d、-g,对同时代已失去韵尾的入声,构拟为-β(双唇擦音)、-γ(舌根擦音);研究韵尾一般从入声韵入手,但西门氏不采用此法,而是运用尤、侯、虞及其他阴声韵来研究。这样做的优点是"一定程度上保持了从古韵到古韵构拟的连续性"。④ 王力先生曾评价西门的学说:"西门的学说基本上是自成体系的,是持之有故,言之成理的。"⑤

西门华德的韵尾构拟学说自发表以来就引起了学界的争论。高本汉就是持不同观点的学者之一。1928 年,高本汉发表了《上古中国音中的几个问题》⑥一文,其中有一章《Simon 的韵尾说 》专门批驳了西门的韵尾说。由此拉

---

① 马伯乐著,聂鸿音译:《唐代长安方言考》,中华书局,2005 年。不过,马伯乐同书同页《不空学派的密咒对音》也称:"有一类对音资料的精确性是不容置疑的,这就是密咒。人们在音译密咒的文字时却是循规蹈矩的。"

② 参见杨剑桥:《音韵学讲义》,复旦大学出版社,2005 年,第 17 页。书中对"收"的解释为:"所谓收,是指鼻音、边音和半元音。"

③ 本篇引用内容主要参考高本汉《上古音当中的几个问题》(1930)中关于此文的相关论述。

④ 李开:《现代学术史上关于古音的三次大讨论》,《南开语言学刊》2006 年第 1 期。

⑤ 王力:《龙虫并雕斋文集》第一册,中华书局,1980 年,第 171 页。

⑥ 高本汉著,赵元任译:《上古音当中的几个问题》,《中研院史语所集刊》第 1 本第 3 分,第 351 页。

开了第二次大辩论的序幕。

1930 年,高本汉在《藏语和汉语》一文中继续就韵尾辅音与西门展开论战,这也标志着第二次大辩论的全面展开。针对西门氏构拟的入声韵尾-b、-d、-g,高本汉根据日本汉字音构拟为-p、-t、-k;对于西门氏构拟的阴声韵尾-β、-y,高本汉则从方法上加以否定,从入声韵入手将阴声韵尾构拟为-g、-d、-t、-k。1933 年,高本汉发表《汉语词类》,书中高氏接受了西门氏关于韵尾辅音的研究方法,开始不再强调入声对构拟阴声韵尾的作用。

1938 年,西门华德又撰《中国上古音的构拟》,此著除了坚持作者本人重要的理论观点外,更重要的是西门氏对高本汉不再强调入声对构拟阴声韵尾的作用表示欢迎。至此第二次大辩论的激烈氛围才有所缓和。关于韵尾的脱落问题,西门氏赞同高本汉的音理分析,且在此基础上有所推广。

这次辩论主要是在高本汉和西门华德两人之间展开,但中国国内的一些学者也参与其中。如魏建功《古阴阳入三声考》,魏氏据日本汉字音、汉语和国内方音将韵尾辅音分成五大类:阳声类、入声甲类、入声乙类、阴声类、纯韵类。[①] 很能代表同时期音韵学界的研究水平(关于魏氏的这篇文章将在第三章中详细说明)。

三、主元音的构拟问题

1930 年,林语堂发表《支脂之三部古读考》,此文共分三部分:一是批评清朝学者拟之部为-i;二是质疑并修正高本汉关于支、脂、之三部的构拟;三是对支、脂、之的构拟,将支部构拟为-ia -iɛ、-ie,脂部构拟为-e、-i 收音,之部构拟为-y、-ey。

1931 年,李方桂著《切韵 a 来源》,重点研究主元音 a。关于这个问题,汪荣宝曾讨论过,高本汉也在《藏语与汉语》讨论尾辅音构拟时提到过,并指出 a 的来源有两个,但高氏并没有论及结论正确与否。李氏在前人研究的基础上提出"元音在韵尾的分配上互补"说,将韵尾的构拟与主元音联系起来。

---

① 参见《国学季刊》第 2 卷第 4 号,1929 年,今载《魏建功文集》第三册,江苏教育出版社,2001 年。

而这一点正是高本汉所忽略的。这也是引起高本汉和李、林二人辩论的主要原因。

1932 年，高本汉在《诗经研究》中反驳了林、李的观点；次年，李方桂又针对高氏在《诗经研究》中的观点，发表了《论东冬屋沃之上古音》以答复高本汉的质疑。1934 年，高氏又著《汉语词类》一书进行再反驳。这次辩论是以李方桂《论中国上古音的＊—iwəng，iwək，iwəg》(1935) 为标志结束的，在该文中，作者进一步重申自己的主张。学者们一来一往的辩论使得这次大辩论达到了高潮。这次参加辩论的学者并不多，但涉及面极广，有关上古韵母的一些问题几乎都讨论到了，为上古韵部的构拟打下了良好基础。

以上三次辩论传播了现代音韵学的方法和原理，澄清了一些分歧，造就了一代中国现代音韵学研究者，对我国音韵学界产生了深远的影响。如日本汉字音在汉语音韵学中的运用越来越受到学者们的重视，由此产生了日语对音学。

本世纪初期，音韵学界又发生了一次辩论，起因是梅祖麟于 2001 年 12 月 8 日发表了名为《有中国特色的汉语历史音韵学》的演讲。主要针对王念孙和王力所提出的不同甚至完全相反的观点，另也涉及乾嘉学派、章黄学派及其"旁支别流"，其辩论内容如下：

（1）上古汉语有没有复辅音（这类问题也涉及了日本汉字音，详见本篇第三章）；

（2）王念孙的"一音之转"是否能用来研究同源词；

（3）研究上古音要不要利用汉藏语进行比较；

（4）怎样做汉藏语比较。

以上四个方面表面上并没有提及日本汉字音，但无论理论方面还是例证方面，都涉及了日本汉字音，如在第四点提及的"怎样做汉藏语比较"中提出的研究方法同样适用于日本汉字音。关于辩论内容与日本汉字音的关系，会在下文中详细论述。

此次辩论的本质其实是要不要继承中国语言学的传统和如何吸收西方语

言学精华,也涉及学风和治学态度。我们可以说这次辩论是民国时期三次大辩论的余波,只不过辩论的程度更激烈,形式更多样,内容更丰富。

第二节　利用日本汉字音进行音韵学研究的可行性

日本汉字音在高本汉音韵学研究中有着举足轻重的地位,但当时学者对于高氏采用的新材料和新方法褒贬不一。在音韵学研究中运用日本汉字音是否具有可行性,是本节主要讨论的问题。

一、历史比较语言学角度的考察

虽然日本语所属语系至今尚无定论,但日本汉字音与汉语之间存在某种联系已被大多学者认可。对于汉语这种有文字的语言来说,不能只是凭借文字、文献材料来建立有史时期的语言史,还必须适当运用历史比较法处理方言和亲属语言等活材料。二十世纪汉语音韵学所取得的巨大成就正是通过将日本汉字音等域外语言运用于研究之中而实现的。如本篇即将提到的高本汉、魏建功等人,正是由于他们运用了历史比较语言学的理论,运用了日本汉字音等域外语言,从而证明自己的音韵学观点,构建出自己的音韵学理论框架。

历史比较法在民国时期音韵学研究中起到非常重要的作用,但这种方法并不是万能的,它也存在着缺点。历史比较法侧重语言历时方面的发展,而忽略共时的变化,即不考虑不同语言之间的相互影响。历史比较法只能辅助证明而无法确定原始母语的本质特征。它只适用于语言的分化研究,而不适用于统一研究。

徐通锵先生在《历史语言学》中指出"历史比较法也有严重的缺点和局限","就历史比较法本身来说所重建的原始形式属于哪个时代,无法确定","语言发展的情况是复杂的,有分化,有统一,也有相互影响,但是历史比较法,只适用于语言的分化","运用历史比较法所取得的成果是与材料的丰富性、可靠性成正比例的"。①

　　高本汉利用日本汉字音偏重于汉语音值的拟测,这一现象在民国时期其他学者的研究中也可以见到,但这样的做法在我们现在看来恐怕失于片面。梅耶在《印欧系语言比较研究导论》②中也提到这一点:"比较语法的目的不是拟测印欧原始语,而是在于确定共同要素的对应关系,并阐明在各种有历史证明的语言中什么是从语言的古代形式中继承下来的,什么是它们独自发展的结果。"③这也是今后一个时期研究日本汉字音的发展方向。

二、语言社会性角度的考察

　　汉语被借用到日本以后,读音并不是一成不变的,这就涉及日本汉字音材料的可靠性问题。对此不少学者都有过研究,但学者们讨论的是具有普遍性的域外译音或外国借词问题,日本汉字音只是其中一类。

　　萨丕尔在谈到外国借词时说:"借用外国词总要修改它们的语音,一定会有外国音或重音上的特点不能适合本地的语音习惯。它们会改变得尽可能地不破坏这种习惯,时常会出现语音的妥协。"④

　　赵元任也提出了很有价值的见解:"关于不同的语言之间借语的现象当中有两个因子须要注意的。第一是借外国语词的时候总尽量用本国的音位,不求说的跟原文一样的外国音。第二是有时候听见某外国语词有点儿像本国意义相近的语词,那么甚至声音不太近,也就半音译半义译的来了。"⑤

　　罗常培先生也在《从借字看文化的接触》⑥中讨论了借词的读音往往会为了适应借入语的语言习惯而发生若干改变,此书也引述了萨丕尔和布龙菲尔德的相关观点。这些都值得我们参考借鉴。

---

　　① 鲁国尧:《论"历史文献考证法"与"历史比较法"的结合——兼议汉语研究中的"犬马鬼魅法则"》,《古汉语研究》2003年第3期。
　　② 梅耶:《印欧系语言比较研究导论》,北京世图出版社,2008年。
　　③ 董达武:《语言学的对比与反思》,《复旦学报(社会科学版)》1990年第6期。
　　④ 转引自马学云:《沙玛铺子彝人汉语音系及其变异研究》,汕头大学硕士论文,2002年。
　　⑤ 赵元任:《借语举例》,收录在《中国现代语言学的开拓和发展——赵元任语言学论文集》,清华大学出版社,1992年。
　　⑥ 罗常培:《语言与文化》,北京大学出版社,1950年。

汉外对音研究早期是梵语和汉语、日语和汉语、藏语和汉语、越南语和汉语，发展到今天，又包括朝鲜语和汉语、西夏语和汉语、吐火罗语和汉语、巴利语和汉语、突厥语和汉语、回鹘语和汉语、波斯语和汉语、比利时语和汉语、葡萄牙语和汉语、意大利语和汉语、比利时语和汉语、汉欧对音①等方面。日本汉字音在音韵学研究中应该注意的问题，同样也适用于上述汉外对音的研究，所以利用日本汉字音进行音韵学研究具有可行性。我们对待日本汉字音的正确态度应该是："其善者则从之，其不善者则正之。"②

---

① 这里的"汉欧对音"主要是指清代汉语和主要包括英语、法语、德语、荷兰语等西欧各种语言文字的对音，不仅限于译音词汇集材料，与明清两代乃至民国时期因欧洲语言形成的汉语外来词研究也有深切的关联。这种研究目前在日本发展很快，成果甚多。

② 鲁国尧：《论"历史文献考证法"与"历史比较法"的结合——兼议汉语研究中的"犬马鬼魅法则"》，《古汉语研究》2003 年第 3 期。

第二章 日本汉字音在国外学者音韵研究中的运用

"古音音值构拟，这把千年大锁仍然需要用西方历史比较语言学这把钥匙才能打开"。① 本篇第一章提到了马士曼、艾约瑟等国外学者，他们是运用西方语言学原理来研究中国音韵的先驱。实际上，五四运动以来，越来越多的国外学者开始利用历史比较语言学对汉语音韵学进行研究。这些先进的研究成果被赵元任、李方桂等学者引入国内，成为国内学者介绍与模仿的对象。

第一节 日本汉字音在高本汉音韵研究中的运用

高本汉（klas Bernhard，Johannes Karlgren，瑞典人，1889—1978），被学者们认为是 20 世纪运用历史比较法研究汉语古音最有成就的一位。其个人的语言才能加之所受到的专业性训练，使得他能够用"瑞典的方法来研究直到现在还未经十分垦植的中国音韵学"。② 有学者甚至称 20 世纪的中国音韵学是"高本汉时代"。因此高氏对中国音韵学发展所做出的贡献被世界汉学界所公认。

---

① 李葆嘉：《当代中国音韵学》，广东教育出版社，1996 年，第 181 页。
② 高本汉：《中国音韵学研究》（缩印本），商务印书馆，1994 年，原序。

　　高本汉一生致力于汉学研究,音韵学方面用功尤甚。其《中国音韵学研究》历经十一年出版完成(1915—1926),是第一部用历史比较法研究汉语音韵学的著作。作为"20 世纪科学研究汉语语音的第一部宏伟著作",[①]为汉语音韵研究开创了一个新的模式,在中国音韵学研究史上具有里程碑的意义。《中日汉字分析字典》是高本汉上古音研究之作,胡适曾在《左传真伪考》中称赞本书"上集三百年古音研究之大成,而下辟后来无穷学者的新门径"。[②] 高氏在此书中提出了不同于清代学者的"谐声说",经赵元任翻译引入国内后,为学者们所接受,成为研究上古音的重要方法之一。

　　"上古汉语的拟测是根据中古汉语音值的投射以及上古韵文和谐声系统所提供的附加证据。通过音译的外国借词(它们大多是地名)以及东汉的声训亦可提供若干重要的音韵线索"。[③] 要了解日本汉字音在高本汉音韵学研究中所起的作用,我们不能将上古音和中古音在日本汉字音中的体现割裂开,必须将两者结合起来进行研究。

　　因此,本篇尝试将高本汉著作中关于日本汉字音的部分进行搜集整理,并按照中古音、上古音这两大系统进行分类,展现出日本汉字音在高本汉音韵学研究中的整体面貌。

一、日本汉字音在高本汉中古音研究中的运用

(一) 声母系统

　　高本汉《中国音韵学研究》记录了三十种方言字音及三种域外译音,其中由他亲自调查的有二十四种,日本汉字音是其中之一。高氏提到的"日本汉字音"指他所采用的 3 125 个汉字的吴音和汉音所有的古读,这些古读以《汉和大字典》为依据。从日本汉字音即高氏所说的日译吴音、日译汉音,可以考见中国语音演变的大略。

---

① 引自罗常培对高本汉《中国音韵学研究》的评论,载《图书月刊》第一卷第七、八期,1941 年。
② 高本汉著,陆侃如译:《左传真伪考》序,新月书店,1927 年,第 1 页。
③ 包拟古:《原始汉语与汉藏语》,中华书局,1995 年,第 242 页。

现将高氏《中国音韵学研究》,包括第二卷《现代方言的描写语言学》的第六章《定性语音学》、第三卷《历史上的研究》、第四卷《方音字汇》中关于日本汉字音的材料全部收集起来,然后据高氏的论述进行分类总结。① 声母系统的分析体例按照发音部位来划分,即牙音、喉音、舌上音、正齿音、半齿音、半舌音、舌头音、齿头音、唇音九类。

1. 牙音

(1) 见母 k　(2) 溪母 k　(3) 群母 k　(4) 疑母 g

牙音(见溪群)高本汉拟测的音值为 k,大体是正确的。但这三个声母都包含了一小部分特殊的 g 音,被高氏所忽略;②关于疑母,高氏拟测为 g,但又忽略了其中小部分特殊的 k 音;溪母,群母中也存在类似的现象。

对于上面提到的几点疑问,高本汉在第三卷《历史上的研究》第八章中这样解释:"在日译汉音里我们也发现几次用 k 代表 g 的。"高氏把这些特殊的现象笼统地归为"古代汉语里也许有方言的差异",他的这种做法是不妥的。根据历史比较语言学新语法学派的原则"语音规律无例外论"来看,高氏应该把这些特殊的拟测音值也在表格中体现出来,不能简单地一笔带过,这样才是比较科学的做法。

因此,本篇在后来学者研究成果的基础之上,对高氏所作牙音类的日本汉字音拟测做如下补充:

见母中读 g 的特殊读音:该ガイ gai;盖ガイ gai;刚ゴウ gǒ;军グン gun

溪母中读 g 的特殊读音:欺ギ gi

群母中读 g 的特殊读音:群ゲン gun;郡ゲン gun

疑母中读 k 的特殊读音:诣 ケイ kei;研ケン ken;硬コウ ko;昂コウ ko

2. 喉音

(5) 晓母 k　(6) 匣母 k　(7) 影母 无　(8) 喻母(三四等)无

---

① 这里要作一下特别说明:本篇字母的排列完全按照高氏《中国音韵学研究》中所采用的,只是按发音部位进行分类时做了一些小调整,泥母、娘母,分别放在舌头音和舌上音中介绍,文中已用黑体作了特别标示。

② 这里做下补充说明:高氏所拟测的音值 k 和 g 为日本汉字音的辅音。

匣母在日本汉字音中除了高氏拟测的 k 音外,还有 g 音及小部分的 w 音。在日译吴音中匣母大部分都读为 g,如:害ガイ(gai),豪ゴウ(gǒ),护ゴ(go),号ゴウ(gǒ)等。另还有特殊的 w 音,如:和ワ(wa),话ワ(wa)等。

高本汉对各个声母进行分析所得出的结论,现在看来很多仍然是正确的。但也少数的观点存在争议,如"k",他分析这个音在日本汉字音中很特殊,但日本人为什么不选择 h 而选择 k 进行对音? 这是因为 k 还保存着舌根的发音部位,不过没有表示出摩擦的发音方法而已。后来蒲立本认为高本汉的这种解释是不对的,"这个现象是否可以归结为当时汉语中缺乏可以对译外语的 r 音,这是很值得怀疑的"。[①]

3. 舌上音

(9) 知母 ch、t　　　　　　　(10) 彻母 ch、t

(11) 澄母 ch、t、d、j、ts　　　(12) 娘母 j、n、t、ch、sh

汉语古无舌上音,知彻澄三母字在上古读[t]、[t']、[d]。这三个声母在日本汉字音中的音读仍留有汉语上古音的余迹,一部分知彻澄声母的字,日译汉音读 t,日译吴音读 t、d,如"适"日语音读为テキ(teki)。

4. 正齿音

(13) 照母(二三等)s、sh、z、j　　(14) 穿母(二三等)s、sh、j

(15) 牀母(二三等)s、sh、j、z　　(16) 审母(二三等)s、sh、z

(17) 禅母 s、sh、z、j

"日本汉字音对于古爆发音跟古塞擦音,保存着很严的区别。……所以在日本音里,古爆发音总找得到一个闭塞的成分,但是古塞擦音就永远没有这个成分"。[②] 高氏的这个结论在后来引起了很大的争议,蒲立本、罗常培等人通过不同的方法证实了高本汉的结论是错误的。

5. 半齿音

(18) 日母 j、z、n

―――――――――

① 蒲立本著,潘悟云译:《上古汉语的辅音系统》,中华书局,1999 年,第 25 页。
② 高本汉:《中国音韵学研究》(缩印本),商务印书馆,1994 年,第 325 页。

6. 半舌音

(19) 来母 r

高本汉将娘、日、来三母放在一起分析,之后他又花了很大篇幅来定义日译汉音和日译吴音。高本汉对两者的定义被后来学者所认可,现在学界关于汉音和吴音的界定大部分都采用高氏的观点。

7. 舌头音

(20) 端母 t、ch

(21) 透母 t、d、ch、ts

(22) 定母 t、d、ch

(23) 泥母 d、n、t

8. 齿头音

(24) 精母 s、sh

(25) 清母 s、sh、j

(26) 从母 s、z、sh、j

(27) 心母 s、sh、z

(28) 邪母 s、sh、j、z

除泥母外,高本汉将(7)舌头音、(8)齿头音放在一起分析,我们这里也采用高氏的做法,将两部分放在一起。日本汉字音对待端、邪各声母的办法恰好跟对待知系声母的办法一样。因在正齿音部分做过解释,这里不再赘述。

9. 唇音

(29) 非母 h、f、b

(30) 敷母 h、f

(31) 並母 h、b

(32) 明母 b、m、h

高本汉在《中国音韵学研究》中,拟测日本汉字音声母系统的音值时并没有帮、滂这两个声母。对于这种现象,高氏解释为:

> 从别的语言得到的经验指示我们双唇音很容易变成唇齿音,而且我们在近古汉语里就遇到中古双唇音分化成两类,一类变唇音:p p' b',跟一类唇齿音 f f' v。所以中国音韵家对于这些声母的名称也改变了,另外用新的标目去填补这个空当儿。

很明显,高本汉不同意中国音韵家这样的做法,他采用自己的声母标目。在这点上,日本汉字音是最好的证明。高氏还提到了日本汉字音几个重要现象:

① 中古汉语 p、p'在日本汉字音,无论汉音、吴音,u 元音前头是 f,别的元音前头都是 h。

② 中古汉语 b'吴音不论后面的元音是什么总是作 b。汉音因为照例用清音对译中古浊音,所以把 b'跟 p、p'同样看待,用 f 或 h 来代表。

③ 日本汉字音的 h 跟 f 一定是纯粹的日本现象。

由以上几种现象可以看出日本汉字音的根据是中古汉语,并没有近古汉语的痕迹,日本话的 f 纯粹是在日本本国产生的。

(二) 韵母系统

无论汉语语音还是日本汉字音,韵母系统都比声母系统复杂。高氏在分析声母时,先把一类古声母的今音用表格的形式简明而有系统地列出来,然后分析这些声母从古音到今音的音值变化过程,最后再得出结论。但在讨论韵母时,为避免累赘,高本汉采用了不同的方法:即先在总论韵母时举出能决定古代韵母音值的现代韵母的例子,然后分别在后面的章节里详细讨论各韵摄的语音发展演变情况。

1. 果摄/假摄(a、e)

(1) 开口一等:a (2) 开口二三四等:e

(3) 合口一等:ua (4) 合口二等:uo(吴音)、e(吴音)

举果摄假摄日译吴音的几个例子,如:歌戈麻(二等):贺ガga、驼ダda、惰ダda、坐ザza、婆バba;麻(三等):邪ジャja、蛇ジャja。

从例子中可以看出日译吴音实际的读音跟高氏的构拟有不同,这也是高本汉与他的《中国音韵学研究》受争议的主要原因之一。高氏之所以加进 u 介音,主要的依据是宋人韵图中这两个韵列在合口,而且得到现代温州方言的支持。李荣、蒲立本等后来学者不同意高本汉的这种构拟,主张应去掉介音 u。①李氏和蒲氏的构拟在日本汉字音中也得到了证实。

---

① 分别参见李荣:《〈切韵〉音系》,中国科学院,1956 年;蒲立本:《上古汉语的辅音系统》,中华书局,1999 年。

2. 止摄(i、ui)

开口：dʑi(汉音)、ni(吴音)

高本汉认为中国大部分方言对于止摄中的几个韵都是不分的，日本汉字音在这一点上却属例外。但高氏在著作中并没有指出来，更谈不上对此进行详细研究了。实际上，止摄的支、脂、之、微四韵读 i，另有特殊的支、脂(舌齿合三)读 ui。

历来各家所拟止摄的音最有分歧，尤其是微韵。高本汉在书中称找到了解决该问题的方法，即利用日译吴音将微韵拟作[e]，但高氏的这种拟测却不为学界所接受。现在各家对于微韵一致的观点是：主元音构拟为[ə]，且有韵尾[i]。

3. 蟹摄(iai、e、ei、ai、uai)

(1) 开口二等：iai(汉音)、e(吴音)

(2) 开口三四等：ei(汉音)、ai(吴音)

(3) 合口一二等：uai(汉音)、e(吴音)

(4) 合口三四等：ei(汉音)、e(吴音)

日本汉字音中蟹摄的情况相对复杂一些，因为牵涉到"-i 音变"的问题。高本汉对此问题也不能确定其具体演变的原因，只指明他的拟测可以从日译汉音中得到强有力的证实。但我们可以根据对日本汉字音的研究得到这样的结论：佳韵在日译吴音中都作 e；麻韵在日译吴音中大多数也是这个读音，也有读-a 和-ja 的。皆韵则与它们不同，它在日译吴音中与咍、夬韵相同，一般读 ai。

4. 遇摄(o、jo、u、ju)

(1) 模 o　　　　　　　　　(2) 鱼 jo

(3) 虞(喉牙唇、半舌、照系二等)u　(4) 虞(喻四、齿头、照系三等)ju

(5) 虞(舌上)jǔ

高本汉在拟测遇摄中的鱼、模、虞三韵时，在 o 前介音 w、u 的失落问题上前后矛盾。后来学者指出了高本汉此处的错误并提出了自己的拟测。李荣据梵汉对译材料将"模"拟作 o，"虞"拟作 io；[①]蒲立本认为没必要像李荣专门为

---

① 李荣：《〈切韵〉音系》，中国科学院，1956 年。

鱼韵设置一个新的音位 ɔ,其根据即来自日本汉字音。①

5. 效摄(ǒ、jǒ)

(1) 豪肴 ǒ   (2) 萧宵 jǒ

高本汉利用日译汉音中的效摄来证明《切韵》中效摄各韵的不同,如:

高コウ(ko：);考コウ(ko：);遨ゴウ(go：);好コウ(ko：);

刀トウ(to：);劳ロウ(ro：);道トウ(to：);遭ソウ(so：);

草ソウ(so：);扫ソウ(so：);毛ボウ(bo：);保ホウ(ho：)。

6. 流摄(ǒ、jü、u)

(1) 侯 ǒ   (2) 尤幽 jü   (3) 尤(轻唇)u

7. 通摄(ǒ、jō、jü、oku、uku、joku、juku、iku)

(1) 东(一等)冬 ǒ   (2) 钟 jō

(3) 东(三等)jü   (4) 东(轻唇)钟(轻唇)ǒ

(5) 屋(一等)沃 oku   (6) 烛 joku

(7) 屋三(齿头,正齿)juku   (8) 屋三(喉牙,舌上,半舌,半齿)iku

(9) 屋三(轻唇)uku

8. 宕摄、江摄(ō、jō、aku、jaku)

(1) 唐江阳(轻唇)ō   (2) 阳 jō

(3) 铎觉药(轻唇)aku   (4) 药 jaku

9. 梗摄(ō、ei、aku、eki)

(1) 庚(二等)耕 ō   (2) 庚(三等)清青 ei

(3) 陌(二等)麦 aku   (4) 陌(三等)昔锡 eki

10. 曾摄(ō)

(1) 登 ō   (2) 蒸 jǒ   (3) 德 oku   (4) 职 joku

高本汉将庚韵(ɐŋ、iɐŋ)和元韵(iɐn)的主元音拟作同一个主元音。② 高氏
这样做是因为这两个三等韵存在平行现象:它们都只出现于唇音、舌根音、

---

① 蒲立本著,潘悟云译:《上古汉语的辅音系统》,中华书局,1999 年。
② 参见蒲立本:《上古汉语的辅音系统》,中华书局,1999 年,第 17 页。

喉音之后。但日译汉音中的庚韵和元韵之间有很大区别,庚韵还存在二等韵,并带有卷舌音声母。如汉音的读音 sei,与"笙"sō 对立。针对这一现象,蒲立本认为高本汉庚韵和元韵的拟测,在其中古音系统中是一个不恰当的错误。蒲氏拟作:庚韵 aŋ、iaŋ,元韵 ian,与高氏的区别主要在元音的音值上。

日译吴音中的蒸韵并不是那么复杂。在喉音、塞擦音之后为 ō,其他声母后为 jǒ。蒲立本认为,日译吴音中拗音 j 很值得注意,因为介音 i 在日译吴音的蒸韵以外的场合一般是没有的。①

职韵 iək 在日译吴音中会随不同的声母有不同的读音:如息ソク(soku),翼イキ(iki),在舌根音和喉音后为 o,在 ts 和 s 之后也是 o。日译吴音的这种读音有点像真韵重纽三等、四等的主元音 o 和 i。如"臆",日译吴音 oki,但"抑",日译吴音 iki。类似这类的变化是非常有规律的。②

11. 臻摄(in、un、on、istu、utsu、otsu)

(1) 真臻欣 in
(2) 谆文 un
(3) 魂痕 on
(4) 质栉迄 istu
(5) 术物 utsu
(6) 没 otsu

12. 山摄(an)

(1) 寒桓删山元 an
(2) 曷末黠鎋月 atsu
(3) 先仙元 en
(4) 屑薛月 etsu

13. 深摄(iəm,jǔ)

高本汉将侵韵拟作 iəm 的主要理由在于它的舌根音和唇音在日译吴音中读 on,这样的构拟是准确的。蒲立本在高氏构拟的基础上指出,日译吴音读on 的个别例子也出现于 iim 韵的卷舌音,进一步丰富了高氏日本汉字音的构拟系统。结合侵韵和蒸韵来看,我们发现两者显著的不同,是深摄精组字在日译吴音中没有 o 的读音。

---

① 参见蒲立本:《上古汉语的辅音系统》,中华书局,1999 年,第 18 页。
② 同上注,第 22 页。

14. 咸摄(on)

日译吴音中的咸摄,高本汉拟作-on,"日译吴音咸摄老是-on"。① 可以看出,高氏对于此结论持十分肯定的态度。蒲立本也赞同高氏的观点。王力将咸摄拟作 an、en、ǒ、jǒ 四种。我们赞同高氏和蒲氏的构拟。

二、日本汉字音在高本汉上古音研究中的运用

对中古音进行全面的构拟远不是高本汉语言学研究的终点,他还继续向上古汉语语音进行溯源,重建上古音系。李方桂先生曾说过:"如果有相当数目的借字不管是从哪国来的,只要是秦汉时代或更古的借字都可以对上古音的拟测有帮助。"②高本汉的 *Problems in Archaic Chinese*③ 开篇也讲到了利用域外译音来研究汉语上古音的可行性及重要性。其中域外译音中的日本汉字音占有很大比重,对高本汉上古音系统的建构起到了重要的作用。

(一) 高本汉的谐声系统

上古音声母研究在民国前一直处于薄弱状态,中国学者常用的方法即利用谐声字。如章太炎、黄侃、曾运乾等人,大量地运用谐声字,分别得出"古音娘日二纽归泥"④"照二归精,照三归端"⑤"喻三归匣,喻四归定",⑥这些结论基本为今人所承认。章太炎"第一个完整地建立上古声类系统"。⑦ 但是高本汉研究上古声母所采用的方法不同于上述几位中国学者,即高氏利用了谐声系统,其"谐声系统"的提出主要是根据日本汉字音,对此高氏在《汉文典》序中作了说明:

> 中日汉字的历史研究必须包括两个主要方面:一方面,对于象形字、

---

① 高本汉:《中国音韵学研究》(缩印本),商务印书馆,1994 年,第 484 页注(1)。
② 李方桂:《上古音研究》,商务印书馆,1998 年。
③ 高本汉著,赵元任译:《上古音当中的几个问题》,《中研院史语所集刊》第 1 本第 3 分,1928 年。
④ 章太炎:《古音娘日二纽归泥说》,《国故论衡》上,上海古文社,2011 年。
⑤ 黄侃:《音略》,《黄侃论学杂著》,上海古籍出版社,1980 年。
⑥ 曾运乾:《喻母古读考》,《音韵学讲义》,中华书局,1996 年。
⑦ 何九盈:《中国现代语言学史》,广东教育出版社,1985 年,第 237 页。

会意字,从最早的形式一直到现代汉字所由发展的小篆为止,都要尽可能作全面的研究;另一方面,必须研究这些象形字、会意字怎样假借为其他同音词或近音词的,必须整理由此而产生的谐声系列,并加以语言学的解释。①

　　1923 年,高本汉根据主谐字与被谐字的关系,归纳出十条谐声原则,音韵学界将之通称为"高本汉的谐声说"。这十条"谐声原则"是高本汉充分运用《诗经》用韵情况并结合日本汉字音的成果得出的,他据此构拟出的上古声母表,是构建高氏上古音系统的基础。高本汉在《上古音中的几个问题》(1928)中提到了考订"上古的中国语"音系的四种材料,分别为:中国以外的各种语言的比较研究、古音系统里的空档、《诗经》里的韵、谐声字。但高本汉在其上古音著作中刻意回避日本汉字音所起到的作用。故目前为止学者们的研究大多集中在高氏所提到的后三种材料,而往往忽略了第一种材料。

　　究竟日本汉字音和"谐声原则"是否存在联系。我们将日本汉字音按照高本汉谐声原则进行分项研究,看哪些能从日本汉字音(这里主要取日译汉音)中找到辅证,哪些有异于高氏谐声原则。具体见下文:

　　1. 谐声原则甲:舌尖前的破裂音"端透定"可以随便互谐。以"端透定"为例(括号内的读音为日译汉音,下同):

　　端:都(卜)、当(トウ)、多(夕)、冬(卜)、得(トク)、德(トク)

　　透:他(夕)、讬(夕)、土(卜)、汤(卜)

　　定:徒(卜)、度(卜)、唐(卜)、田(夕)、杜(卜)、陀(ダ)

　　端透定各声母所属的汉字,日本汉字音基本读作夕行音,且无舌头音和舌上音的区别,也无送气与不送气之分。高本汉就是利用日本汉字音这一规律辅助证明了"舌尖前的破裂音'端透定'可以随便互谐"这一原则。

　　2. 谐声原则乙:舌尖前的破裂摩擦音跟摩擦音"精清从心邪"可以随便互谐。以"精清从心邪"为例(括号内的读音为日译汉音):

――――――――――

　　① 高本汉著,潘悟云等译:《汉文典》,上海辞书出版社,1997 年。

精：则（ソク）、子（ス）、作（サク）、借（サ）

清：仓（ソウ）、粗（ソ）、此（シ）、千（セン）、苍（ソウ）

从：昨（サク）、在（ザイ）、藏（ソウ）、才（ザイ）

心：苏（ソ）、桑（ソ）、素（ソ）、息（ソク）、先（セン）

邪：似（ジ）、徐（ジョ）、祥（そ）、旬（シュン）、夕（セキ）

精清从心邪各声母所属的汉字存在清、浊之分。精母、清母、心母的日本汉字音都读作サ行音；全浊音的从母、邪母所属汉字，日译汉音归为サ行音，日译吴音归为ザ行音。

3. 谐声原则丁：舌面前破裂音"知彻澄"可以随便互谐。以"知彻澄"为例（括号内的读音为日译汉音）

知：竹（タケ）、陟（チ）、知（チ）、张（チョウ）、中（チュウ）

彻：彻（テツ）、敕（チ）、耻（チ）

澄：澄（チョウ）、直（チョク）、丈（タケ）

知彻澄各声母所属的汉字对应日本汉字音的タ行音。

由于篇幅原因，本篇暂对以上三条谐声原则进行详细研究，从中可看出高本汉"谐声原则"的提出与日本汉字音之间存在密切联系。由此可见，日本汉字音在高本汉上古音研究中同样也起到了重要的作用。

当代学者冯蒸曾这样评价高本汉的"谐声原则"："从中古声母角度出发，对全部谐声字例进行归纳总结后得出的条例。这些原则中除少量须补正外，大多数已经得到了音韵学界的普遍认同。当然，高本汉由于是第一位系统提出上古声母的谐声原则的学者，他的工作不可能尽善尽美，从材料到方法到结论有不少可议之处。"① 为了更好地理解高本汉的"谐声原则"，我们将李方桂的谐声说列于下方，方便读者进行比较研究：

1. 上古发音部位相同的塞音可以互谐；

---

① 参见冯蒸：《论汉语上古声母研究中的考古派与审音派——兼论运用谐声系统研究上古声母特别是复声母的几个问题》，《汉字文化》1998 年第 5 期。

2. 舌根塞音可以互谐,也有与喉音(影及晓)互谐的例子,不常与鼻音(疑)谐;

3. 舌尖塞音互谐,不常跟鼻音(泥)互谐,也不跟舌尖的塞擦音或擦音相谐;

4. 唇塞音互谐,不常跟鼻音(明)相谐;

5. 上古的舌尖塞擦音或擦音互谐,不跟舌尖塞音相谐。

(二) 鼻韵尾问题

有关鼻韵尾问题,最重要的就是韵尾-n 的问题。上古汉语-n 不仅对译外语的-n,也对译-r。无论是在中间出现还是在末尾出现都是这样,值得注意的是,这种现象除见于汉藏语、汉越语外,也见于日本汉字音。如"云"译作 uru,也作 u、uno;"训"译作 kuru,也作 kuni;"赞"译作 sara,还作 sanu、sana;"骏"译作 suru;"篇"译作 heri;"万"译作 mara,也作 ma、mani。

对于这种现象,高本汉解释为"当时汉语缺乏可以对译汉语 r 的音"。[①]这一说法很值得怀疑,因为在当时还存在 ɀ 音情况,另一个可能的对音是-t。这是唐代对外语-n 的一般译法,-t 在当时的北方已经弱化成擦音了。加拿大学者蒲立本也对这一现象做出了说明:"要解释 n 的这种特殊译法,可能要假设它在汉代和以后几个世纪的权威方言中有特殊的发音,它可能更像-r 而不是简单的舌齿鼻音。"[②]这有点类似于中国一些现代方言,如长江流域某些方言 n、l 不分。其发音为鼻化的边音,不是本地区的人听起来既像 l 又像 n。

汉语-n 译作-r 的可能性,在日本的地名中可以体现出来。如:"群马"古代读 Kuruma,现代则读作 Gumma。日本的"郡"一般读 Kori,拼作 kohori。上述这些例子说明古代的-n 带有 r 或 l 的性质,而非高本汉所说的"缺乏对译 r 的音"。

---

① 高本汉:《中国音韵学研究》(缩印本),商务印书馆,1994 年,第 36 页。
② 蒲立本:《上古汉语的辅音系统》,中华书局,1991 年,第 149 页。

（三）上古汉语 g 和 ɦ

高本汉注意到中古汉语 g 只出现在介音 i 和 j 之前，同时也注意到 ɦ 从来不在这个位置出现。他更进一步发现，ɦ 与其他舌根塞音经常谐声，好像是一些清浊交替的派生词，所以他得出了 gh>ɦ ghi>ghi 的公式。但剩下来的云母 ji 就不好解释，云母也与舌根音存在联系。依据高本汉的理论，上古汉语浊塞音存在送气与不送气的互补关系，但是他不能够确定哪些是不带介音的 j 和 g。

ɦ 和 ɦi 在中古属于一个音位，李方桂认为，中古 ɦ 有两个来源：一部分来自上古的 ɦ，一部分来自上古不带舌面介音的 g。我们可以在日译吴音中找到这种区别：

和 ɦwa, wa；祸 ɦwa, ga；画 ɦwae, we；

会 ɦwai, we；桧 ɦwai, ge；惠 ɦwei, we；

蝼 ɦwei, ge；鞋 ɦae, e；解 ɦae, ge。

这些例子几乎都是合口的，例外的是"鞋"和"解"。如我们所知，日本吴音在合口字中还保持着 g 和 ɦ 的区别。高本汉的谐声系统有时候在某种程度上也可以断定中古的 ɦ 来自上古的 ɦ 还是 g，但有的时候就做不到，这是因为许多谐声系列中同时有舌根音和喉音。

第二节　日本汉字音在日本学者
音韵研究中的运用

20 世纪初期，中外学者都对日本汉字音的研究表现出了浓厚的兴趣，开始对其进行研究，因其审视的角度不同而所获肯定会有所不同。因此我们有必要将同时期日本有关日本汉字音的研究情况拿出来讨论，这样可便于我们更全面、更深刻了解日本汉字音的研究特点。叶圣陶先生曾说："我们短缺的东西,就老老实实地向人家学习,不要妄自尊大,故步自封。"①

　　本章主要讨论同时期日本学者关于日本汉字音的研究情况,以及他们的研究成果对国内汉语音韵研究所产生的影响。至于我国学者的具体研究情况,本篇第三章将会作详细介绍。

　　与民国时期中国音韵学界的情况相似,以 1928 年高畑彦次郎发表《中国语语言学的研究》为开端,日本国开始全面引进高本汉的历史比较语言学理论。时间上虽比中国晚了几年,但发展速度却比中国音韵学迅速,呈现出的特点也十分突出。日本学者在汉语音韵学不同的门类上都有所建树,如上古音、中古音、近代音、等韵学等,"如果将同时期扶桑众多专家的观点叙述得更具体,那必然对我们的借鉴工作将更有帮助"。②

一、日本汉字音研究

　　20 世纪 20 年代,日本国内的汉语音韵学研究呈现出多样化发展的趋势。关于日本汉字音方面的研究,日本学者大致从日译吴音、日译汉音、日本汉字音与汉语音韵对比这三方面出发进行研究。

　　日译吴音与汉语《切韵》音系不能规则对应,两者间存在的差异在于是否能证明汉语音韵史发展中的一些问题,如是否能够反映上古音等。日本国内许多学者敏锐地发现了这个问题,并开始了比较研究。大岛正健正是其中之一,他是日本最著名的《韵镜》方面的专家,发表过多篇研究《韵镜》的论文,如《韵镜音韵考》(启成社,1911)、《韵镜と唐韵广韵》(1925)、《改定韵镜》(启成社,1911)、《韵镜新解》(1925)等。1931 年,大岛氏出版了《汉音吴音の研究》一书,在自己多年研究《韵镜》成果的基础上,另辟蹊径,以日译吴音为参照物重新考订《韵镜》语音。大岛氏文章的特点在于将日本汉字音与《韵镜》音进行对比,开启了日本学者研究汉语音韵的新局面。

　　与日译吴音不同,日译汉音自成一体。这一点无论是日本学术界或中国

---

①　吴文祺主编:《语言文字研究专辑》(上),上海古籍出版社,1982 年,第 2 页。
②　李无未:《日本汉语音韵学史·鲁国尧序》,商务印书馆,2012 年,第 3 页。

学术界都不存在争议。日译汉音与中国中古音系统之间对应关系明显，由此，学者们一般认为，"《切韵》音系与日译汉音语音体系基本相等"，^①如河野六朗的《关于日本吴音》。^②

日本汉字音与汉语音韵的对比研究建立在日译吴音、日译汉音研究成熟的基础上，再加之受西方语言学理论的影响，日本许多研究汉语音韵的学者都进行过这方面的研究。如前面提到的大岛正健，他著有《汉音、吴音和中国音的比较》，将中国方言、梵汉对音、《韵镜》音、日本汉字音等进行对比。大岛氏的研究方法明显受到了高本汉《中国音韵学研究》的影响，在借鉴高氏研究方法的基础上，将《韵镜》音加进去，使得自己的研究成果更加科学。

后来的日本学者在前人研究的基础上，更加深入地将日本汉字音和汉语音韵结合起来进行研究。这些学者包括小仓肇、^③饭田利行^④等。

二、与日本汉字音相关的其他译音研究

20 世纪 20 年代至 30 年代，日本学者除了对日本汉字音研究感兴趣外，许多跟日本汉字音有关联的域外译音也在他们的研究范围之内。诸如朝鲜语、汉越语、汉蒙对音、汉梵对音等。而同时期的中国国内学者只是对朝鲜语、汉梵对音进行研究，且因处于起步阶段，研究成果比较少。代表民国时期译音研究方面最高水平的是罗常培先生的《唐五代西北方音》（1923）。

日本学者在域外译音研究方面有一个共同点：即大多数的域外译音都跟汉语有着"近亲血缘"关系，且日本学者对于每一种域外译音的研究都十分重视，并取得了丰富而独到的研究成果，形成了具有日本特色且自成体系的"域外译音学"。我们将这一时期日本学者对和日本汉字音相关的其他域外译音的研究情况进行考察，目的是充分认识到 20 世纪日本学者对域外译音所做的研究工作及其价值与作用，在此基础上对照同时期中国学者关于这方面的研

① 李无未：《近代日本汉语音韵学研究的特点》，《厦门大学学报》2006 年第 11 期。
② 河野六朗：《关于日译吴音》，《言语学论丛》最终号，1976 年。
③ 小仓肇：《日语吴音研究》，日本国学院大学博士学位论文，新典社，1995 年；又《日本吴音：吴音系字音的声母》，（日本）好文出版社，2003 年。
④ 饭田利行：《日语中残留的中国近世音研究》，（日本）驹泽大学中国文学研究室，1955 年。

究成果,可以更深刻地了解民国时期运用日本汉字音进行研究的情况。

(一) 朝鲜汉字音

与日本汉字音关系最近的域外译音是朝鲜汉字音,高本汉《中国音韵学研究》所采用的两种域外译音,一种是日本汉字音,另一种就是朝鲜汉字音。民国时期,中国国内学者还没有对朝鲜汉字音进行研究,日本学者则从 20 世纪 20 年代以前就开始对朝鲜汉字音有所注意。目前为止关于朝鲜汉字音最早的著作是小仓进平《增定朝鲜语学史》和河野六朗《增定朝鲜语学史补注》。

小仓氏由于得到"朝鲜总督府"的资助,亲自去朝鲜搜集与调查语音,收获颇多。在这样的条件下,他成为日本学术界朝鲜汉字音研究领域的"开拓者"。他在著作《朝鲜语史》(大阪屋号书店,1921)中没有专门研究朝鲜汉字音,而只是在第五章"中国语学"中涉及了朝鲜汉字音。即使如此,朝鲜汉字音在研究汉语语音史方面所起到的作用已经有所凸显了。朝鲜汉字音成为研究汉语中古音重要的材料。如佳、皆韵的朝鲜读音为 e,这与日译吴音相同,与中国吴音相似。之后,小仓进平进一步开展深入研究,并出版了两部有关朝鲜汉字音的著作:《国语及朝鲜语》(1920)、《国语及朝鲜语发音概说》(1923)(这两部著作中的"国语"指的是汉语),从多角度阐述了他对于朝鲜汉字音的理解与看法。

1921 年,日本学者满田新造将朝鲜汉字音与日本汉字音结合起来,对汉语古代字音进行研究,开创了一种新的运用朝鲜汉字音进行研究的方法。他在《关于朝鲜字音和日译吴音的相似点——即关于朝鲜字音的由来》(1926)一文中,从朝鲜汉字音与日译吴音两者的相似点入手,讨论朝鲜汉字音的起源问题。

这一时期,在朝鲜汉字音研究领域卓有成效的还有另外一位日本学者:有坂秀世,他的代表作是《关于汉字的朝鲜音》(上、下)。[①] 他主要致力于朝鲜汉字音的起源问题研究,其基本观点是:朝鲜汉字音来源于中国宋朝开封音。

---

① 有坂秀世:《关于汉字的朝鲜音》,《方言》1935 年 1 月号。

（二）汉语—女真语研究

中国音韵学学界关于汉语—女真语研究比较权威的著作有孙伯君的《金代女真语》①一书。但在民国时期，关于这方面的研究成果目前还没有发现，而日本学者在这一时期取得了丰硕的成果。他们研究的问题主要集中在三方面：考证语音材料的可靠性、女真语音的构拟、女真语与汉语语音的对比。在语料方面值得一提的是：日本学者考证的女真语材料大多来自中国，如元人脱脱《金史》附录《金国语解》、《华夷译语》中的《女真馆译语》等。金代女真语的构拟研究十分困难，民国时期由于可参考的文献有限，研究成果都比较简略。如长田夏树曾研究过女真语的音值构拟，但在当时没有引起太大的影响。②

（三）汉满对音研究

日本学者很早就开始致力于汉满对音研究。由最初的单纯收集满语材料到将满语和其他相关语言进行对比研究，民国时期是日本学者对汉满对音研究的发展时期，这一期间许多汉满对音方面具有权威性的著作问世。如小仓进平的《朝鲜语学史》（1920），讨论了利用朝鲜语译写的满语与汉语之间的问题等；再比如《清三朝实录纂修（上、下）》（1935），涉及了许多满语语音与汉语语音的对比问题。

综合上述日本学者在朝鲜汉字音、女真语、汉满对音方面的研究情况，我们可以看出民国时期日本学者无论是在日本汉字音方面，还是在其他译音方面所呈现出的特点及局限性。

其特点是，汉语音韵学的"比较"传统得到了新的弘扬，学者们开始利用译音、对音材料来研究汉语语音史。如罗常培利用汉藏对音材料撰写《唐五代西北方音》（1933）等。在这一领域的研究成果进一步推动了日本、朝鲜等国家的

---

① 孙伯君：《金代女真语》，辽宁民族出版社，2004年。
② 李无未：《日本汉语音韵学史》，商务印书馆，2012年。

汉语音韵发展。

　　其局限性主要表现在,虽然已经懂得利用日本汉字音进行汉语音韵研究,但还是存在着局限性。罗常培先生也提到了几点:"缺乏历史的起点""错用比较材料""校阅的疏忽"①等,关键是很难找到衡量日本汉字音的基本标准。

---

　　①　罗常培:《唐五代西北方音》,商务印书馆,2012 年,第 3—4 页。

第三章 日本汉字音在国内学者音韵研究中的运用

第一节 日本汉字音在汪荣宝音韵研究中的运用

汪荣宝的《歌戈鱼虞模古读考》(以下称为《古读考》)对于汉语古音研究的重要意义已在前文详细说明,这里不再赘述。本节主要是从音理的角度出发结合民国时期国内学者对这篇文章所发表的观点,进而研究汪氏古音研究中日本汉字音的运用情况。这里需说明一下,因林语堂等学者关于日本汉字音的研究大多与汪氏《古读考》有着密切的联系,故放在本章一起论述。

一、前人关于"歌戈鱼虞模"的研究

中国过去的音韵学家,因为未曾运用汉字以外的材料和工具,所以对于古代各个字的音值无从知晓,或多采取置之不论的态度。至于戴震、黄侃、章炳麟等学者的学说中,常作音值的假定,但他们没有说出之所以如此推定的理由,故结论也无法令人信服。汪荣宝针对上述问题提出了自己的看法:

　　夫古之声音,既不可得而闻,而文字又不足以相印证,则欲解此疑问者,惟有从他国之记音文字中求其与中国古语有关者,而取为旁证而已。其法有二:一则就外国古来传述之中国语而观其切音之如何;二则就中

国古来音译之外国语,而反求原语之发音,是也。①

由上可见,汪荣宝在音韵学研究中所采用的材料和方法,都比前代学者要先进,他所提出的结论深刻独到。在对《古读考》展开讨论之前,我们有必要先了解下前人关于"歌戈鱼虞模"的研究情况,通过对比,可使我们更加深刻地理解日本汉字音在汪荣宝音韵研究中所起到的作用。

地域	时代	考证者	考 证 的 结 果						备　注
国内	宋	吴 棫	歌戈麻			鱼虞模			
		郑 庠	(虞)鱼模　歌戈麻						
	明清	顾炎武	歌戈麻			鱼虞模侯			
	清代	江 永	歌戈麻			鱼虞模麻			
		段玉裁	歌戈麻			鱼虞模			
		王念孙	歌		鱼		侯		
		江有诰	歌戈(麻半、支三之一)		鱼模(虞半、麻半)		侯(虞半)		
			歌		鱼		侯		
	现代	章炳麟	泰	歌麻	鱼模		侯虞		
				歌	模		侯		
		黄 侃	歌	戈(合口)	模		侯		
国外	现代	注音	a	ua	wa,a,iwa,ia	iwo	uo	iu	ᵊu
		高本汉	歌	戈	麻	鱼	模	虞	侯

我们可从上表中看到只有郑庠把歌戈麻鱼虞模合在了一部。钱玄同对此持反对观点,他在《文字学音篇》中把二百零六韵分成三百三十九类,又概括为二十二韵摄,将章氏的歌戈麻划为"阿"摄读 o,鱼模虞为"乌"摄读 u。

---

① 汪荣宝:《歌戈鱼虞模古读考》,《国学季刊》第 1 卷第 2 号,1923 年。

再以林语堂译高本汉《答马斯贝啰（Maspero）①论切韵之音》为例来看，高本汉是怎样运用日本汉字音构拟歌戈鱼虞模的音读，文中高本汉将马伯乐的错误归结为十六条，其中关于歌戈鱼虞模的有：

（1）鱼韵为-o，以别于虞之-u，马伯乐尽为-u；

（2）麻韵三等为-ia；马伯乐以为唐时已演变到-ie。

高本汉特别举出了日本汉字音的例子，他所举的例字有：

韵	字	切韵音	日译汉音	日译吴音
模	沽	kuo	ko	ku
虞	拘	kjiu	ku	ko
麻	加	ka	ka	ke
麻	马	ma	ba	me

归结起来，上述就是歌戈鱼虞模麻在唐代不读 u 之证。

二、《歌戈鱼虞模古读考》中日本汉字音的运用

汪荣宝对于前人的研究成果产生了怀疑：为何中国古语中不存在 a 音？这个客观存在的语音现象促使他开始研究。他首先从歌麻同摄、鱼虞同摄着手进行考证，参考钢和泰在《音译梵书与中国古音》中提出的新方法和新材料，于 1923 年发表了《歌戈鱼虞模古读考》一文。

文中汪荣宝求证于魏晋六朝时的梵、汉对音，日文假名中之汉音，以及古代西方人所记游记中所译汉字的读音，与汉语古音进行对比发现："同一语音，而在唐宋以上用歌、戈韵字译对音者，在魏晋以上多用鱼、虞、模韵字为之；因恍然于汉魏时代之鱼、虞、模，即唐宋以上之歌、戈、麻，亦皆收 a 而非 u ü 者也。"②这个结论一反顾炎武以来的"古无麻韵"旧说，可以说是一个

---

① 这里的"马斯贝啰"指的是法国汉学家马伯乐。林语堂：《林语堂名著全集》（第十九卷），东北师范大学出版社，1994 年，第 158 页。

② 汪荣宝：《歌戈鱼虞模古读考》，《国学季刊》第 1 卷第 2 号，1923 年。

创见。

　　传统的古音研究认为汉语最早的时候没有低元音[a]，后来出现的[a]来自西域。对此汪荣宝提出了不同的观点，他认为人生最初之发声为"阿"，世界各国字母多以"阿"为建首，提出"阿音为一切音之根本，此语言学之公论也"的观点，并从自然音出发断定"乌、於、呱、吾、父、鼓"诸字也读 a 音。

　　关于鱼部中的"鱼、虞、模"三韵在读音上有无不同，是一个不容易弄明白的问题。照日本汉字音来看，"鱼、虞、模"三韵有 o、u(ü)两种读音，内部颇不一致。汪氏在文中将"鱼、虞、模"简单地拟为 a，是错误的，原因在于汪氏选择的日本汉字音地名具有时代性。关于"歌戈麻"，汪氏以唐季日本所采汉字而制的"假名"的汉音，即六朝唐时之读音あ行的字都是歌(凡五)戈(凡二)麻(凡二)并入末(凡一)，从而证明那时的歌戈麻念 a。上古的歌部以及后来的假摄读 a 是无可怀疑的。日译汉音果、假两摄都读 a。进而得出结论："唐宋以上，凡歌戈韵之字皆读 a 音，不读 o 音；魏晋以上，凡鱼虞模诸韵之字亦皆读 a 音，不读 u 或 ü 音。"

　　在文章中汪荣宝还提及支脂之的音值构拟问题，他指出："支佳近 ia，脂微齐皆灰近 ui，之咍近 oi，这样，泰是 ai，所以与 ui 的脂不同。"他举了以下几个例子：

　　邪马台对译 yamato、旧译菩提对 bodhi，以补从音声的菩字谐 bo；

　　日本叫弈棋为 go，又棋盘叫作 goban。

　　但是汪氏对于支脂之古读没有像歌戈鱼虞模之全读为 a 音那样证据充分，得出相当的定论。所以，在《古读考》中"支脂之只不过是歌戈鱼虞模问题牵涉出来的旁枝问题，作为中心研究那就有待将来了"。[①] 汪氏的这篇文章自发表以来便引起了各家的争论，这些争论在本篇第一章中已简单提到过，这里重点对文章的内容作详细分析。

　　汪氏以唐代时期日本所采用的汉字而制的假名的"汉音"——即六朝唐时

---

　　① 魏建功：《音韵学上的大辩论——〈歌戈鱼虞模古读考〉所引起的问题》，《魏建功文集(叁)》，江苏教育出版社，2001 年。

的读音都是歌戈麻并入末,来证明那时的歌戈麻念 a。章炳麟对此持否定的观点,认为日本人学英语,发音不能谐切,至于古代的日译吴音、日译汉音,更是不能读得准确,拿这种尚不能确认其正确性的材料所得到的结论,是不可靠的,值得怀疑的。

1923 年,林语堂在《国学季刊》第一卷第三期发表了《读汪荣宝〈歌戈鱼虞模古读考〉书后》;次年,在《晨报》副刊第五十六号发表《再论歌戈鱼虞模古读》。他的这两篇文章都是有关歌戈鱼虞模古读的讨论,认为歌戈古读长 a,麻古读短 a,支古读 ia,鱼虞模古读开 o,这些都有一定的启发性,但论证还是比较粗疏的。

钱玄同《跋汪荣宝〈歌戈鱼虞模古读考〉》,他赞成汪氏的观点并加以修正说:"我以为战国以前所谓西周和春秋的时候,鱼虞模的字不读丫韵,因为三百篇中鱼虞模部的字和歌戈部的字显然有别,不相通用,所以知道他们并不同韵。若那时鱼虞模部读丫韵,则歌戈一定不读丫韵。"①

1924 年,章炳麟在《华国月刊》上发表《与汪旭初论阿字长短音书》,对汪、钱两氏之说加以评驳。汪荣宝答章炳麟的质疑,发表了《论阿字长短音答太炎》,文中汪氏采用的方法包括两种:一种是外国语中保存的汉语读音;另外一种是汉语中保留的音译外来词语。他用这两条方法证明了歌戈在六朝唐宋时读 a,又从"开齐之音多于合撮"的语言学惯例与中国古译外国名比较,结果证明唐宋以上的鱼虞模也读 a。

虽然汪氏《古读考》一文中的具体结论存有可议之处,但它的发表及所引起的讨论毕竟使汉语音韵研究出现了新的面貌:

其一,为清儒分出的韵部拟测具体音值;

其二,在研究材料上,已能进一步取材于汉语、外语对音和译音;

其三,在研究方法上,在前人考证基础上,又能进一步用译音的对勘,提出"华梵对勘,尤考定古音之无上法门"。

---

① 《歌戈鱼虞模古读考》末尾《附记》,见《国学季刊》第 1 卷第 1 号。

第二节　日本汉字音在魏建功 音韵研究中的运用

魏建功(1901—1980),毕生致力于汉语语言文字学研究,建树卓著,尤其在音韵学方面,魏先生有着很深的造诣,对古音、等韵、切韵和各种韵书都有着比较深入的研究,同时还对一些韵书作详尽的校勘工作,为研究汉语音韵史和解决音韵学上的某些问题提供了比较可靠的资料。1943 年,柳亚子先生在《新东亚》杂志上撰文评述:"自章太炎、钱玄同逝世后,在音韵学方面独树旗帜的,唯建功一人而已。"

魏建功先生在其学者生涯的五十年中,共发表著作达 189 种之多,可谓著作等身。笔者对魏建功的学术成果进行分类总结,主要分以下几类:

(一)对《切韵》系韵书资料的系统整理与研究;

(二)"音轨"理论的提出与探讨;

(三)对汉语音韵学方法论的探讨;

(四)对北京话语音史研究的贡献。

《古音系研究》是魏建功音韵学研究的代表作之一,与同时期的音韵学通论及教材不同,它是魏先生十余年读书、研究、思考、实践的学术结晶。罗常培先生曾为《古音系研究》作序说:"凡是根据自己的观念,运用自己的方法,组织自己的材料,而不因袭别人的,无论如何也得算是一部好书。"[1]"汇集材料,整理系统,考订源流,归纳条例,解释现象,叙述学史"这 24 个字可以大致概括出魏建功在《古音系研究》著作中所做的研究工作。

在《古音系研究》中,共有三章运用到日本汉字音,分别为研究古音系的材料、研究古音系的方法、古音系研究的实际问题中的音轨部分。民国时期,这种在一部著作中大量运用日本汉字音进行研究的现象并不多见,魏建功的《古

---

① 魏建功:《古音系研究》,中华书局,1996 年,第 5 页。

音系研究》便是其中之一。从这一点也可以看出,国内学者已经认识到日本汉字音的作用,并对其进行深入研究。

本篇仅从魏氏《古音系研究》《古阴阳入三声考》等论著中所引用的日本汉字音入手,重点研究日本汉字音在魏建功的音韵学体系中所起到的作用,至于其他方面的研究成果暂不在论述范围之内。

一、魏建功的音轨原则

汉语音韵学中的"音轨原则"最先由清代学者戴震提出,后章太炎著《文始》将这一原则运用至极致。这里所谓的"音轨",指的是语音学中的音变规则。魏建功充分肯定了音轨原则在汉语音韵学研究中的重要作用,并运用到他本人的音韵学研究中。"因为发音的原理已经有语音学的提示,我们可以按着那些指示立出音变的轨则来。这是我曾经写定'音轨'的缘故"。[①] 可以说,魏建功是将音轨和日本汉字音联系起来进行研究的最早学者之一。魏建功大量运用日本汉字音来研究音轨原则,但其研究方法不同于高本汉,他侧重于运用日本汉字音的发音变化规律来研究汉语音韵。下面分别从声类、韵类两部分分别讨论日本汉字音在魏建功音轨原则中的具体运用情况。

(1)声类轨部

魏建功的声类轨部共五轨,三十二系,[②]其中五系是通过日本汉字音来证明。我们将《古音系研究》中出现的关于日本汉字音的例子进行分析后发现,魏氏著作中主要采用的是日译汉音。

1. 塞鼻相转系一[③]

孥娜愵拿挪稬懦稬糯难,读为ダ;

男愖喃暖稬糯,读为ダン;

---

① 魏建功:《古音系研究》,中华书局,1996年,第194页。

② 按照魏建功《古阴阳三声考》中的解释:"因为以一纯韵为中心,连列其对转各声,则在这一个发音中心之内的各类,便合成为一小团,今定名为'系'"。

③ 魏建功:《古音系研究》,中华书局,1996年,第195—197页。

尼怩桅腻,读为ヂ;

忸,读为ヂク;

惄,读为ヂツ;

女孥,读为ヂヨ;

娘捻嫋溺裹娆秾襛孃醸醲蹑,读为ヂヨウ;

泥袮,读为デイ;

奴努孥弩怒砮笯詉,读为ド;

闹,读为ドウ;

马码骂祃,读为バ;

枚沫玫某媒卖梅,读为バイ;

莫麦寞幕貌漠邈,读为パク;

文刎吻紊蚊问雯闻,读为ブン;

目牧冒睦墨缪,读为ボク;

牙咬我芽娥峨衙饿鹅,读为ガ;

岳鄂乐噩,读为ガク;

岩岸眼雁颜赝严,读为ガン;

宜义疑蚁议仪曦巍魏,读为ギ;

丸元玩顽纨愿,读为グワン;

五午牛伍吴吾忏圄娱悟御梧,读为ゴ;

仰卬偶敖傲嗷熬遨,读为ゴウ。

可以得出:"日本读汉字娘日泥明微疑定並群纽音。"此原则共列出了カ、タ、ハ三行日本汉字音的读音,除了塞鼻相转的现象之外,还涉及了长音和拗音等方面的问题。由此可知,魏氏提出的这种现象是日本汉字音中存在的一种规律。

2. 塞通相转系二①

舌音之齐齿腭化,端透定与知彻澄读如照穿床;齿音之腭化,精清从读如

---

① 魏建功:《古音系研究》,中华书局,1996 年,第 199 页。

照穿床,而又皆转为通擦。故日本夕行之チツ与サ行之シス浊音不分。其所包汉字,端知照精四系俱备。如读じ音的汉字"自、地、次";读ズ音的汉字"豆、图、事"。チ段故以齐齿而变,ツ段则因 u 之"异化"而变。

3. 鼻通相转系七①

贺,读为ガ;

亥劾咳孩阂骇害,读为ガイ;

学,读为ガク;

厂含,读为ガン;

戏义曦,读为ギ;

琐,读为ギヨク;

画,读为グワ;

下夏悔,读为ゲ;

幻玄弦泫炫痃眩患限现显,读为ゲン;

后瑚醐护,读为ゴ;

合哈号豪壕濠嚣,读为ゴウ。

日本读汉字晓匣纽一部与疑纽之转为塞浊音者同,这种现象也与塞通相转现象相关联。

4. 鼻鼻相转之二浊系八

"鼻鼻相转"指的是泥、娘、日、疑、明、微、纽相转的现象,日本汉字音读"日"字汉音转为泥纽。

5. 通清浊相转系十一

日本语语助"はwa"皆读 wa,可谓是最明显的例证。日本语之"音便",凡在鼻音后之塞声皆变清为浊,浊音则变塞为鼻音。

(2) 韵类轨部

魏建功的韵类轨部共十轨,六十七系。与声类轨部相比,规则数量明显增多,但在韵类轨部中日本汉字音只出现两处,同时也正证明了魏氏"古音研究

---

① 魏建功:《古音系研究》,中华书局,1996 年,第 204 页。

在声不在韵"的观点。①

　　1. 异位同势相转轨二之开开相转系一

　　鱼今音为 y，日本读 o。此以无介音而视为开开相转例。

　　2. 鼻韵化轨九

　　日本译华音之阳声概以ン收韵，是其已不能分辨 m、n、ng 之故。这些字之叶韵，与此类似。我们再审慎一步，只以在偶数的句尾看叶韵情形。日译吴音所体现的，无疑可以分成两组：

　　（甲）戎＝ジウ；秦＝シン；阴＝イン；都包含有イ音；

　　（乙）京＝キヤウ；公＝ク；铭＝ミヤウ；忘＝マウ；都包含有ア音。②

　　在韵类轨部中有两类和日本汉字音③联系非常紧密。一类是鼻音韵尾，另一类是入声，④分别与日本汉字音中的拨音和促音存在着联系。这有助于学者研究古代汉语的韵尾问题。

二、入声与日本汉字音之促音

　　"吾"字宋代取以对"鹐"之有声随音（即韵尾）。此类情况说明古代阳、阴、入三声存在区别：阳、入各家说法一致，但阴声实际上亦有声随。如：朝鲜语中"-l"音，有时读作"-s"或转为"-t"（该现象如今改为"与阴声对转者"）。1929年，魏建功发表《古阴阳入三声考》一文，其中大量运用日本汉字音进行辅证，尤其文章最后单独对入声和日本汉字音之间的联系进行研究。据本人目前搜集到的资料来看，魏建功先生可谓是国内学者研究入声和日本汉字音关系的"先驱"。

　　胡适先生曾对入声下过定义："入声是韵母收声于-k、-t、-p 三种声尾的声韵；入声有特别的声尾，和阳声之收声于-m、-n、-ng 者固然不同，和阴声之收声于单纯韵母或复合韵母者，也绝不相同，入声为最古之声。凡同偏旁之字，古

---

　　①　此观点见于魏建功《古音系研究》第五章"研究古音系的条件"，中华书局，1996 年，第 260 页。
　　②　魏建功：《古音系研究》，中华书局，1996 年，第 233 页。
　　③　确切地说应该是日本汉字音在实际运用中的变化规律。如拨音、促音、拗音等。
　　④　魏建功关于入声与日本汉字音的观点将在本节的第二部分具体讨论。

代平入同押的,其时皆是入声;去入同用的字,古时皆是入声,皆有声尾,后来一部分脱去声尾,皆成去声。"①魏建功指出胡适的"古音的阴阳入用韵书时代的平上去入"是错误的。

胡适在文中引译高本汉的《分析字典引论》,作他的"入声为古而他声为转声"之证,"高本汉先生用广东话和日本的汉音吴音作参证,推知中古时期(隋代《切韵》成书时期)的入声音值。就这一千几百年的音韵演变的历史看来,无论在哪一种方言里,都只见入声之变平,从不见平声之变入。故我们可以推知入声之古"。② 魏建功也提出了质疑,高本汉发现汉语方音中"只见入声之变平,从不见平声之变入"的现象,但不可以因此而将《切韵》音的平声全当作古阴声。魏建功的这一观点得到了后来学者的肯定,充分说明魏先生治学态度的严谨,在肯定日本汉字音研究价值的同时,也注意到它本身的局限性。

在正文第三部分,魏建功提出了分部说、审音说、至祭月三部对纯韵说、部次说、对转说、通转说、转变说共七种关于古阴阳入三声的变化规律。其中四种都大量运用了日本汉字音,可见日本汉字音在魏建功《古阴阳入三声考》中的重要作用。下面就具体分析魏建功在文中如何利用日本汉字音进行研究。

(一) 分部说

魏建功提出了"古入声乙不与古入声甲相同"③的观点。他说,除了国内方言中江浙一带的入声读为附 h 音可以证明外,日本汉字音也是很有力量的证据。如下例所示:

附 ts 的见日译汉音附 t 的字音,日本假名的ツ;

附 cɕ 的见日译吴音附 t 的字音,日本假名的チ;

附 ɕ 的见日译汉音附 k 的字音变为字训的,日本假名的シ(不变的是キ);

附 F(ph)的,按与 p 几乎相同,见日译汉音附 p 的字音,日本假名的フ,是因为日本语 p 音晚出,古音只有 h、f,故附 p 者读为 f。

---

① 胡适:《入声考》,《胡适文存》,亚东图书馆出版社,1921 年。
② 同上注。
③ 魏建功引胡适的说法:入声甲指的是"t",入声乙指的是"ts、s"。

这一观点高本汉也有论证："同是舌尖前音，而一方面破裂音 t、t'、dʻ 不跟他方面破裂摩擦音和摩擦音 ts、ts'、dzʻ、s、z 互谐。这条定律的例外比较不多。"[1]日本语无单独声母，日本汉字读音，凡附加之声都是用与イ（吴音）、ウ（汉音）相拼的音，不能单独用同一声母。

（二）审音说

魏建功根据《诗经韵表》和《群经韵表》的分部来求古音纯韵的痕迹，已分好的韵部有五类：第一部止、第三部有、第四部厚、第五部语、第十五部尾。在此基础上魏氏又划分出旨部、歌部两类。止部字今有读 u 者，如某、母、负、妇、久、臼，日本汉字音皆读 u；有部字今有读 o 者，如土、五、午，日本汉字音皆收 ɔ 韵。

对转说及通转说已在本章第一节中详细介绍过，这里就不再重复讨论。

据上，我们可以总结出入声与日本汉字音促音之间的关系规律，用表格的形式表示出来（此表格根据魏建功《阴阳入三声考》的观点制作而成，稍有变动）：

汉字韵末入声音随	p	t				k
日本汉吴音之对音	フ	ツ、チ、シ				キ、ク
促音之ッ		ニ	キ	ザ	ヶ	
促音ッ之音变		ボン （日本）	テ （切手）	シ （雑誌）	カ （结果）	
促音音变情形		此音パ 行字	此音タ 行字	此音サ 行字	此音カ 行字	

日本汉字音的实际情况并非像魏建功得出的上述结论那么简单，我们在前人成果的基础上进一步研究，发现日本汉字音在 p、t、k 三方面分别存在不同的发音变化，如有的词语发生了促音变，有的却没有，同时在发生促音变的诸情况中又存在差异。魏建功对此没有进行深入研究。

---

① 高本汉著，赵元任译：《谐声说》，《国学论丛》第 1 卷第 2 号，第 216 页。

下面我们尝试通过日本汉字音中具体的例子,来进一步完善魏建功先生的研究。

〈一〉例词:

物価ぶっか/物价　　　　　秩序おっじょ/秩序

傑出けっしゅつ/杰出　　　　絶対ぜったい/绝对

刹那せつな/刹那　　　　　　立腹りっぷく/生气

仏門ぶつもん/佛门　　　　　熱烈ねっれつ/热烈

上述例子中,有些单词前一词素的尾音つ都变成了促音,は行音ふく变成ぱ行ぷく音。这就是说,构成单词的汉字词素如果前一词素的尾音为つ,后一词素的头音为か、さ、た、は行音,则前一词素的尾音つ要变成促音,同时后一词素的は行音要变成ぱ行音。

〈二〉例词:

吉凶きっきょう/凶吉　　　　日限にちげん/限定日期

日出にっしゅつ/日出　　　　勿体もったい/装腔作势

吉事きちじ/喜事　　　　　　日日にちにち/天天

吉報きっぽう/喜报　　　　　勿論もちろん/当然

从上可以看出,促音变都是发生在单词中读音为两个音节的汉字词素的尾音上,并且只在其后面词素的头音か、さ、た、は行音,这时は行音变成ぱ行音时,才有促音变。如:知識(ちしき)、区間(くかん)、危険(きかん)、激烈(げきれつ)、複雑(ふくざつ)。

〈三〉例词:

客観きゃっかん/客观　　　　客席きゃくせき/观众席

各国かっこく/各国　　　　　各地かくち/各地

作曲さっきょく/作曲　　　　作品さくひん/作品

上面这些例词中的尾音く都变成了促音,这就是说,构词单词的汉字词素如果前一词素的尾音为く,后一词素的头音为か行音,则前一词素的尾音く往往变成促音,但是还存在两种特殊的情况,即不发生促音变的情况和兼有促音变和无促音变的情况:

① 肃啓（しゅくけい）敬启　　　　　祝歌（しゅくか）祝歌

② 昨今（さっこん）近来　　　　　　昨夏（さくか）去夏

　　这两种情况的单词很少，绝大多数都是符合尾音く，后一词素的头音为か行音，则前一词素的尾音く往往变成促音的规律的。

三、鼻韵与日本汉字音之拨音

　　魏建功在《古阴阳入三声考》一文中，首次提及鼻韵及拨音两者之间的关系，随后在其《古音系研究》中对鼻韵与拨音的关系进行了深入的探讨。"鼻韵"（《音轨》部二轨九属之），魏建功将它定义为：过渡的"桥"①是纯韵的鼻化；"拨音"为日本假名五十音图在五十之数之外有个"ン"。这种特殊音节的主要用途是用来对写外国语的附声韵。② 对于这一现象黄遵宪作过这样的描述：

> 考日本方言不出四十七字中（按指日本"伊吕波"假名）。……四十七字之外，有五十母字谱……五十字外，别有"ン"字，读若"分"是为鼻音，即厶姥之别，惟尾声有音。凡东、江、阳、庚、元、文、删、侵、覃、监、咸诸音以"ン"字助音，亦能得其音。③

为了方便读者理解，这里先列出声母属于鼻音的都有哪些：

マ　ミ　ム　メ　モ　为 m；

ナ　ニ　ヌ　ネ　ノ　为 n；

ガ　ギ　グ　ゲ　ゴ　之在语词中为第二音者为 ŋ。

　　魏建功不仅指出了鼻韵和拨音的对应关系，也举出了很多有力的证据。例如日本《万叶集》里：伊香山的"香"注作"カゴ"；钟礼能雨的"钟"注作"シゲ"；融通王的"通"注作"ツギ"。这些都是利用"香""钟""通"的附声韵 ŋ 而来

---

① 　"桥"是魏建功对音变现象所作出的解释，这种现象在韵书里表现为穿错变化已定之后的文字记载。方音中所见的例子是给我们说明这文字记载穿错变化的音的实证。

② 　魏建功之所以称为"附声韵"，是因为拨音在任何情况下都不能单独使用，也不能用于促音前后，必须依附在其他假名的后面，在发音上占一拍的时间。

③ 　（清）黄遵宪：《日本国志·学术志》，上海古籍出版社，2001 年。

的。此外还列举了《倭名抄》《山家集》《类聚名义抄》等保存有大量日本古音书籍中的例子。魏建功的观点是正确的但不全面,实际上日本汉字音的拨音和汉语"中古音"呈严整的对应局面。我们试着以あ行为例:

あん:安/案/暗

いん:因/印/引/姻/隐

うん:运/云

えん:延/沿/演/盐/宴/烟/炎/援/猿/园/远/元

おん:恩/温/稳

从以上变化中可以看出,日本汉字音中的ン音是与 m、n 共同相似的鼻音。因为发音部位与 m、n 相似,所以这类鼻音才可以依着它后面的连缀的音而明定其为 m 或 n 任何一音。这样,我们知道这是一个鼻化纯音。如此说来,日本的附鼻韵可以认为不是一个清清楚楚的 n,所以现在的日语中经常出现以长音ウ、イ来代替ン音的现象:

"东"不作"トグ",而作"トウー";

"阳"不作"ヤク",而作"ヤウー";

"京"不作"キヤク",而作"キヤウー";

"停"不作"テク",而作"テイー"。

最后,魏建功还提到了日本汉字音的声调问题。日本话本来没有声调,所以日本所借用的汉字读音,无论是日译汉音还是日译吴音,现在都没有字调的区别。但是在以往日本崇拜汉文化的时期,他们读汉籍曾经努力要照着汉人的读法读,所以在他们的"大寮"里曾经设置过"音博士"。据唐代的日本记录所言,当时所传去的北方读音有五种声调,而南方读音则有八种声调。这五种声调和八种声调的具体内容不得而知,但参考日译汉音无浊音而日译吴音有浊音这一点,我们可以推测日译吴音的八种声调也是以声母的清浊而分为阴阳两种的。①

综上所述,我们可以得出以下几点结论:

---

① 周祖谟:《关于唐代方言中的四声读法的一些资料》,《语言学论丛》第二辑,1958 年。

1. 魏建功利用日本汉字音进行研究的重心是日本汉字音自身的变化规律，如促音、拨音、音便等现象，且将这些语音现象与汉语语音加以联系，如促音和汉语入声，拨音和鼻音韵尾等。魏建功在这方面的研究突破了高本汉在《中国音韵学研究》中的仅研究单个日本汉字音的局限，使得音韵学界对于日本汉字音的研究更加深入。

2. 魏建功在选用日本汉字音材料时，并未区分日译吴音、日译汉音，而是将两者混同起来与中古音进行比较研究。因此，他得出的某些结论存在不足之处，需要我们进一步深入研究。

3. 魏建功对于日本汉字音的运用，大部分集中在日本汉字音和中古音的对应关系方面，很少涉及日本汉字音的拟测问题，对于日本汉字音与上古音的对比研究方面几乎没有提及。

第三节　日本汉字音在钱玄同音韵研究中的运用

钱玄同(1887—1939)，是首先利用国际音标构拟上古音系音值的中国学者。[1] 早年留学日本，师从章太炎。钱氏擅长通过对传统音韵学的成果爬梳整理，进而阐述自己的创见，"是一位注意汲取并赞赏现代中外学者新的语言学理论、研究方法，具有承前启后的作用和新旧过渡特点的学者"。[2] 钱玄同发表过多篇具有影响力的音韵学文章，如《读汪荣宝〈歌戈鱼虞模古读考〉书后》《再论歌戈鱼虞模古读》《古有复辅音说》《支脂之三部古读考》等。尤其是代表作《文字学音篇》可谓是一部"旧声韵学中最有系统之著作"，[3]是从传统音韵学到现代语音学过渡的著作。

① 耿振生：《20 世纪汉语音韵学方法论》，北京大学出版社，2004 年。
② 曹述敬：《钱玄同音学论著选辑》，山西人民出版社，1988 年。
③ 引自姜亮夫对《文字学音篇》的评价："其所叙述之旧音声韵学，皆为较近结论之说，提纲挈领，颇见扼要，为旧声韵学中最有系统之著作。"

1934 年钱玄同发表了《古韵二十八部音读之假定》，钱氏在文中提及："近汪荣甫、林语堂、罗莘田、王静如诸氏，多能根据发音部位以说明声音转变之路径，参考方言及外国语等等以求古音之真相，时有善言，可资研究。"[①]钱氏的这一说法可谓是对当时汉语音韵学研究现状的一个总结，即受高本汉等西方学者的影响，国内学者打破传统音韵学研究方法的局限，开始利用日本汉字音等域外语言材料来研究汉语音韵学。

本节将重点分析日本汉字音在钱玄同上古音研究中的运用情况，钱氏著作中提到的二十八韵部，只有锡部、耕部、侯部、侵部、冬部五个韵部运用到了日本汉字音。

（一）锡部

日译吴音对于古音锡、佳二部之元音都读 a。如："锡"读ヤク（yaku）；如"益"ヤク（yaku）；"历"ンヤク（ryaku）；"壁"ヒヤク（byaku）。若将此ヤク（yaku）之音还原，当为 iaki；因日本读音中无 k 音存在，故以ク（ku）代之。

（二）耕部

"耕"读ヤウ（yau），"名"シヤウ（myau）；"盈"ヤウ（yau）；"丁"チャウ（chyau）；"宁"ニヤウ（nyau）。若将此ヤウ（yau）之音还原，当为 iang，因日本无 ng 音，故以ウ（u）代之（日本今音，ヤウ均变音为ヨへ，所幸它的旧拼并未改变，故以此得以考见中国古音）。

（三）侯部

关于侯部，前文提到汪荣宝已通过汉魏六朝的佛经音译字证明读-u 音。钱玄同赞同汪氏的拟音，并提出日译吴音中对应侯部的字都读ウ（u）音的观点。现代学者史存直对此提出了不同看法，他认为侯部不应该是独立的韵部，

---

① 钱玄同：《古韵二十八部音读之假定》，《师大月刊》32 周年纪念专号，1934 年；参见曹述敬：《钱玄同的古韵说——关于〈古韵二十八部音读之假定〉》，《信阳师范学院学报》1982 年第 1 期。

而是介于鱼部和幽部之间的一群字,我们拿日本汉字音进行对照就会更清楚。

  侯部:钩 ku;口 ku;偶 gu;母 mo;走 su;

      豆 dzu;头 dzu;凑 su;叟 su;剖 fu。

  鱼部:居 ko;去 ko;巨 go;语 go;虚 ko;

      阻 so;女 nio;处 so;书 so;如 nio。

  虞部:惧 go;于 uo;数 gu;主 su;扶 bo;

      儒 niu;武 mu;取 su;夫 ho;愚 go。

通过对比我们可以发现,侯、鱼、虞三部之间存在联系,但侯部是否能独立成为一部,学界还没有一致定论。不过我们采用大多数学者的观点,将侯部独立为一部。

(四) 侵(冬)部

侵部和冬部之间通转的情况最多。缉、觉两部和侵、冬两部相同。钱氏举日译吴音的例子来说明:缉部读(ofu);侵部读(on)。如"邑"读オフ(ofu);"吸"读コフ(kofu);"阴"读オン(on);"今"读コン(kon)。若将此オフ(ofu)与オン(on)音还原,当为 op 和 om。因日本无 m 音,故以ン(n)代之;无 p 音,故以フ(fu)代之。据此钱氏将缉、侵分别拟定为 op 和 om。

钱玄同将日本汉字音运用到韵母分部的问题上。且除侯部外,以上各韵部钱氏得出的结论大体都是正确的。通过钱玄同的古音"构拟",可以断言,如果十九世纪的清儒有缘引进西方历史比较法,其研究成果应与钱氏所构拟的差不多,与高本汉立足域外观察中国古音的研究风格迥然不同。

结合第二章和第三章来看,民国时期中外学者在音韵学研究中利用日本汉字音的情况主要有以下几类:

1. 声母方面:

(1)"古无轻唇音",轻重唇不分并不是上古的现象,一直到中古前期都是不分的。就目前的日本汉字音材料来看不存在轻唇音。

(2)"舌音类隔之说不可信",所谓的舌音类隔,指的是以舌头切舌上或以舌上切舌头。如日本汉字音读舌上音(知彻澄娘)的字,都读ダ行或タ行、ナ行。

（3）"娘日归泥"，关于这个问题证据很多，但多半属于谐声关系，因此还不能据此下结论。但学者们通过研究日本汉字音等域外语言材料，找到了辅证。如日译吴音为 n，日译汉音为 z 或 z。

2. 韵母方面：

（1）日本汉字音ア段音对应《广韵》韵部的歌、戈、麻（二等）；日本汉字音イ段音对应《广韵》韵部的支、脂、之、微；

（2）日本汉字音ウ段音对应《广韵》韵部的模虞、侯尤、东钟；日本汉字音エ段音对应《广韵》韵部的麻、灰、泰（合）佳、皆、齐（合）、祭、废；

（3）日本汉字音オ段音对应《广韵》韵部的豪、肴、侯、东（一等）、冬、唐、江、阳（轻唇）、庚（二等）、耕、合、盍、洽、狎。

第四章　日本汉字音用于音韵学研究的成就与不足

第一节　日本汉字音用于音韵学研究的成就

一、日本汉字音在研究材料方面的成就

据前文分析,我们可以看到民国时期学者们对日本汉字音的研究多集中在音韵学方面。虽然在民国以前也曾有学者对日本汉字音进行研究,但成果多零散不成系统,且用途单一,多作中日文化交流研究之用。随着西方历史比较语言学理论的引入,日本汉字音开始作为一种新的音韵学研究材料,对中国音韵学的发展产生了很大的推动作用。

(一)日本汉字音被运用到中国音韵学研究中,为已到瓶颈期的汉语音韵学注入了新的活力,开阔了学者们的研究视野。他们开始尝试利用日本汉字音进行音韵学方面的研究,并取得了较高的成就,也使许多存有争议或是得不到解决的问题大都得到了解答,且有的研究成果已成定论。

(二)清朝古音学者们提出的"古无轻唇音""舌音类隔之说不可信""娘日归泥"等都是上古音中颇热门的研究话题。对于这些话题都可以从日本汉字音中找到可以证明自己观点的证据,这是日本汉字音作为新的音韵学材料所起到的辅助证明的作用。

(三)日本汉字音成为音值拟测时的可靠参考资料。在众多的域外译音

中,日本汉字音的价值最高。原因在于日本人和汉文化接触之后,在一千多年前就已经创制了自己所需要的音节字母,而且用这种字母把日语的音位系统整理了出来,且对于汉语语音的地域差异也保持辨别。这样可以准确地把日本汉字音还原。

(四) 同时期,卢戆章受日本假名的启发,创造了与之很相似的汉字笔画式的拼音方案《中国切音新字》,后出现了王炳耀、王照、劳乃宣等人参与的国语注音运动,这场运动为汉语音韵学的现代化创造了条件。在这一点上也不失为日本汉字音对汉语音韵的另一种贡献。

二、日本汉字音在理论语言学方面的成就

民国时期,中国的理论语言学正处于创立时期(1912—1949)。1912 年,胡以鲁出版《国语学草创》,标志着理论语言学的建立。理论语言学与日本汉字音之间存在密切的关系,该时期关于理论语言学方面的著作都涉及了日本汉字音。代表性的有三本著作:高本汉《中国语言学研究》(商务印书馆,1934年)、沈步洲《言语学概论》(商务印书馆,1931 年)、张世禄《语言学概论》(中华书局,1934 年)。

高本汉在《中国语言学研究》中提出"语源之探明虽在乎文字,而文字之探明,先得乎他术,其术为何,曰即在于以同族语相比勘是也"。[①] 这里的同族语除了汉藏语之外,还包括日本汉字音,其重要性显而易见。高氏也在书中第四章和第七章重点介绍日本汉字音在理论语言学中的作用,在第四章中指出"研究语音史最好的材料是方言和域外方言"。

张世禄在《语言学概论》一书中,常常将汉语与日语、英语等外语作种种对比。他在比较语言学的基础上给语言学下了定义:"我们所称为语言学,就是考察和研究各种语言上关于语音系统、语词意义,语词形式、语句结构的种种现象的一种学科。"[②]"无论哪一国的国语,假使要追迹它历史上发展的由来,我

---

① 高本汉:《中国音韵学研究》(缩印本),商务印书馆,1994 年。
② 张世禄:《语言学概论》,中华书局,1943 年,第 3 页。

们势必要溯到往古的某个时代，从此寻出它和别国国语的关系，或者更寻出它的共同的母语，它们就是从这种母语上演化而来的"。①

民国时期日本汉字音的运用和理论语言学发展的轨迹有重合之处。日本汉字音对于理论语言学的发展起到了推动作用，我们亦可以通过理论语言学研究看出日本汉字音在同时期的运用情况。

三、日本汉字音在研究方法方面的成就

魏建功、张世禄等学者在编写汉语音韵学史时，尝试将日本汉字音作为一种研究方法写进著作，称为译音对勘法。这种方法发展至今已成为研究音韵学的主要研究方法之一，对音学就是从这种方法发展出来的一门独立学科。该方法有助于音类的归纳，对于传统音韵学依靠反切、谐声、用韵、韵图、异文等考订音类音值的方法来说，是一个不可替代的补充。

四、日本汉字音在其他译音方面的成就

"日本汉字音是我们研究汉语音韵的最好的材料"，②在深入研究日本汉字音的同时，也促使学者们开始留意日本汉字音之外的其他域外译音，如汉越语、梵语、藏语等。

1920 年，法国学者马伯乐利用越南文中的汉字读音研究《唐代长安方音》；高本汉的《中国音韵学研究》除了大量语用日本汉字音外，也参照越南、朝鲜语中的汉字读音构拟中古音音系，成就突出，影响甚大。此后，罗常培先生的《知澈澄娘音值考》(1931)和《唐五代西北方音》(1933)则主要是利用梵汉对音和藏汉对音的重要成果。1933 年，王力先生专门研究越南语中的汉语借词（字）研究，写成《汉越语研究》一书，至今仍是音韵学界中研究中古音和古越南语的有影响的著作。

民国时期是利用域外译音进行音韵学研究的开端。此后，越来越多的学

---

① 张世禄：《语言学概论》，中华书局，1943 年，第 5 页。
② 史存直：《汉语语音史纲要》，商务印书馆，1981 年，第 8 页。

者开始从事这方面的研究,研究内容也越来越丰富,成果也越来越可观。现当代,汉语对音学已发展成为一门独立的学科,"这是汉语音韵学兴旺发达,普及而又深入的一个标志"。①

第二节　日本汉字音用于音韵学研究的不足

日本汉字音在汉语音韵学研究方面取得了很大的成就,如高本汉的构拟是西方历史比较语言学方法论下的中国古音系统重建的尝试;钱玄同的转写式构拟是中国传统研究与西洋新学的结合等。但这种材料在汉语音韵学运用方面并不是万能的,它本身也存在局限性:

一、缺乏时代性

日本汉字音系统的材料存在时间上的局限性。它只能上溯到南北朝,部分零星的材料也只能上溯到西汉。因此要想研究更早时期的语音,日本汉字音就显得无能为力了。从上文可以明显看出,中古音研究中运用日本汉字音的比重远远大于在上古音研究中的运用。由于日本汉字音缺乏时代性的这种状况,制约了汉语音韵学研究的范围。许多学者在运用日本汉字音时不考虑时代性的问题,对日译汉音、日译吴音没有作详细的区分,如本篇第三章提到的魏建功的研究。

二、缺乏可靠性

我们所谓"译音",并不是指科学的记音,一个民族借用其他民族的词语,往往要按照自己的语音体系来改变所借词语的读音。民国时期的许多学者容易犯一个错误,就是过分地夸大域外译音的作用,由此材料作论证基础得出来

---

① 丁锋:《琉汉对音与明代官话音研究·唐作藩序》,中国社会科学出版社,1995年,第4页。

的结论也可能会是错误的。我们必须认识到利用日本汉字音进行构拟的假设性与或然性,只是为了进一步描写,无从证明确实如此。正因为日本汉字音材料本身的粗疏性、不可靠性,导致高本汉据此所得出的某些结论存有错误。

三、缺乏完整性

据唐代的日本记录所言,虽然当时所传过去的北方读音和南方读音分别有五种和八种声调,但声调的具体内容现在不得而知。因而,目前看来日本汉字音是没有声调的。我们只能利用日本汉字音对声类和韵类进行拟测。不光日本汉字音,就是在其他域外译音中也很难找到关于声调的某种对应关系。

对音虽然有很好的科学认识价值,但因为它本质上是两种语言语音层面上的对应,两种语言各自的语音分布、语音组合规则、语音数量等因素,给对音状况和对音质量有深刻的影响。"强人就我",近音替代的现象是不可避免的。此外,对音的时代特征和地域特征,记音人和发音人的语音个性差异和辨音能力等方面,都直接或间接地与对音相关联。这就决定了对音的认识价值最终是有一定限度的,这同时也要求对音研究必须尽可能如实地揭示对音所反映的语音真相,并且有效地作出参证。

所以,我们要科学对待日本汉字音,在强调它在音韵学研究方面的重要作用之外,也要看到它的局限,扬长避短,使日本汉字音可以更好地为汉语音韵学研究服务。"任何学术理论观点都要受到制约……新学术观点构建的价值,有赖于新观念、新理论、新方法的探索"。①

---

① 李葆嘉:《当代中国音韵学》,广东教育出版社,1998年,第255页。

小　　结

　　本篇对民国时期日本汉字音在汉语音韵研究中所起到的作用进行了专题研究。我们发现,民国时期的日本汉字音研究主要侧重于日本汉字音与中古音之间的比较研究。但在上古音的拟测方面,民国时期的学者研究成果不是很多。本篇以民国时期几位音韵学者对日本汉字音的运用为线索,研究日本汉字音在整个民国时期的整体研究状况。

　　首先,国外学者的日本汉字音研究分为两部分。第一部分是高本汉的日本汉字音研究,主要分中古音和上古音两个方面。中古音方面:从高本汉《音韵学研究》入手,整理书中高氏收集的所有日本汉字音材料,总结出日本汉字音中的汉语中古音。高氏的研究主要有以下特点:(1)大部分的日本汉字音和汉语中古音是相对应的。如:夕行对应端、透、定母,サ行对应精、清、心母;(2)对日本汉字音进行拟音,其拟音的结果大部分也是正确的,这就为上古音的拟测打下了良好的基础。上古音方面:主要从谐声系统、鼻韵尾、上古汉语的 g 和 ɦ 等三个方面进行论述,高本汉在这部分的论述不是很多,而且大多是他在中古音研究中的延续。正因为此,我们才可以看出高氏利用日本汉字音进行上古音研究的开创性。我国学者正是受到高氏的启发,才得以更加深入全面地研究日本汉字音。任何事物都有其两面性,高本汉的研究也存在许多问题,有些结论已被后来的学者证明是错误的。对此,本文也以客观公正的态度,真实还原高本汉学说,并结合现代学者的最新理论提出个人的见解。第二部分日本学者的日本汉字音研究,主要分日本汉字音和日本汉字音有关的其他译音研究两部分。

其次，对于国内学者的研究，主要以汪荣宝、魏建功、钱玄同三人为代表，总体研究日本汉字音在他们各自的研究中所起到的作用或者特点。无论是汪荣宝的"歌戈鱼虞模"研究，魏建功的"音轨"研究，抑或是钱玄同的"二十八韵部"研究，都存在着以下几点相同的地方：

一、由于"西学东渐"的原因，民国时期利用日本汉字音研究音韵的学者都有过留学日本的经历，他们熟练掌握了日语，并且自身的音韵学底蕴深厚。这些都是利用日本汉字音进行汉语音韵研究的有利条件。

二、民国学者大都具备现代语音知识，但有的对音素与音位的区别还不甚明了。这是因为音位学是 20 世纪 30 年代才发展起来并走向成熟的一门学科，处在民国时期的多数学者还不能熟练掌握这门科学。因此该时期学者们的某些结论难免存在不足甚至错误之处。

三、国内学者利用日本汉字音进行研究是在传统音韵学与西方历史比较语言学理念冲突下进行的，所以学者们利用日本汉字音的角度也存在差异。如同样是入声问题的研究，张世禄和魏建功两人就存在着很大的差异，张世禄在高本汉译音研究的基础上进一步完善；魏建功则根据自己对音韵学独特的见解，结合日本汉字音本身的特点来进行研究。

由于时间、精力及自身能力有限，以上有些问题不能进行深入探讨，有的更不能得出有结论性和创造性的看法。尤其本篇还有很多问题尚未涉及，如日本汉字音在民国时期上古音研究中的作用，由于搜集的资料有限，只发现高本汉、汪荣宝、钱玄同三位学者进行过研究。如果对这些方面加以研究，或许可以得到民国时期日本汉字音研究方面更多的特点。

参 考 文 献
（按作者或编者姓名或单位音序排列）

一、专著类

北京大学中国语言学系：《汉语方音字汇》（第二版），文字改革出版社，
　　1989 年。

北京市语言学会编：《中国语言学百年丛论》，北京语言大学出版社，2003 年。

北京图书馆编：《民国时期总书目·语言文字分册》，书目文献出版社，
　　1996 年。

曹述敬编：《钱玄同音学论著选辑》，山西人民出版社，1988 年。

曹述敬编：《音韵学辞典》，湖南出版社，1991 年。

陈保亚：《20 世纪中国语言学方法论（1898—1998）》，山东教育出版社，
　　1999 年。

陈　第：《毛诗古音考》，中华书局，1988 年。

陈独秀：《陈独秀音韵学论文集》，中华书局，2001 年。

陈复华、何九盈：《古韵通晓》，中国社会科学出版社，1987 年。

陈会兵：《古书中词语的特殊读音研究》，巴蜀书社，2008 年。

陈建初、吴泽顺主编：《中国语言学人名大辞典》，岳麓书社，1997 年。

（清）陈澧：《切韵考》，北京市中国书店，1982 年。

（宋）陈彭年：《宋本广韵（张氏泽存堂影印本）》，北京市中国书店，1982 年。

陈文和主编：《嘉定钱大昕全集》（第 7、9 卷），江苏古籍出版社，1997 年。

陈新雄：《六十年来之声韵学》，台湾文史哲出版社，1973 年。

陈新雄：《古音学发微》,台湾文史哲出版社,1983 年。

陈新雄：《古音研究》,台湾五南图书出版,1999 年。

陈煜斓编：《走进幽默大师》,中国社会科学出版社,2008 年。

陈振寰：《音韵学》,湖南人民出版社,1986 年。

丁邦新编：《董同龢先生语言学论文选集》,食货出版社,1974 年。

丁　锋：《日汉琉汉对音与明清官话音研究》,中华书局,2008 年。

丁福保：《说文解字诂林》,中华书局,1988 年。

丁声树、李荣：《古今字音对照手册》,中华书局,1981 年。

董莲池：《说文解字考正》,作家出版社,2004 年。

董同龢：《上古音韵表稿》,《中研院历史语言研究所集刊》第 18 本,1945 年。

董同龢：《汉语音韵学》,中华书局,2001 年。

（清）段玉裁：《说文解字注》,上海古籍出版社,1981 年。

方孝岳、罗伟豪：《广韵研究》,中山大学出版社,1988 年。

冯春田等撰稿：《王力语言学词典》,山东教育出版社,1995 年。

冯　蒸：《冯蒸音韵论集》,学苑出版社,2006 年。

高本汉著,潘悟云等编译：《汉文典》(修订本),上海辞书出版社,1997 年。

高本汉著,赵元任等译：《中国音韵学研究》(缩印本),商务印书馆,1994 年。

高本汉著,聂鸿音译：《中上古汉语音韵纲要》,齐鲁书社,1987 年。

高本汉著,张世禄译：《汉语词类》,上海商务印书馆,1937 年。

葛信益：《广韵丛考》,北京师范大学出版社,1993 年。

葛信益、启功整理：《沈兼士学术论文集》,中华书局,1986 年。

葛信益、朱家潘编：《沈兼士先生诞生一百周年纪念论文集》,紫禁城出版社,
　　　1990 年。

耿振生：《20 世纪汉语音韵学方法论》,北京大学出版社,2004 年。

郭锡良：《汉语史论集》,商务印书馆,2005 年。

何大安：《声韵学中的观念和方法》(第二版),台湾大安出版社,1982 年。

何大安：《规律与方向：变迁中的音韵结构》,北京大学出版社,2004 年。

何九盈：《中国古代语言学史》,广东教育出版社,2000 年。

何九盈:《中国现代语言学史》,广东教育出版社,2000 年。

何九盈:《古韵通晓》,中国社会科学出版社,1987 年。

何九盈:《音韵丛稿》,商务印书馆,2002 年。

何琳仪:《战国古文字典:战国文字声系》,中华书局,1998 年。

胡安顺:《音韵学通论》,中华书局,2003 年。

胡　适:《胡适文存》,外文出版社,2013 年。

黄侃笺识,黄焯编次:《广韵校录》,上海古籍出版社,1985 年。

黄　侃:《文字声韵训诂笔记》,上海古籍出版社,1983 年。

黄　侃:《黄侃论学杂著》,上海古籍出版社,1980 年。

黄　侃:《黄侃国学文集》,中华书局,2006 年。

黄　焯:《古今声类通转表》,上海古籍出版社,1983 年。

(清) 黄遵宪:《日本国志·学术志》,上海古籍出版社,2001 年。

季羡林主编:《20 世纪中国学术大典(语言卷)》,福建教育出版社,2002 年。

季羡林主编:《胡适全集》第 2 卷,安徽教育出版社,2003 年。

姜义华主编:《胡适学术文集》(语言文字研究),中华书局,1993 年。

(清) 江有诰:《音学十书》,中华书局,1993 年。

焦立为、冉启斌、石锋:《二十世纪的中国语音学》,书海出版社,2004 年。

(清) 孔广森:《诗声类》,中华书局,1983 年。

李葆嘉:《当代中国音韵学》,广东教育出版社,1998 年。

李葆嘉:《清代上古声纽研究史论》,台湾五南图书出版,1996 年。

李葆嘉:《广韵反切今音手册》,上海辞书出版社,1997 年。

李方桂:《上古音研究》,商务印书馆,1980 年。

李　开:《汉语古音学史》,上海古籍出版社,2015 年。

李　圃:《古文字诂林》,上海教育出版社,2004 年。

李新魁:《古音概说》,广东人民出版社,1979 年。

李新魁:《汉语音韵学》,北京出版社,1986 年。

李新魁:《李新魁自选集》,河南教育出版社,1993 年。

李无未主编:《音韵学论著指要与总目》,作家出版社,2007 年。

李无未:《日本汉语音韵学史》,商务印书馆,2012 年。

李　玉:《秦汉简牍帛书音韵研究》,当代中国出版社,1994 年。

李玉安、陈传艺编著:《中国藏书家辞典》,湖北教育出版社,1989 年。

李珍华、周长楫:《汉字古今音表》(修订本),中华书局,1999 年。

林　焘、王理嘉编著:《语音学教程》,北京大学出版社,1992 年。

林　焘、耿振生:《音韵学概要》,商务印书馆,2004 年。

林涛著,唐作藩校订:《广韵四用手册》,中国国际广播出版社,1992 年。

林语堂:《林语堂名著全集》(第十九卷),东北师范大学出版社,1994 年。

刘　赜:《刘赜小学著作二种》,武汉大学出版社,2007 年。

刘　正:《海外汉学研究》,武汉大学出版社,2002 年。

陆志韦:《陆志韦语言学著作集》(一),中华书局,1985 年。

罗常培:《罗常培纪念论文集》,商务印书馆,1984 年。

罗常培:《语言与文化》,北京大学出版社,1950 年。

罗常培:《罗常培语言学论文集》,商务印书馆,2004 年。

罗常培:《唐五代西北方音》,商务印书馆,2012 年。

罗常培、王均:《普通语音学纲要》,商务印书馆,2004 年。

罗志田:《国家与学术:清季民初关于国学的思想论争》,三联书店,2003 年。

孟蓬生:《上古汉语同源词语音关系研究》,北京师范大学出版社,2001 年。

《民国学术论文索引》,台北中华文化出版事业委员会,1954 年。

潘悟云:《汉语历史音韵学》,上海教育出版社,2000 年。

潘重规等:《中国声韵学》,台湾东大图书公司,1981 年。

庞光华:《论汉语上古音无复辅音声母》,中国文史出版社,2005 年。

蒲立本著,潘悟云等译:《上古汉语的辅音系统》,中华书局,1999 年。

(清)钱大昕:《十驾斋养新录》,上海书店出版,1983 年。

(清)钱大昕著,吕友仁点校:《潜研堂文集》,上海古籍出版社,1989 年。

钱玄同:《钱玄同文集》第四卷《文字音韵古史经学》,中国人民大学出版社,
　　　1999 年。

桥本万太郎著,余志鸿译:《语言地理类型学》,北京大学出版社,1985 年。

邵荣芬：《邵荣芬音韵学论集》，首都师范大学出版社，1997年。

司马朝军等：《黄侃年谱》，湖北人民出版社，2005年。

邵敬敏、方经民：《中国理论语言学史》，华东师范大学出版社，1991年。

沈兼士主编：《广韵声系》，中华书局，1985年。

石锋编：《汉语研究在海外》，北京语言学院出版社，1995年。

史存直：《汉语语音史纲要》，商务印书馆，1981年。

（清）孙诒让撰，王文锦、陈玉霞点校：《周礼正义》（第四册），中华书局，
　　1987年。

唐　兰：《中国文字学》，上海古籍出版社，2001年。

唐作藩：《音韵学教程》，北京大学出版社，1991年。

唐作藩：《上古音手册》，江苏人民出版社，1982年。

王　力：《汉语史稿》，中华书局，2003年。

王　力：《汉语音韵》，中华书局，1963年。

王　力：《汉语音韵学》，中华书局，1956年。

王　力：《汉语语音史》，中国社会科学出版社，1985年。

王　力：《汉越语研究》，中华书局，1982年。

王　力：《龙虫并雕斋文集》，中华书局，1980年。

王　力：《同源字典》，商务印书馆，1982年。

王　力：《王力文集》（第十七卷），山东教育出版社，1989年。

王　力：《王力语言学论文集》，商务印书馆，2000年。

王　力：《中国语言学史》，山西人民出版社，1981年。

王理嘉编著：《音系学基础》，语文出版社，1991年。

王先谦：《释名疏证补》，上海古籍出版社，1984年。

魏建功：《古音系研究》，中华书局，1996年。

魏建功：《魏建功文集》，江苏教育出版社，2001年。

吴文祺主编：《语言文字研究专辑》（上），上海古籍出版社，1982年。

（宋）吴棫：《宋本韵补》，中华书局，1987年。

徐通锵：《历史语言学》，商务印书馆，1991年。

徐通锵：《汉语研究方法论初探》，商务印书馆，2004 年。

（汉）许慎撰，徐铉校定：《说文解字》，中华书局，1963 年。

薛其林：《融合创新的民国学术》，湖南大学出版社，2005 年。

严学宭：《广韵导读》，巴蜀书社，1990 年。

杨剑桥：《汉语现代音韵学》，复旦大学出版社，1996 年。

杨剑桥：《音韵学讲义》，复旦大学出版社，2005 年。

杨耐思：《音韵学的研究方法》，商务印书馆，1987 年。

杨　军：《七音略校注》，上海辞书出版社，2003 年。

杨树达编：《古声韵讨论集》，台湾学生书局，1969 年。

音韵学方法论讨论集编辑组编：《音韵学方法论讨论集》，商务印书馆，
　　2009 年。

余廼永校注：《新校互注宋本广韵》（定稿本），上海人民出版社，2008 年。

于省吾主编，姚孝遂按语编撰：《甲骨文字诂林》，中华书局，1996 年。

曾运乾：《音韵学讲义》，中华书局，1996 年。

张　军：《民国那些大师》，湖北人民出版社，2008 年。

张　琨：《汉语音韵史论文集》，华中工学院出版社，1987 年。

张民权：《清代前期古音学研究》，北京广播学院出版社，2002 年。

张世禄：《中国音韵学史》，上海书店，1984 年。

张世禄：《音韵学》，（上海）商务印书馆，1930 年。

张世禄：《语言学概论》，（上海）中华书局，1943 年。

章太炎著，庞俊等疏证：《国故论衡疏证》，中华书局，2008 年。

章太炎讲授，朱希祖、钱玄同、周树人记录：《章太炎说文解字授课笔记》，中华
　　书局，2010 年。

赵秉璇、竺家宁等编：《古汉语复声母论文集》，北京语言文化大学出版社，
　　1998 年。

赵　诚：《古代文字音韵论文集》，中华书局，1991 年。

赵元任：《赵元任语言学论文集》，商务印书馆，2002 年。

赵元任：《借词举例》，清华大学出版社，1992 年。

中国社科院语言所编：《中国语言学论文索引》，商务印书馆，1978 年。

中国音韵学研究会编：《音韵论丛》，齐鲁书社，2004 年。

周士琦编：《周祖谟语言文字论集》，人民教育出版社，2000 年。

周祖谟：《问学集》，中华书局，1966 年。

周祖庠：《新著汉语语音史》，上海辞书出版社，2006 年。

朱川编著：《实验语音学基础》，华东师范大学出版社，1986 年。

（清）朱骏声：《说文通训定声》，中华书局，1984 年。

二、论文类（含硕博士论文）

保明所：《西双版纳傣语中的巴利语借词研究》，中央民族大学博士论文，
　　　2005 年。

曹述敬：《钱玄同的古韵说——关于〈古韵二十八部音读之假定〉》，《信阳师范
　　　学院学报》1982 年第 1 期。

陈　鸿：《战国文字谐声系统与古音研究》，福建师范大学博士论文，2005 年。

陈新雄：《梅祖麟〈有中国特色的汉语历史音韵学〉讲辞质疑》，《音韵学方法论
　　　讨论集》，商务印书馆，2009 年。

丛　岩：《语言学研究方法的历史回顾》，《辽宁工业大学学报（社会科学版）》
　　　2008 年第 10 期。

董达武：《语言学的对比与反思》，《复旦学报（社会科学版）》1990 年第 6 期。

范淑玲：《日语上代、中古音韵与汉语中古音的比较研究》，山东大学博士学位
　　　论文，2009 年。

方环海：《林语堂与中国音韵学研究的转型》，《中州学刊》1997 年第 2 期。

冯　蒸：《论汉语上古声母研究中的考古派与审音派——兼论运用谐声系统
　　　研究上古声母特别是复声母的几个问题》，《汉字文化》1998 年第 2 期。

冯　蒸：《汉语音韵学应记诵基础内容总览（续一）》，《汉字文化》2004 年第
　　　4 期。

冯　蒸：《上古音单声母构拟体系的方法论考察——兼论构拟上古声母的四
　　　种方法：谐声分析法（离析字母法）、等韵分析法、历史比较法和汉藏语比

较法》,《首都师范大学学报(社会科学版)》2010 年第 5 期。

冯　蒸:《汉语音韵研究方法论》,《语言教学与研究》1989 年第 3 期。

钢和泰:《音译梵书与中国古音》,《国学季刊》第 1 卷第 1 号,1923 年。

高本汉著,赵元任译:《上古音当中的几个问题》,《中研院史语所集刊》第 1 本
　　第 3 分,1930 年。

高本汉:《谐声说》,《国学论丛》第 1 卷第 2 号,1927 年。

耿振生:《论谐声原则——兼评潘悟云教授的"形态相关"说》,《语言科学》
　　2003 年第 5 期。

郭锡良:《殷商时代音系初探》,《北京大学学报(哲社版)》1988 年第 6 期。

何九盈:《汉语和亲属语言比较研究的基本原则》,《语言学论丛》第 29 辑,商务
　　印书馆,2004 年。

胡明扬:《中国语言学:一个世纪的回顾和展望》,《世界汉语教学》1999 年第
　　2 期。

李葆嘉:《新化邹氏古声二十纽说研究》,《古汉语研究》1991 年第 1 期。

李春晓:《闽南方言韵书的集大成之作——读〈闽台闽南方言韵书比较研
　　究〉》,《福建论坛》2009 年第 4 期。

李法信:《论形声字声中有义的范围和右文说的局限》,《山东师大学报(人文
　　社科版)》1989 年第 1 期。

李方桂:《上古音》,《中国语文》1984 第 2 期。

李方桂:《声韵结合的问题》,《中国语文》1984 第 1 期。

李方桂:《*Archaic Chinese* ˇ-i̯wəng、ˇ-i̯wək *And* ˇ-i̯wəg》,《中研院史语所集
　　刊》第 5 本第 1 分,1935 年。

李　开:《现代学术史关于古音学的三次大讨论》,《南开语言学刊》2006 年第
　　1 期。

李荣整理:《上古音学术讨论会的发言》,《语言学论丛》第 14 辑,商务印书馆,
　　1984 年。

李如龙:《百年中国语言学的两度转型》,《武汉理工大学学报(社会科学版)》
　　2005 年第 2 期。

李　申：《林语堂语言研究及其成就述评》,《走进幽默大师》,中国社会科学出版社,2008年。

李无未：《日本学者对日语汉字音与汉语上古音关系的研究》,《延边大学学报》2004年第3期。

李无未：《近代日本汉语音韵学研究的特点》,《厦门大学学报》2006年第6期。

李新魁：《上古音"晓匣"归"见溪群"说》,《学术研究》1963年第2期。

刘文丽：《广韵声系牙音字分类校释》,北京语言文化大学优秀硕士论文,2002年。

刘又辛：《"右文说"说》,《语言研究》1982年第1期。

刘又辛、李茂康：《汉语词族（字族）研究的沿革》,《古汉语研究》1990年第1期。

鲁国尧：《论汉语音韵学的研究方法和我的结合论》,《汉语学报》2007年第2期。

鲁国尧：《论"历史文献考证法"与"历史比较法"的结合——兼议汉语研究中的"犬马鬼魅法则"》,《古汉语研究》2003年第1期。

罗常培：《中国音韵学的外来影响》,《东方杂志》第32卷第14号,1935年。

罗常培：《知彻澄娘音值考》,《中研院史语所集刊》第3本第1分,1931年。

罗常培：《经典释文和原本玉篇反切中的匣于两纽》,《中研院史语所集刊》第8本第1分,1937年。

罗祚韩：《傅东华汉语声纽变转说》,《宁夏教育学院学报（社科版）》1985年第3期。

马学云：《沙玛铺子彝人汉语音系及其变异研究》,汕头大学硕士论文,2002年。

潘悟云：《高本汉以后音韵学的进展》,《温州师院学报》1988年第2期。

齐佩瑢：《中国近三十年之声韵学》,《中国学报》1944年第2期。

钱玄同：《古韵二十八部音读之假定》,《师大月刊》32周年纪念专号,1934年。

乔永：《黄侃"无声字多音说"与上古声纽研究》,《语文研究》2005年第1期。

任铭善：《字音三问》,《国文月刊》1949年第77期。

申小龙：《西学东渐与中国语言学范式变革》，《杭州大学学报》1998 年第 4 期。

施向东：《汉藏比较中的历史层次与借词问题》，《语言科学》2007 年第 6 期。

石　锋：《汉语语音教学笔记》，《南开语言学刊》2007 年第 1 期。

孙玉文：《上古音构拟的检验标准问题》，《语言学论丛》第 31 辑，商务印书馆，
　　　2005 年。

谈承熹：《论汉语同源词——兼论〈广韵声系〉"壬"族之词》，《山西大学学报》
　　　1989 年第 2 期。

汪荣宝：《歌戈鱼虞模古读考》，《国学季刊》第 1 卷第 2 号，1923 年。

汪荣宝：《论阿字长短音答太炎》，《华国月刊》1924 年第 6 期。

王洪君：《文白异读·音韵层次与历史语言学》，《北京大学学报》2006 年第
　　　2 期。

王静如：《论开合口》，《燕京学报》第 29 辑，1941 年。

王　宁：《简论辞书的创造性及其著作权》，《辞书研究》1997 年第 3 期。

王启龙：《钢和泰对中国语言学的贡献》，《西藏大学学报》2009 年第 1 期。

王启龙：《民国时期的藏语言文字研究》，《西藏民族学院学报》2003 年第 6 期。

王显：《清代学者在古韵分部研究上的贡献》，《古汉语研究论文集》(二)，北京
　　　出版社，1984 年。

王　显：《等韵学和古韵》，《音韵学研究》第三辑，中华书局，1994 年。

魏建功：《中国古音研究上些个先决问题》，《国学季刊》第 3 卷第 4 号，
　　　1932 年。

魏建功：《音韵学上的大辩论》，《北京大学研究所国学门月刊》，1926 年。

向佛音：《幼儿言语的发展》，《贵州师范大学学报(社科版)》1980 年第 4 期。

熊桂芬：《黄侃的〈广韵〉研究》，《武汉大学学报(人文科学版)》2009 年第 6 期。

徐通锵整理：《美国语言学家谈历史语言学》，《语言学论丛》第 13 辑，商务印书
　　　馆，1984 年。

徐通锵、叶蜚声：《译音对勘与汉语的音韵研究——"五四"时期汉语音韵研究
　　　方法的转折》，《北京大学学报(哲社版)》1980 年第 3 期。

徐通锵、叶蜚声：《内部拟测方法和汉语上古音系的研究》，《语文研究》1981 年

第 1 期。

徐通锵、叶蜚声:《历史比较法和〈切韵〉音系的研究》,《语文研究》1980 年第
　　1 期。

徐　震:《〈歌戈鱼虞模古读考〉质疑》,《华国月刊》1924 年第 6 期。

许良越:《梵汉对音法的提出及其在音韵学研究中的影响》,《西南民族大学学
　　报》2009 年第 1 期。

薛凤生:《构拟与诠释:汉语音韵史研究的两种对立观点》,《语言科学》2003
　　年第 5 期。

严学宭:《论〈说文〉谐声阴入互谐现象》,《音韵学研究》第三辑,中华书局,
　　1994 年。

杨剑桥:《论端、知、照三系声母的上古来源》,《语言研究》1981 年第 1 期。

杨耐思:《音韵学的研究方法》,《语文导报》1987 第 3、4 期合刊。

杨先明、宋亚云:《评李方桂先生的上古声母系统研究》,《湖北社会科学》2010
　　年第 5 期。

杨亦鸣:《留学生和中国语言学的现代化转型》,《徐州师范大学学报(哲社
　　版)》1997 年第 1 期。

俞敏:《论古韵合怗屑没曷五部之通转》,《燕京学报》1948 年第 7 版。

尉迟治平:《对音还原法发凡》,《南阳师范学院学报》2002 年第 2 期。

尉迟治平:《日本悉云家所传古汉语调值》,《语言研究》1986 年第 2 期。

曾燕霞:《试论高本汉〈汉文典〉的上古声母系统》,福建师范大学硕士论文,
　　2010 年。

章太炎:《与汪旭初论阿字长短音书》,《华国月刊》1925 年第 5 期。

张慧美:《王力之古音学》,台湾东海大学中国文学研究所博士论文,1996 年。

张世禄:《从日本译音研究入声韵尾的变化》,《国立中山大学语言历史研究所
　　周刊》第 9 集第 99 期,1929 年。

张亚蓉:《〈说文解字〉谐声字的音韵关系及上古声母的讨论》,苏州大学硕士
　　论文,2005 年。

张永言:《关于上古汉语的送气流音声母》,《音韵学研究》第一辑,中华书局,

1984 年。

赵宏：《英汉外来语吸收机制和动因对比研究》，《解放军外国语学院学报》
　　2009 年第 3 期。

郑玉香：《高本汉〈中国音韵学研究〉所记福州音之声母系统》，《福建教育学院
　　学报》2012 年第 4 期。

周玉秀：《古声不分清浊说》，《西北师大学报(社科版)》1993 年第 6 期。

周祖谟：《关于唐代方言中的四声读法的一些资料》，《语言学论丛》1958 年第
　　2 期。

朱国理：《广韵声系的编纂经过及价值》，《辞书研究》2000 年第 4 期。

朱　星：《汉语古音研究的过程和方向》，《天津师范学院学报》1982 年第 1 期。

附　录　一

古声纽、古韵部及拟音

一、钱玄同给黄侃十九声纽的注音(依据《国音沿革六讲》)

唇音：　　帮(p)　　　滂(pʻ)　　　並(b、bʻ)　　　明(m)

舌音：　　端(t)　　　透(tʻ)　　　定(d、dʻ)　　　泥(n)　　　来(l)

齿音：　　精(ts)　　清(tsʻ)　　　从(dz、dzʻ)　　心(s)

牙音：　　见(k)　　　溪(kʻ)　　　疑(ŋ)

喉音：　　晓(h)　　　匣(ɦ)　　　影(ǿ)

(在曹述敬所编的《钱玄同音学论著选辑》一书前言中,讲到钱玄同对黄侃十九纽的音值构拟,没有了不送气的浊音,只留送气的浊音,依据的是钱玄同的《中国声韵学讲义》,未知原因)

二、高本汉的上古声纽系统(依据《汉语词类》、《汉文典》,括号内为中古声纽)

唇音：　　　　p(帮)　　　　pʻ(滂)　　　　bʻ(並)　　　　　m(明)

舌尖前音：t(端知)　　　tʻ(透彻)　　　d(喻四)　　　　dʻ(定澄)　　　n(泥娘)　　l(来)

舌尖中音：ts(精照二)　tsʻ(清穿二)　dz(邪)　　　　　dzʻ(从床二)　s(心审二)　z(喻四)

舌尖后音：tṣ(照二)　　tṣʻ(穿二)　　dẓʻ(床二)　　　　ṣ(审二)

舌面前音：t̂(照三)　　　t̂ʻ(穿三)　　　d̂(禅)　　　　　　d̂ʻ(床三)　　ś(审三)　　　ń(日)

舌根音：　　k(见)　　　kʻ(溪)　　　　g(喻三喻四)　　gʻ(群匣)　　x(晓)　　　ng(疑)

喉音：　　　ʔ(.)(影)

三、董同龢的上古声纽系统(依据《上古音韵表稿》,括号内为中古声纽)

唇音：　　　　p(帮)　　　p'(滂)　　　b'(並)　　　m(明)　　　m̥(晓明)

舌尖前音：t(端知)　　t'(透彻)　　d(喻四)　　d'(定澄)　　n(泥娘)　　l(来)

舌尖中音：ts(精)　　ts'(清)　　dz(从)　　s(心)　　　z(邪)

舌面前音：t̂(照三)　　t̂'(穿三)　　d̂'(床三)　　ś(审三)　　ź(禅)　　　ń(日)

舌面中音：k̂(照三)　　k̂'(穿三)　　ĝ'(床三)　　x́(审三)　　j(禅)　　　gn(日)

舌根音：　k(见)　　　k'(溪)　　　g(喻四)　　g'(群)　　　x(晓)　　　ng(疑)

　　　　　　　　　　　　　　　　γ(匣喻三)

喉音：　　　ʔ(影)

四、王力先生《汉语史稿》上古声纽及拟音

喉音：　　见 k　　溪 k'　　群 g'　　疑 ŋ　　晓 x　　匣 γ　　　影○

舌头音：　端 t　　透 t'　　余 d　　定 d'　　泥 n　　来 l

舌上音：　章 ȶ　　昌 ȶ'　　船 ȡ'　　书 ɕ　　禅 ʑ　　日 ȵ

齿头音：　精 ts　　清 ts'　　从 dz'　　心 s　　邪 z

正齿音：　庄 tʃ　　初 tʃ'　　崇 dʒ'　　山 ʃ

唇音：　　帮 p　　滂 p'　　並 b'　　明 m

五、王力先生《汉语史稿》中古声纽的拟音

	全清	次清	全浊	次浊
牙音：	见 k	溪 k'	群 g'	疑 ŋ
舌头：	端 t	透 t'	定 d'	泥 n
舌上：	知 ȶ	彻 ȶ'	澄 ȡ'	娘 ȵ
重唇：	帮 p	滂 p'	並 b'	明 m
轻唇：	非 f	敷 f'	奉 v	微 ɱ
齿头：	精 ts	清 ts'	从 dz'	
	心 s		邪 z	
正齿：	照 tɕ	穿 tɕ'	床 dʑ'	

	审 ȿ		禅 ʑ
喉音：	影 ʔ	晓 x	匣 ɣ 喻 j
半舌：			来 l
半齿：			日 ʐ

六、王力先生《汉语史稿》先秦古韵分部及拟音

第一类：	1. 之 ə	2. 职 ək	3. 蒸 əŋ
第二类：	4. 幽 əu	5. 觉 əuk	
第三类：	6. 宵 au	7. 药 auk	
第四类：	8. 侯 o	9. 屋 ok	10. 东 oŋ
第五类：	11. 鱼 ɑ	12. 铎 ak	13. 阳 ɑŋ
第六类：	14. 支 e	15. 锡 ek	16. 耕 eŋ
第七类：	17. 脂 ei	18. 质 et	19. 真 en
第八类：	20. 微 əi	21. 物 ət	22. 文 ən
第九类：	23. 歌 a	24. 月 at	25. 寒 an
第十类：		26. 缉 əp	27. 侵 əm
第十一类：		28. 叶 ap	29. 谈 am

附 录 二

高本汉日本汉字音字表

果摄平上去

歌：

（日译汉音）歌 ka；可 ka；蛾 ga；何 ka；挪 da；罗 ra；多 ta；拖 ta；驼 ta；左 sa；
磋 sa

（日译吴音）歌 ka；可 ka；蛾 ga；何 ga；挪 na；罗 ra；多 ta；拖 ta；驼 da；左 sa；
磋 sa

麻（加）：

（日译汉音）嘉 ka；衙 ga；霞 ka；丫 a；茶 ta；诈 sa；叉 sa；查 sa；乍 sa；纱 sa；拿
da；巴 ha；怕 ha；爬 ha；马 ba

（日译吴音）嘉 ke；衙 ge；霞 ga；丫 e；茶 da；诈 se；叉 se；查 se；乍 ze；纱 se；拿
de；巴 he；怕 he；爬 be；马 me

麻（耶）：

（日译汉音）夜 ia；蔗 ɕa；车 ɕa；射 ɕa；赦 ɕa；社 ɕa；惹 dʑa；借 sa；且 sa；藉 ɕa；写
ɕa；邪 ɕa

（日译吴音）夜 e；蔗 sa；车 sa；射 ze(另)；赦 ta；社 se；惹 se；借 se；且 se；藉 ze；
写 se；邪 ze

戈（锅）：

（日译汉音）过 kua；科 kua；卧 gua；火 kua；祸 kua；蹉 ua；骡 ra；朵 ta；妥 ta；惰
ta；剉 sa；座 sa；锁 sa；播 ha；颇 ha；婆 ha；魔 ba

（日译吴音）过 kua；科 kua；卧 gua；火 kua；祸 gua；蹉 ua；骡 ra；朵 da；妥 ta；惰
    da；剉 sa；座 za；锁 sa；播 ha；颇 ha；婆 ha；魔 ma

麻（瓜）：

（日译汉音）瓜 kua；夸 kua；瓦 gua；花 kua；华 kua

（日译吴音）瓜 ke；夸 ke；瓦 ge；花 ke；华 ge

止摄平上去

微（衣）：

（日译汉音）几 ki；岂 ki；祈 ki；衣 i；希 ki

（日译吴音）几 ke；岂 ke；祈 ge；衣 e；希 ke

脂（夷）：

（日译汉音）肌 ki；器 ki；伊 i；夷 i；致 tɕi；迟 tɕi；雉 tɕi；旨 ɕi；鸱 ɕi；示 ɕi；师 ɕi；矢
    ɕi；视 ɕi；二 ʥi；梨 ri；地 tɕi；资 ɕi；次 ɕi；自 ɕi；私 ɕi；比 hi；譬 hi；琵 hi

（日译吴音）肌 ki；器 ki；伊 i；夷 i；致 tɕi；迟 ʥi；雉 ʥi；旨 ɕi；鸱 ɕi；示 ʥi；师 ɕi；
    矢 ɕi；视 ʥi；二 ni；梨 ri；地 ʥi；资 ɕi；次 ɕi；自 ʥi；私 ɕi；比 hi；譬 hi；琵 bi

支（移）：

（日译汉音）寄 ki；企 ki；骑 gi；技 gi；仪 gi；戏 ki；椅 i；移 i；知 tɕi；池 ʥi；支 ɕi；
    侈 ɕi；施 ɕi；匙 ɕi；儿 ri；离 ri；紫 ɕi；雌 ɕi；斯 ɕi；臂 hi；披 hi；皮 hi；被 hi；弥 bi

（日译吴音）寄 ki；企 ki；骑 ki；技 ki；仪 gi；戏 ki；椅 i；移 i；知 tɕi；池 ɕi；支 ɕi；侈
    ɕi；施 ɕi；匙 ʥi；儿 ni；离 ri；紫 ɕi；雌 ɕi；斯 ɕi；臂 hi；披 hi；皮 bi；被 bi；弥 mi

之：

（日译汉音）己 ki；欺 ki；其 ki；忌 ki；疑 gi；喜 ki；医 i；怡 i；置 tɕi；痴 tɕi；持 tɕi；
    治 tɕi；士 ɕi；使 ɕi；止 ɕi；齿 ɕi；诗 ɕi；时 ɕi；耳 ʥi；狸 ri；兹 ɕi；慈 ɕi；字 ɕi；司
    ɕi；辞 ɕi；祀 ɕi

（日译吴音）己 ki；欺 ki；其 gi；忌 gi；疑 gi；喜 ki；医 i；怡 i；置 tɕi；痴 tɕi；持 ʥi；
    治 ʥi；士 ʥi；使 ɕi；止 ɕi；齿 ɕi；诗 ɕi；时 ʥi；耳 ni；狸 ri；兹 ɕi；慈 ʥi；字
    ʥi；司 ɕi；辞 ʥi；祀 ʥi

微(归)：

（日译汉音）鬼 ki；挥 ki；威 ui；违 ui；非 hi；妃 hi；肥 hi；尾 bi

（日译吴音）鬼 ki；挥 ki；威 ui；违 ui；非 hi；妃 hi；肥 bi；尾 mi

脂(追)：

（日译汉音）龟 ki；葵 ki；柜 ki；惟 ui；帷 ui；追 tsui；槌 tsui；坠 tsui；锥 sui；水
　　sui；蕊 zui；累 rui；醉 sui；翠 sui；虽 sui；遂 sui；悲 hi；丕 hi；美 bi

（日译吴音）龟 ki；葵 gi；惟 ui；帷 ui；追 tsui；坠 dzui；锥 sui；水 sui；累 rui；醉
　　sui；翠 sui；虽 sui；遂 zui；悲 hi；丕 hi；美 mi

支(为)：

（日译汉音）诡 ki；亏 ki；跪 ki；危 gi(另)；麾 ki；委 ui；为 ui；缒 tsui；吹 sui；垂
　　sui；睡 sui；髓 sui；随 sui；碑 hi

（日译吴音）诡 ki；亏 ki；危 gi；麾 ki；委 ui；为 ui；缒 dzui；吹 sui；垂 zui；睡 zui；
　　随 zui；碑 hi

蟹摄平上去

咍：

（日译汉音）该 kai；开 kai；碍 gai；海 kai；孩 kai；哀 ai；耐 dai；来 rai；戴 tai；胎
　　tai；抬 dai；待 tai；灾 sai；莱 sai；材 sai；在 sai；赛 sai

（日译吴音）该 ke；开 kai；碍 ge；海 kai；孩 gai；哀 ai；耐 nai；来 rai；戴 tai；胎 tai；
　　抬 dai；待 dai；灾 sai；莱 sai；材 zai；在 zai；赛 sai

泰(盖)：

（日译汉音）盖 kai；艾 gai；害 kai；奈 dai；赖 rai；带 tai；泰 tai；大 tai；贝 hai；
　　沛 hai

（日译吴音）盖 kai；艾 gai；害 gai；奈 nai；赖 rai；带 ta；泰 tai；大 dai；贝 bai；
　　沛 hai

皆(谐)：

（日译汉音）皆 kai；楷 kai；谐 kai；挨 ai；齐 sai；豺 sai；排 hai；埋 bai

（日译吴音）皆 ke(另)；楷 kei；谐 gai；挨 e；齐 sei；豺 zai；排 be；埋 mai

佳(街):

（日译汉音）佳 kai；街 kai；涯 gai；蟹 kai；矮 ai；债 sai；钗 sai；柴 sai；晒 sai；奶
　　　dai；摆 hai；牌 hai；罢 hai；买 bai

（日译吴音）佳 ke；街 ke；涯 ge；蟹 ge；矮 e；债 se；钗 se；柴 se；晒 se；奶 ne；摆
　　　he；牌 be；罢 be；买 me

齐(鸡):

（日译汉音）继 kei；启 kei；诣 kei；奚 kei；缢 ei；泥 dei；礼 rei；帝 tei；体 tei；题
　　　tei；第 tei；济 sei；妻 sei；齐 sei；西 sei；闭 hei；批 hei；陆 hei；米 bei

（日译吴音）继 kai；启 kai；诣 gai；奚 gai；缢 ai；泥 nai；礼 rai；帝 tai；体 tai；题
　　　dai；第 dai；济 sai；妻 sai；齐 zai(另)；西 sai；闭 hai；陆 bai；米 mai

祭(例):

（日译汉音）艺 gei；滞 tei；制 sei；世 sei；誓 sei；例 rei；祭 sei；敝 hei

（日译吴音）艺 gei；滞 dei；制 sei；世 se；誓 zei；例 rei；祭 sai；敝 hai

灰:

（日译汉音）瑰 kuai；魁 kuai；悔 kuai；回 kuai；内 dai；雷 rai；堆 tai；推 tai；颓
　　　tai；队 tai；催 sai；罪 sai；碎 sai；辈 ha；配 hai；陪 hai；悖 hai；玫 bai

（日译吴音）瑰 ke；魁 ke；悔 ke；回 ue；内 nai；雷 rei；堆 te；推 te；颓 de；队 de；催
　　　se；罪 ze；碎 se；辈 he；配 he；陪 be；悖 be；玫 me

泰(外):

（日译汉音）外 guai；会 kuai；兑 tai；最 sai

（日译吴音）外 ge；会 ue；兑 de；最 se

皆(怀):

（日译汉音）怪 kuai；坏 kuai；拜 hai；惫 hai

（日译吴音）怪 ke；坏 ue；拜 he；惫 be

佳(蛙):

（日译汉音）挂 kuai；画 kuai；派 hai；稗 hai

（日译吴音）挂 ke；画 ue；派 he；稗 be

夬(快):

（日译汉音）快 kuai;话 kuai;败 hai;迈 bai

（日译吴音）快 ke;话 ue;败 be;迈 mai

齐(圭):

（日译汉音）圭 kei;奎 kei;慧 kei

（日译吴音）圭 ke;奎 ke;慧 ue

祭(岁):

（日译汉音）锐 ei;卫 uei;赘 sei;税 sei;岁 sei

（日译吴音）锐 e;卫 ue;赘 se;税 ze;岁 sai

废(秽):

（日译汉音）废 hai;吠 hai

（日译吴音）废 he;吠 bai

咸摄平上去

覃:

（日译汉音）感 kan;勘 kan;含 kan;谙 an;男 dan;婪 rai;贪 tan;潭 tan;参 san;
　　蚕 san

（日译吴音）感 kon;勘 kon;含 gon;谙 on;男 nan;婪 ron;贪 ton;潭 don;参
　　son;蚕 zon

谈:

（日译汉音）甘 kan;酣 kan;蓝 ran;担 tan;毯 tan;谈 tan;淡 tan;惭 san;錾 san;
　　三 san

（日译吴音）甘 kon;蓝 ron;担 ton;毯 ton;谈 don;淡 don;惭 zon;錾 zon;
　　三 son

咸:

（日译汉音）碱 kan;咸 kan;站 tan;斩 san;馋 san

（日译吴音）碱 ken;咸 gen;站 ten;斩 sen;馋 zen

衔：

（日译汉音）监 kan；嵌 kan；衔 kan；搀 san；衫 san

（日译吴音）监 ken；衔 gen；搀 sen；衫 sen

盐：

（日译汉音）捡 ken；钳 ken；俭 ken；验 ken；险 ken；阉 en；盐 en；炎 en；沾 ten；
呫 ten；占 sen；闪 sen；赡 sen；染 zen；粘 den；奁 ren；尖 sen；潜 sen；渐 sen；
贬 hen

（日译吴音）捡 ken；钳 gon；俭 gen；验 ken；险 ken；阉 on；盐 on；炎 on；沾 ton；
呫 ten；占 son；闪 sen；赡 zen；染 nen；粘 nen；奁 ron；尖 sen；潜 zon；渐 zen；
贬 hen

严：

（日译汉音）欠 ken；严 gen；腌 en

（日译吴音）欠 ken；严 gon；腌 on

添：

（日译汉音）兼 ken；谦 ken；嫌 ken；念 den；点 ten；添 ten；甜 ten

（日译吴音）兼 ken；谦 ken；嫌 gen；念 nen；点 ten；添 ten；甜 den

凡：

（日译汉音）泛 han；凡 han

（日译吴音）泛 hon；凡 bon

深摄平上去

侵：

（日译汉音）今 kin；衾 kin；琴 kin；吟 gin；音 in；淫 in；砧 tɕin；沈 tɕin；箴 ɕin；渗
ɕin；审 ɕin；甚 ɕin；任 dʑin；临 rin；侵 ɕin；寝 ɕin；心 ɕin；寻 ɕin；禀 hin；品 hin

（日译吴音）今 kon；衾 kon；琴 gon；吟 gon；音 on；淫 in；砧 tɕin；沈 dʑin；箴 ɕin；
渗 son；审 ɕin；甚 dʑin；任 nin；临 rin；侵 ɕin；寝 son；心 ɕin；寻 dʑin；禀 hon；
品 hon

山摄平上去

寒：

（日译汉音）干 kan；看 kan；岸 gan；汉 kan；寒 kan；安 an；难 dan；兰 ran；旦 tan；滩 tan；檀 tan；但 tan；赞 san；烂 an；残 an；散 san

（日译吴音）干 kan；看 kan；岸 gan；汉 kan；寒 gan；安 an；难 nan；兰 ran；旦 tan；滩 tan；檀 dan；但 dan；赞 san；烂 san；残 zan；散 san

山：

（日译汉音）艰 kan；眼 gan；限 kan；绽 tan；盏 san；栈 san；山 san；盼 han；瓣 han

（日译吴音）艰 ken；眼 gen；限 gen；绽 den；盏 sen；栈 zen；山 sen；盼 han；瓣 hen

删：

（日译汉音）谏 kan；颜 gan；删 san

（日译吴音）谏 ken；颜 gen；删 sen

仙（延）：

（日译汉音）愆 ken；虔 ken；件 ken；谚 gen；焉 en；延 en；展 ten；缠 ten；战 sen；煽 sen；禅 sen；善 sen；然 zen；连 ren；煎 sen；鞯 sen；贱 sen；仙 sen；羡 sen；鞭 hen；篇 hen；辨 hen；绵 ben

（日译吴音）愆 ken；虔 gen；件 gen；谚 gen；焉 en；延 en；展 ten；缠 den；战 sen；煽 sen；禅 zen；善 zen；然 nen；连 ren；煎 sen；鞯 sen；贱 zen；仙 sen；羡 zen；鞭 hen；篇 hen；辨 ben；绵 men

元（言）：

（日译汉音）建 ken；言 gen；宪 ken

（日译吴音）建 kon；言 gon；宪 kon

先（前）：

（日译汉音）肩 ken；牵 ken；研 gen；显 ken；贤 ken；烟 en；年 den；练 ren；颠 ten；天 ten；田 ten；电 ten；笺 sen；千 sen；前 sen；先 sen；扁 hen；片 hen；眼 ben

（日译吴音）肩 ken;牵 ken;研 gen;显 ken;贤 gen;烟 en;年 nen;练 ren;颠 ten;天 ten;田 den;电 den;笺 sen;千 sen;前 zen;先 sen;扁 hen;片 hen;眼 men

桓：

（日译汉音）官 kuan;款 kuan;玩 guan;欢 kuan;换 kuan;碗 uan;暖 dan;乱 ran;端 tan;团 tan;段 tan;钻 san;裳 san;酸 san;般 han;判 han;盘 han;伴 han;满 ban;鳏 kuan;扮 han

（日译吴音）官 kuan;款 kuan;玩 guan;欢 kuan;换 guan;碗 uan;暖 nan;乱 ran;端 tan;团 dan;段 dan;钻 san;裳 san;酸 san;般 han;判 han;盘 ban;伴 han;满 man;鳏 gen;扮 hen

山：

（日译汉音）鳏 kuan;扮 han

（日译吴音）鳏 gen;扮 hen

删（关）：

（日译汉音）关 kuan;顽 guan;还 kuan;湾 uan;撰 san;班 han;攀 han;蛮 ban

（日译吴音）关 ken;顽 gen;还 gen;湾 uen;撰 sen;班 hen;攀 hen;蛮 men

仙（缘）：

（日译汉音）卷 ken;权 ken;倦 ken;渊 en;缘 en;员 uan;转 ten;传 ten;篆 ten;专 sen;川 sen;船 sen;软 zen;恋 ren;痊 sen;全 sen;宣 sen;旋 sen

（日译吴音）卷 kuan;权 gon;倦 gon;渊 en;缘 en;员 uon;转 ten;传 den;篆 den;专 sen;川 sen;船 zen;软 nan;恋 ren;痊 sen;全 zen;宣 sen;旋 zen

先（玄）：

（日译汉音）玄 ken;蝙 hen;辩 hen

（日译吴音）玄 gen;蝙 hen;辩 ben

元（原）：

（日译汉音）劝 ken;元 gen;谊 ken;苑 uen;轩 uen;反 hen;幡 han;攀 hen;万 ban

（日译吴音）劝 kuan;元 guan;谊 kuan;苑 uon;轩 uon;反 han;幡 hon;攀 ban;万 man

臻摄平上去

痕：

（日译汉音）跟 kon；狠 kon；痕 kon；恩 on；吞 ton

（日译吴音）跟 kon；狠 kon；痕 gon；恩 on；吞 ton

真：

（日译汉音）巾 kin；仅 kin；银 gin；因 in；寅 in；珍 tɕin；趁 tɕin；陈 tɕin；阵 tɕin；真 ɕin；神 ɕin；身 ɕin；辰 ɕin；肾 ɕin；人 dʑin；邻 rin；津 ɕin；亲 ɕin；秦 ɕin；尽 ɕin；新 ɕin；实 hin；贫 hin；民 bin

（日译吴音）巾 kon；仅 gin；银 gon；因 in；寅 in；珍 nin；趁 tɕin；陈 dʑin；阵 dʑin；真 ɕin；神 dʑin；身 ɕin；辰 dʑin；人 dʑin；邻 rin；津 ɕin；亲 ɕin；秦 dʑin；尽 ɕin；新 ɕin；实 hin；贫 bin；民 min

欣：

（日译汉音）斤 kin；勤 kin；近 kin；欣 kin；隐 in

（日译吴音）斤 kon；勤 gon；近 gon；欣 kon；隐 on

魂：

（日译汉音）棍 kon；坤 kon；昏 kon；魂 kon；温 uon；嫩 don；论 ron；敦 ton；屯 ton；钝 ton；尊 son；忖 son；存 son；孙 son；本 hon；喷 hon；盆 hon；笨 hon；门 bon

（日译吴音）棍 kon；坤 kon；昏 kon；魂 gon；温 uon；嫩 non；论 ron；敦 ton；屯 don；钝 don；尊 son；忖 son；存 zon；孙 son；本 hon；喷 hon；盆 bon；笨 bon；门 mon

谆：

（日译汉音）均 kin；允 in；椿 tɕun；准 ɕun；春 ɕun；唇 ɕin；顺 ɕun；瞬 ɕun；醇 ɕun；闰 dʑun；伦 rin；俊 ɕun；询 ɕun；旬 ɕun

（日译吴音）均 kun；允 en；椿 tɕun；准 ɕun；春 ɕun；唇 dʑin；顺 dʑun；瞬 ɕun；醇 dʑun；闰 niun；伦 rin；俊 ɕun；询 ɕun；旬 dʑun

文：

（日译汉音）君 kun；群 kun；郡 kun；训 kun；云 un；纷 fun；填 fun；文 bun

（日译吴音）君 kon；群 gun；郡 gun；训 kon；云 uon；纷 hon；填 bon；文 mon

梗摄平上去

真（笒）：

（日译汉音）窘 kun；陨 uin；悯 bin

（日译吴音）窘 gen；陨 un；悯 min

登（灯）：

（日译汉音）亘 ko：；肯 ko：；恒 ko：；能 do：；棱 ro：；登 to：；誊 to：；增 so：；曾 so：；赠 so：；僧 so：；崩 ho：；朋 ho：

（日译吴音）亘 ko：；肯 ko：；恒 go：；能 no：；棱 ro：；登 to：；誊 do：；增 so：；曾 zo：；赠 zo：；僧 so：；崩 ho：；朋 ho：

耕（争）：

（日译汉音）耿 ho：；幸 ko：；莺 o：；争 so：；迸 ho：；萌 bo：

（日译吴音）耿 hio：；幸 gio：；莺 io：；争 ɕo：；迸 hio：；萌 mio：

庚（羹）：

（日译汉音）更 ko：；坑 ko：；硬 ko：；行 ko：；撑 to：；生 sei；烹 ho：；棚 ho：；猛 bo：；

（日译吴音）更 kio：；坑 kio：；硬 gio：；行 gio：；撑 tɕo：；生 ɕo：；烹 hio：；棚 bio：；猛 mio：

清（征）：

（日译汉音）颈 kei；轻 kei；劲 kei；缨 ei；盈 ei；贞 tei；逞 tei；呈 tei；征 sei；声 sei；成 se；盛 sei；领 rei；精 sei；清 sei；情 sei；静 sei；性 sei；井 hei；聘 hei；名 mei

（日译吴音）颈 kio：；轻 kio：；劲 kio：；缨 io：；盈 io：；贞 tɕo：；逞 tɕo：；呈 dʑo：；征 ɕo：；声 ɕo：；成 dʑo：；盛 dʑo：；领 rio：；精 ɕo：；清 ɕo：；情 dʑo：；静 dʑo：；性 ɕo：；井 hio：；聘 hio：；名 mio：

庚(京):

(日译汉音)京 kei;卿 kei;擎 kei;竞 kei;迎 gei;英 ei

(日译吴音)京 kio:;卿 kio:;擎 gio:;竞 gio:;迎 gio:;英 io:

青(轻):

(日译汉音)经 kei;磬 kei;馨 kei;形 kei;宁 dei;灵 rei;顶 tei;听 tei;亭 tei;定
tei;青 sei;星 sei;瓶 hei;铭 bei

(日译吴音)经 kio:;磬 kio:;馨 kio:;形 gio:;灵 rio:;顶 ʨo:;听 ʨo:;亭
dʑo:;定 dʑo:;青 ɕo:;星 ɕo:;瓶 bio:;铭 mio:

梗摄平上去

耕(宏):

(日译汉音)轰 kuo:;宏 huo:

(日译吴音)轰 ko:;宏 uo:

庚(横):

(日译汉音)横 kuo:

(日译吴音)横 uo:

清(倾):

(日译汉音)倾 kei;营 ei

(日译吴音)倾 kio:;营 io:

庚(荣):

(日译汉音)兄 kei;永 ei;兵 hei;平 hei;病 hei;明 bei

(日译吴音)兄 kio:;永 io:;兵 bio:;平 bio:;病 bio:;明 mio:

宕摄平上去

唐(冈):

(日译汉音)刚 ko:;康 ko:;昂 ko:;囊 do:;郎 ro:;当 to:;汤 to:;唐 to:;荡
to:;臧 so:;苍 so:;藏 so:;桑 so:;谤 ho:;傍 ho:;忙 bo:

(日译吴音)刚 ko:;康 ko:;昂 go:;囊 no:;郎 ro:;当 to:;汤 to:;唐 do:;荡

do：；臧 so：；苍 so：；藏 zo：；桑 so：；谤 ho：；傍 ho：；忙 mo：

阳（良）：

（日译汉音）疆 kio：；强 kio：；仰 gio：；乡 kio：；秧 io：；洋 io：；庄 ɕo：；创 ɕo：：；床 ɕo：；爽 ɕo：；张 ʨo：；畅 ʨo：；长 ʨo：；丈 ʨo：；獐 ɕo：；昌 ɕo：；赏 ɕo：；常 ɕo：；尚 ɕo：；攘 dʑo：；娘 dʑo：；良 rio：；将 ɕo：；枪 ɕo：；墙 ɕo：；匠 ɕo：；厢 ɕo：；详 ɕo：

（日译吴音）疆 ko：；强 go：；仰 go：；乡 ko：；秧 o：；洋 io：；庄 so：；创 so：：；床 zo：；爽 so：；张 ʨo：；畅 to：；长 dzo：；丈 dzo：；獐 so：；昌 so：；赏 so：；常 dzo：；尚 dzo：；攘 no：；娘 no：；良 ro：；将 so：；枪 so：；墙 zo：；匠 zo：；厢 so：；详 zo：

唐（光）：

（日译汉音）光 kuo：；旷 kuo：；荒 kuo：；皇 kuo：；汪 uo：；榜 ho：；旁 ho：

（日译吴音）光 kuo：；旷 kuo：；荒 uo：；皇 uo：；汪 uo：；榜 ho：；旁 bo：

江：

（日译汉音）江 ko：；腔 ko：；项 ko：；撞 to：；惚 so：；双 so：；椿 to：；邦 ho：；棒 ho：

（日译吴音）江 ko：；腔 ko：；项 go：；撞 do：；惚 so：；双 so：；椿 to：；邦 ho：；棒 bo：

阳（方）：

（日译汉音）匡 kio：；狂 kio：；况 kio：；枉 uo：；王 uo：；方 ho：；芳 ho：；房 ho：；亡 bo：

（日译吴音）匡 ko：；狂 go：；况 ko：；枉 uo：；王 uo：；方 ho：；芳 ho：；房 bo：；亡 mo：

效摄平上去

豪：

（日译汉音）高 ko：；考 ko：；邀 go：；好 ko：；豪 ko：；襖 o：；恼 do：；劳 ro：；刀 to：；讨 to：；陶 to：；道 to：；遭 so：；草 so：；曹 so：；阜 so：；扫 so：；保 ho：；袍

ho：；暴 ho：；毛 bo：

（日译吴音）高 ko：；考 ko：；遨 go：；好 ko：；豪 go：；襖 o：；恼 no：；劳 ro：；刀 to：；讨 to：；陶 do：；道 do：；遭 so：；草 so：；曹 zo：；皂 zo：；扫 so：；保 ho：；袍 bo：；暴 bo：；毛 mo：

肴：

（日译汉音）交 ko：；敲 ko：；孝 ko：；效 ko：；拗 o：；棹 to：；爪 so：；抄 so：；巢 so：；稍 so：；铙 do：；罩 to：；包 ho：；炮 ho：；跑 ho：；茅 bo：

（日译吴音）交 kio：；敲 kio：；孝 kio：；效 gio：；拗 io：；棹 dzo：；爪 ço：；抄 ço：；巢 dzo：；稍 ço：；铙 nio：；罩 ţço：；包 hio：；炮 hio：；跑 bio：；茅 mio：

宵：

（日译汉音）骄 kio：；乔 kio：；轿 kio：；妖 io：；耀 io：；朝 ţço：；超 ţço：；潮 ţço：；兆 ţço：；昭 ço：；烧 ço：；绍 ço：；饶 dzo：；燎 rio：；焦 ço：；悄 ço：；樵 ço：；宵 ço：；表 hio：；飘 hio：；瓢 hio：；苗 bio：

（日译吴音）骄 kio：；乔 gio：；轿 gio：；妖 io：；耀 io：；朝 ţço：；超 ţço：；潮 dzo：；兆 dzo：；昭 ço：；烧 ço：；饶 nio：；燎 rio：；焦 ço：；悄 ço：；宵 ço：；表 hio：；飘 hio：；瓢 bio：；苗 mio：

萧：

（日译汉音）叫 kio：；窍 kio：；尧 gio：；晓 kio：；尿 dzo：；聊 rio：；刁 ţço：；挑 ţço：；调 ţço：；消 ço：；漂 hio：

（日译吴音）叫 kio：；窍 kio：；尧 gio：；晓 kio：；尿 nio：；聊 rio：；刁 ţço：；挑 ţço：；调 dzo：；消 ço：；漂 hio：

流摄平上去

侯：

（日译汉音）钩 ko：；ko：；偶 go：；驹 ko：；侯 ko：；讴 o：；耨 do：；髅 ro：；斗 to：；偷 to：；头 to：；豆 to：；走 so：；凑 so：；叟 so：；剖 ho：；瓯 bo：；母 bo：

（日译吴音）钩 ku；ku；偶 gu；驹 ku；侯 gu；讴 u；耨 nu；髅 ru；斗 tsu；偷 tsu；头 dzu；豆 dzu；走 su；凑 su；叟 su；剖 fu；瓯 mu；母 mo

尤：

（日译汉音）九 kiu：；丘 kiu：；求 kiu：；旧 kiu：；牛 giu：；休 kiu：；优 iu：；友 iu：；
油 iu：；绉 ɕu：；愁 ɕu：；瘦 ɕu：；肘 tɕu：；抽 tɕu：；紬 tɕu：；周 ɕu：；丑 ɕu：；守
ɕu：；酬 ɕu：；寿 dʑu：；柔 dʑu：；钮 dʑu：；流 riu：；酒 ɕu：；秋 ɕu：；就 ɕu：；羞
ɕu：；囚 ɕu：；袖 ɕu：；否 hiu：；浮 fu：；谋 bo

（日译吴音）九 ku；丘 ku；求 gu；旧 gu；牛 gu；休 ku；优 u；友 u；油 iu；绉 ɕu；愁
dʑu；瘦 ɕu；肘 tɕu；抽 tɕu；紬 dʑu；周 ɕu；丑 ɕu；守 ɕu；酬 dʑu；寿 dʑu；柔
niu；钮 niu；流 ru；酒 ɕu；秋 ɕu；就 dʑu；羞 ɕu；囚 dʑu；袖 dʑu；否 fu；浮 bu；
谋 mu

尤 2：

（日译汉音）富 fu：；妇 fu：

（日译吴音）富 fu；妇 bu

幽：

（日译汉音）纠 kiu：；幼 iu：；谬 biu：

（日译吴音）纠 ku；幼 iu；谬 miu

遇摄平上去

模：

（日译汉音）沽 ko；苦 ko；吾 go；虎 ko；胡 ko；乌 uo；奴 do；卢 ro；都 to；土 to；徒
to；度 to；租 so；粗 so；苏 so；补 ho；铺 ho；蒲 ho；捕 ho；募 bo

（日译吴音）沽 ku；苦 ku；吾 gu；虎 ku；胡 gu；乌 u；奴 nu；卢 ru；都 tsu；土 tsu；
徒 dzu；度 dzu；租 su；粗 su；苏 su；补 fu；铺 fu；蒲 bu；捕 bu；募 mo

鱼：

（日译汉音）居 kio；去 kio；渠 kio；巨 kio；语 gio；虚 kio；於 io；余 io；猪 tɕo；除
tɕo；箸 tɕo；阻 ɕo；初 ɕo；锄 ɕo；助 ɕo；梳 ɕo；诸 ɕo；处 ɕo；书 ɕo；署 ɕo；如
dʑo；女 dʑo；吕 rio；胥 ɕo；序 ɕo

（日译吴音）居 ko；去 ko；渠 go；巨 go；语 go；虚 ko；於 o；余 io；猪 tɕo；除 dʑo；

箸 do;阻 so;初 so;锄 zo;助 zo;梳 so;诸 so;处 so;书 so;署 zo;如 nio;女 nio;吕 ro;胥 so;序 zo

虞：

（日译汉音）拘 ku;驱 ku;惧 ku;愚 gu;于 u;逾 iu;诛 ʨu;厨 ʨu;住 ʨu;雏 ɕu;数 ɕu;主 ɕu;输 ɕu;殊 ɕu;竖 ɕu;儒 dzu;缕 ru;取 ɕu;聚 ɕu;须 ɕu;夫 fu;敷 fu;扶 fu;武 bu

（日译吴音）拘 ko;驱 ko;惧 go;愚 go;于 uo;逾 iu;诛 ʨu;厨 dzu;住 dzu;刍 su;雏 su;数 su;主 su;输 su;竖 dzu;儒 niu;缕 ro;取 su;聚 zu;须 su;夫 ho;敷 ho;扶 bo;武 mu

通摄平上去

东(红)：

（日译汉音）公 ko:;空 ko:;烘 ko:;红 ko:;翁 uo:;笼 ro:;东 to:;通 to:;童 to:;动 to:;骏 so:;聪 so:;义 so:;送 so:;篷 ho:;蒙 bo:

（日译吴音）公 ku;空 ku;烘 ku;红 gu;翁 u;笼 ru;东 tsu;通 tsu;童 dzu;动 dzu;骏 su;聪 su;义 zu;送 su;篷 bu;蒙 mu

冬：

（日译汉音）脓 do:;冬 to:;统 to:;宗 so:;宋 so:

（日译吴音）脓 no:;冬 tsu;统 tsu;宗 su;宋 su:

东(融)：

（日译汉音）弓 kiu:;穹 kiu:;熊 iu:;中 ʨu:;冲 ʨu:;虫 ʨu:;仲 ʨu:;崇 ɕu:;终 ɕu:;充 ɕu:;戎 dzu:;隆 riu:;风 fu:;丰 ho:

（日译吴音）弓 ku;穹 ku;熊 u;中 ʨu;虫 dzu:;仲 dzu:;崇 dzu:;终 ɕu;戎 niu;隆 riu;风 fu;丰 fu

钟：

（日译汉音）恭 kio:;恐 kio:;共 kio:;胸 kio:;雍 io:;用 io:;冢 ʨo:;宠 ʨo:;重 ʨo:;钟 ɕo:;冲 ɕo:;茸 dzo:;浓 dzo:;龙 rio:;纵 ɕo:;从 ɕo:;耸 ɕo:;颂

ɕo；；封 ho；；峰 ho；；逢 ho；

（日译吴音）恭 ku；恐 ku；共 ku；胸 ku；雍 ku；用 ku；冢 ʨu；宠 ʨu；重 ʥu；钟
ɕu；冲 ɕu；茸 niu；龙 riu；纵 ʥu；从 ɕu；耸 ɕo；；颂 ʥu；封 ho；；峰 ho；；
逢 ho；

咸摄入声

合：

（日译汉音）蛤 ko；；合 ko；；纳 do；；拉 ro；；答 to；；踏 to；；杂 so；

（日译吴音）蛤 ko；；合 go；；纳 no；；拉 ro；；答 to；；踏 to；；杂 zo；

盍：

（日译汉音）腊 ro；；塔 to；；

（日译吴音）腊 ro；；塔 to；

洽：

（日译汉音）夹 ko；；掐 ko；；狭 ko；；插 so；；刹 so；；劄 to；

（日译吴音）夹 kio；；狭 gio；；插 ɕo；；刹 ɕo；；劄 ʨo；

狎：

（日译汉音）甲 ko；；狎 ko；；鸭 o；；

（日译吴音）甲 kio；；鸭 io；

叶：

（日译汉音）叶 io；；折 ɕo；；涉 ɕo；；猎 rio；；接 ɕo；；妾 ɕo；；捷 ɕo；

（日译吴音）叶 io；；折 so；；涉 ʥo；；猎 ro；；接 ɕo；；

业：

（日译汉音）劫 kio；；怯 kio；；业 gio；；胁 kio；

（日译吴音）劫 go；；怯 ko；；业 go；；胁 ko；

帖：

（日译汉音）颊 kio；；协 kio；；捻 ʥo；；帖 ʨo；；叠 ʨo；

（日译吴音）颊 kio；；协 gio；；捻 nio；；帖 ʨo；；叠 ʥo；

乏：

（日译汉音）法 hoː；乏 hoː

（日译吴音）法 hoː；乏 boː

深摄入声

辑：

（日译汉音）急 kiuː；泣 kiuː；及 kiuː；吸 kiuː；邑 iuː；濇 ɕuː；执 ɕuː；湿 ɕuː；十
ɕuː；入 dzuː；立 riuː；茸 ɕuː；集 ɕuː；习 ɕuː

（日译吴音）急 koː；泣 koː；及 goː；吸 koː；邑 oː；濇 ɕuː；执 ɕuː；湿 ɕuː；十
dzuː；入 niuː；立 riuː；茸 ɕuː；集 dzuː；习 dzuː

山摄入声

曷：

（日译汉音）葛 katsu；渴 ktsu；曷 katsu；辣 ratsu；垯 tatsu；达 tatsu

（日译吴音）葛 katɕi；渴 katɕi；曷 gatɕi；辣 ratɕi；垯 tatɕi；达 tatɕi

鎋（瞎）：

（日译汉音）瞎 katsu；鎋 katsu

（日译吴音）瞎 ketɕu；鎋 getɕu

黠（札）：

（日译汉音）札 satsu；察 satsu；杀 satsu

（日译吴音）札 satɕi；察 setɕi；杀 setɕi

薛（列）：

（日译汉音）杰 ketsu；孽 getsu；徹 tetsu；折 setsu；舌 setsu；设 setsu；热 zetsu；
列 retsu；褻 setsu；别 betsu；减 betsu

（日译吴音）杰 ketɕi；孽 getɕi；折 setsu；舌 setɕi；设 setɕi；热 netɕi；列 retɕi；褻
setɕi；别 betɕi；减 metɕi

月（歇）：

（日译汉音）讦 ketsu；歇 ketsu；谒 etsu

（日译吴音）讦 koʨi;歇 koʨi;谒 oʨi

屑（结）：

（日译汉音）结 ketsu;臬 getsu;噎 etsu;铁 tetsu;迭 tetsu;节 setsu;切 setsu;截 setsu;瞥 hetsu;蔑 betsu

（日译吴音）结 keʨi;臬 geʨi;噎 eʨi;铁 teʨi;迭 deʨi;节 seʨi;切 seʨi;截 zeʨi;瞥 heʨi;蔑 meʨi

末：

（日译汉音）阔 kuatsu;豁 kuatsu;活 kuatsu;捋 ratsu;掇 tatsu;脱 tatsu;夺 tatsu;撮 satsu;钵 hatsu;泼 hatsu;钹 hatsu;末 batsu

（日译吴音）阔 kuaʨi;豁 kuaʨi;捋 raʨi;掇 daʨi;脱 daʨi;夺 tatsu;撮 saʨi;钵 haʨi;泼 haʨi;钹 baʨi;末 maʨi

鎋（刮）：

（日译汉音）刮 kuatsu

（日译吴音）刮 keʨi

黠（滑）：

（日译汉音）滑 kuatsu;刷 satsu;八 hatsu;拔 hatsu

（日译吴音）滑 geʨi;刷 seʨi;八 haʨi;拔 baʨi

薛（悦）：

（日译汉音）悦 etsu;拙 setsu;说 setsu;劣 retsu;绝 setsu;雪 setsu

（日译吴音）悦 eʨi;拙 seʨi;说 seʨi;劣 reʨi;绝 zeʨi;雪 seʨi

月（越）：

（日译汉音）阙 ketsu;月 getsu;越 uetsu;发 hatsu;伐 hatsu;袜 batsu

（日译吴音）阙 kuaʨi;月 guaʨi;越 uoʨi;发 hoʨi;伐 boʨi;袜 moʨi

臻摄入声字

屑（决）：

（日译汉音）决 ketsu;缺 ketsu;血 ketsu;穴 ketsu

（日译吴音）决 keʨi;缺 keʨi;血 keʨi;穴 geʨi

栉：

（日译汉音）瑟 ɕitsu

（日译吴音）瑟 ɕitɕi

质：

（日译汉音）吉 kitsu；一 itsu；逸 itsu；窒 tɕitsu；侄 tɕitsu；质 ɕitsu；实 dʑitsu；失 ɕitsu；日 dʑitsu；栗 ritsu

（日译吴音）吉 kitɕi；一 itɕi；逸 itɕi；侄 dʑitɕi；质 ɕitɕi；实 dʑitɕi；失 ɕitɕi；日 nitɕi；栗 ritɕi

迄：

（日译汉音）乞 kitsu

（日译吴音）乞 kotɕi

没（骨）：

（日译汉音）骨 kotsu；窟 kotsu；忽 kotsu；突 totsu；卒 sotsu；猝 sotsu；脖 hotsu；没 botsu

（日译吴音）骨 kotɕi；窟 kutɕi；忽 kotɕi；突 dotɕi；卒 sotɕi；猝 sotɕi；脖 botɕi；没 motɕi

术：

（日译汉音）桔 kitsu；出 ɕutsu；术 ɕutsu；律 ritsu；戌

（日译吴音）桔 kitɕi；出 ɕutɕi；术 dʑutɕi；律 ritɕi；戌

物：

（日译汉音）屈 kutsu；掘 kutsu；忧 utsu；弗 futsu；彿 futsu；佛 futsu；勿 butsu

（日译吴音）屈 kotɕi；掘 uotɕi；忧 hotɕi；弗 hotɕi；彿 hotɕi；佛 botɕi；勿 motɕi

曾摄入声

德（得）：

（日译汉音）刻 koku；黑 koku；勒 roku；得 toku；忒 toku；特 toku；则 soku；贼 soku；塞 soku；北 soku；默 soku

（日译吴音）刻 koku；黑 koku；勒 roku；得 toku；特 doku；则 soku；贼 zoku；塞

soku；北 hoku；默 moku

梗摄入声
陌（格）：
（日译汉音）格 kaku；客 kaku；额 gaku；赫 kaku；泽 taku；窄 saku；百 haku；拍 haku；白 haku；
（日译吴音）格 kiaku；客 kiaku；额 giaku；赫 kiaku；泽 ʨaku；窄 ɕaku；百 hiaku；拍 hiaku；白 biaku

麦（革）：
（日译汉音）革 kaku；核 kaku；轭 aku；责 saku；策 saku
（日译吴音）革 kiaku；核 giaku；轭 iaku；摘 ʨaku；责 ɕaku；策 ɕaku

陌（戟）：
（日译汉音）逆 geki
（日译吴音）逆 giaku

昔：
（日译汉音）益 eki；绎 eki；掷 teki；只 seki；尺 seki；适 seki；石 seki；积 seki；籍 seki；惜 seki；席 seki；碧 heki；僻 heki
（日译吴音）益 iaku；绎 iaku；只 ɕaku；尺 ɕaku；适 ɕaku；石 ʥaku；积 ɕaku；籍 ʥaku；惜 ɕaku；席 ʥaku；碧 hiaku；僻 hiaku

锡（历）：
（日译汉音）制 keki；溺 deki；历 reki；滴 teki；剔 teki；敌 teki；绩 seki；戚 seki；寂 seki；锡 seki；壁 heki；霹 heki；觉 beki
（日译吴音）制 kiaku；溺 niaku；历 riaku；滴 ʨaku；剔 ʨaku；敌 ʥaku；绩 ɕaku；戚 ɕaku；寂 ʥaku；锡 ɕaku；壁 hiaku；霹 hiaku；觉 miaku

曾摄入声
职（力）：
（日译汉音）棘 kioku；极 kioku；抑 ioku；弋 ioku；敕 ʨoku；直 ʨoku；测 ɕoku；

色 ɕoku；织 ɕoku；食 ɕoku；识 ɕoku；匿 dzoku；力 rioku；即 ɕoku；熄 ɕoku；
逼 hioku

（日译吴音）棘 koku；极 goku；抑 oku；赦 tɕiki；直 dziki；测 soku；色 ɕiki；织
ɕiki；食 dziki；识 ɕiki；匿 niki；力 riki；即 soku；熄 soku；逼 hiki

梗摄入声
德（国）：
（日译汉音）国 koku；或 koku；
（日译吴音）国 koku；或 uaku；
麦（获）：
（日译汉音）获 kuaku；麦 baku
（日译吴音）获 giaku；麦 miaku
职（域）：
（日译汉音）域 ioku
（日译吴音）域 uiki

宕摄入声
铎（落）：
（日译汉音）各 kaku；壑 kaku；鹤 kaku；恶 aku；诺 daku；络 raku；托 taku；铎
taku；作 saku；错 saku；咋 saku；索 saku；博 haku；薄 haku；漠 baku

（日译吴音）各 kaku；壑 kaku；鹤 gaku；恶 aku；诺 naku；络 raku；托 taku；铎
daku；作 saku；错 saku；咋 zaku；索 saku；博 haku；薄 baku；漠 maku
药（略）：
（日译汉音）脚 kiaku；却 kiaku；疟 giaku；约 iaku；酌 ɕaku；绰 ɕaku；若 dzaku；
略 riaku；爵 ɕaku；鹊 ɕaku；嚼 ɕaku；削 ɕaku；淳 huaku；扩 huaku

（日译吴音）脚 kaku；却 kaku；疟 gaku；约 aku；酌 saku；绰 saku；若 niaku；略
riaku；爵 saku；鹊 saku；嚼 zaku；削 saku；淳 huaku；扩 huaku

觉：

（日译汉音）觉 kaku；确 kaku；岳 gaku；学 gaku；卓 taku；濯 taku；捉 saku；朔 saku；驳 haku；朴 haku；雹 haku

（日译吴音）觉 koku；确 koku；岳 goku；学 goku；卓 toku；濯 doku；捉 soku；朔 soku；驳 hoku；朴 hoku；雹 boku

通摄入声

屋(谷)：

（日译汉音）谷 koku；哭 koku；斛 koku；屋 uoku；禄 roku；秃 toku；独 toku；族 soku；速 soku；卜 hoku；木 boku

（日译吴音）谷 koku；哭 koku；屋 uoku；禄 roku；秃 toku；独 doku；族 zoku；速 soku；卜 hoku；木 moku

沃：

（日译汉音）酷 koku；笃 toku；毒 toku；仆 hoku

（日译吴音）酷 koku；笃 toku；毒 doku；仆 boku

屋(六)：

（日译汉音）菊 kiku；畜 kiku；竹 tɕiku；逐 tɕiku；祝 ɕuku；叔 ɕuku；淑 ɕuku；肉 dʑiku；陆 riku；肃 ɕuku；福 fuku；履 fuku；服 fuku；目 boku

（日译吴音）菊 koku；畜 koku；竹 toku；逐 dʑiku；祝 soku；叔 soku；淑 dʑuku；肉 mku；陆 roku；肃 soku；福 hoku；履 hoku；服 boku；目 moku

烛：

（日译汉音）曲 kioku；局 kioku；狱 giku；欲 ioku；烛 soku；触 ɕoku；赎 ɕoku；束 ɕoku；蜀 ɕoku；辱 dʑoku；缘 rioku；足 ɕoku；促 ɕoku；俗 ɕoku

（日译吴音）曲 koku；狱 goku；欲 ioku；烛 soku；触 soku；赎 oku；束 soku；蜀 zoku；辱 niku；缘 roku；足 soku；促 soku；俗 zoku

图书在版编目(CIP)数据

民国音韵学三论／乔秋颖、王任赵、史晶璐、胡林霞著.
—上海：上海古籍出版社，2016.12
ISBN 978－7－5325－8357－7

Ⅰ.①民⋯ Ⅱ.①乔⋯王⋯史⋯胡⋯ Ⅲ.①汉语—
音韵学—研究 Ⅳ.①H11

中国版本图书馆 CIP 数据核字(2017)第 038413 号

民国音韵学三论

乔秋颖 王任赵 史晶璐 胡林霞 著

上海世纪出版股份有限公司
上 海 古 籍 出 版 社 出版

(上海瑞金二路 272 号 邮政编码 200020)

(1)网址：www.guji.com.cn

(2)E－mail：guji1@guji.com.cn

(3)易文网网址：www.ewen.co

上海世纪出版股份有限公司发行中心发行经销

启东人民印刷有限公司印刷

开本 700×1000 1/16 印张 16.5 插页 2 字数 244,000
2016 年 12 月第 1 版 2016 年 12 月第 1 次印刷
ISBN 978－7－5325－8357－7
H·171 定价：68.00 元
如有质量问题,请与承印公司联系